Bereichstagung Regensburg 2005

Hans Christian Altmann

Motivieren und gewinnen

REDLINE WIRTSCHAFT

Hans Christian Altmann

Motivieren und gewinnen

Wie Sie Ihre Verkäufer zu Siegern machen,
Spitzenumsätze erreichen und
die Nr. 1 für Ihre Kunden werden

REDLINE WIRTSCHAFT

Hans Christian Altmann
Motivieren und gewinnen
Wie Sie Ihre Verkäufer zu Siegern machen, Spitzenumsätze erreichen und
die Nr. 1 für Ihre Kunden werden
Frankfurt: Redline Wirtschaft, 2005
ISBN 3-636-03029-9

Unsere Web-Adresse:

http://www.redline-wirtschaft.de

3., aktualisierte und erweiterte Auflage 2005

Alle Rechte, insbesondere das Recht der Vervielfältigung und Verbreitung sowie der Übersetzung, vorbehalten. Kein Teil des Werkes darf in irgendeiner Form (durch Fotokopie, Mikrofilm oder ein anderes Verfahren) ohne schriftliche Genehmigung des Verlags reproduziert oder unter Verwendung elektronischer Systeme gespeichert, verarbeitet, vervielfältigt oder verbreitet werden.

Umschlag: Vierthaler & Braun, München
Copyright © 1996/2005 by Redline Wirtschaft, Redline GmbH, Frankfurt/M. Ein Unternehmen der Süddeutscher Verlag Hüthig Fachinformationen
Satz: Redline GmbH, M. Zech
Druck: Himmer, Augsburg
Binderabeiten: Thomas, Augsburg
Printed in Germany 03029/040501

Inhaltsverzeichnis

Vorwort zur 3. Auflage 9

Vorwort:
Wie Verkaufsleiter auch heute Spitzenumsätze erreichen 11

Teil I: So machen Sie Ihre Verkäufer zu Siegern
5 Chancen, wie Sie das volle Potenzial Ihrer Verkäufer erschließen, sie zu Siegern machen und ihren Umsatz explodieren lassen 15

Chance Nr. 1 –
Die Entdeckung des größten Führungsgeheimnisses
Wie Sie mit dem Führungsgesetz Nr. 1 Ihre Verkäufer
zu Siegern machen 16

Chance Nr. 2 –
Die Lösung aktueller Engpässe
11 Beispiele, wie Sie die Engpässe Ihrer Verkäufer lösen,
Veränderungsprozesse einleiten und neue Umsatzerfolge
erreichen 50

Chance Nr. 3 –
Die Chance des Change-Managements
10 Topmethoden, wie Sie die Erfolgspotenziale Ihrer Verkäufer
freisetzen und eine neue Verkaufsbegeisterung auslösen 57

Chance Nr. 4 –
Die Chance der unerschlossenen Leistungspotenziale
Wie Sie mit der Freisetzung der mentalen und emotionalen
Leistungspotenziale Ihre Verkäufer zu Spitzenleistungen
coachen 83

Chance Nr. 5 –
Die Chance der Grenzüberwindung
Wie Sie mit der Überwindung mentaler und emotionaler
Leistungsblockaden neue Erfolgsressourcen freisetzen 111

Chance Nr. 6 –
Die Chance der Herzintelligenz
Wie Sie durch die Förderung der Herzintelligenz
die stärkste Antriebskraft für Toperfolge mobilisieren 119

Teil II: 15 Power-Strategien für ein erfolgreiches Chancen-Management **137**

Strategie Nr. 1:
Wie Sie das Selbstvertrauen Ihrer Verkäufer als
Kernbasis für künftige Spitzenleistungen verstärken 138

Strategie Nr. 2:
Wie Sie mit dem „Prinzip Hoffnung" bei Ihren Verkäufern
eine überdurchschnittliche Leistungsbereitschaft auslösen ... 146

Strategie Nr. 3:
Wie Sie Ihren Verkäufern helfen, durch Optimismus
alle Misserfolge zu überwinden 151

Strategie Nr. 4:
Wie Sie erreichen, dass Ihre Verkäufer aus eigenem Antrieb
immer erfolgreicher und besser werden wollen 173

Strategie Nr. 5:
Wie Sie durch Kreativität und Initiativkraft positive
Veränderungsprozesse einleiten 180

Strategie Nr. 6:
Wie Sie die Persönlichkeitsentwicklung Ihrer Verkäufer
beschleunigen und damit ihre Erfolgschancen erhöhen 188

Strategie Nr. 7:
Wie Sie durch ein gekonntes „Erinnerungsmanagement"
Ihre Verkäufer für neue Herausforderungen motivieren 202

Strategie Nr. 8:
Wie Sie die Misserfolge Ihrer Verkäufer zum motivierenden
Auslöser für Erfolge machen 208

Strategie Nr. 9:
Wie Sie die Neukundenakquisition so motivierend
gestalten, dass Ihre Verkäufer ihr Bestes geben 220

Strategie Nr. 10:
Wie Sie neue Verkäufer vom ersten Tag an
an ein hohes Leistungsniveau gewöhnen 240

Strategie Nr. 11:
Wie Sie mit einem konsequenten Führungsstil
ein echtes Siegerteam schaffen 257

Strategie Nr. 12:
Wie Sie durch ein mitreißendes Vorbildverhalten
Ihre Verkäufer zum Nachahmen motivieren 269

Strategie Nr. 13:
Wie Sie durch das Charisma Ihrer Persönlichkeit
zum Leistungspromotor für Ihre Verkäufer werden 280

Strategie Nr. 14:
Wie Sie eine überdurchschnittliche Einsatzfreude
Ihrer Verkäufer erreichen 293

Strategie Nr. 15:
Wie Sie Ihre Verkäufer motivieren, ihre Grenzen
zu überwinden und neue Herausforderungen anzunehmen ... 328

Optimismus-Test 347
Quellenangabe und Literaturverzeichnis 373
In eigener Sache 376
Stichwortverzeichnis 377

Vorwort zur 3. Auflage

Nach zwei erfolgreichen Auflagen wurde die 3. Auflage um über 120 Seiten erweitert und um zwei ganz entscheidende Teile aktualisiert. Erstens um das **wichtigste Kriterium der Führung**, das nach den neuesten Forschungsergebnissen renommierter Institute in den USA für überdurchschnittliche Führungserfolge verantwortlich ist, und zweitens um einen **Optimismus-Test**, den Sie als Verkaufsleiter ebenso für die Prüfung neuer Bewerber wie für die Motivation Ihrer erfahrenen Verkäufer einsetzen können. Das lohnt sich. Denn Professor Martin Seligman, der Begründer des „erlernbaren Optimismus", hat in Tests bewiesen, dass optimistische Verkäufer nach einem Jahr um 29 Prozent und nach zwei Jahren schon um 56 Prozent erfolgreicher verkaufen als ihre durchschnittlich optimistischen Kollegen.

Bei dieser 3. Auflage habe ich darüber hinaus auch sehr darauf geachtet, das Buch mit vielen Checklisten, Erfolgsbeispielen und Praxis-Tipps noch leserfreundlicher zu gestalten. So schrieb die Zeitschrift *acquisa:* „Die neuen Powerstrategien, mit denen auch Sie Ihre Verkaufsmannschaft zum Siegerteam der Zukunft machen, sind leicht umzusetzen und haben sich in der Praxis bereits bestens bewährt." Und die *Schweizer Handelszeitung* lobte: „Wer wissen will, wie man nachhaltige Verkaufserfolge erzielt, hält mit *Motivieren und gewinnen* den Schlüssel zum Erfolg in der Hand." Noch begeisterter fiel das Urteil der Zeitschrift *Cash* aus:

„Das Buch macht Siegerteams. Es vibriert förmlich vor Motivationsimpulsen, die jegliche (Motivations-)Defizite ausmerzen. Wer am Ende nicht den ultimativen Führungsstil und die optimale Verkaufseuphorie entwickelt hat, ist selbst schuld."

Diesen Erfolg wünsche ich Ihnen!

München, Mai 2005 *Dr. Hans Christian Altmann*

Vorwort

Wie Verkaufsleiter auch heute Spitzenumsätze erreichen

Sieben Auflagen und über 25 „Fünf-Sterne-Rezensionen" bei amazon.de beweisen, dass *Kunden kaufen nur von Siegern*[1] seit Jahren das erfolgreichste Verkaufsbuch ist. Und dass die Verkäufer mehr denn je Sieger werden wollen. Warum? Weil die Kunden – so wie sie sich an den erfolgreichsten Marken orientieren – auch am liebsten bei den erfolgreichsten Verkäufern kaufen wollen. Denn auch sie wollen im Spiel des Lebens zu den Siegern gehören.

Damit haben Sie als Verkaufsleiter eine zweifache Motivation für eine begeisternde Führung: Die Verkäufer wollen Sieger werden und Sieger verkaufen um bis zu 400 Prozent besser als durchschnittliche Verkäufer.

Das können auch Sie erreichen. **Denn trotz härterer Bedingungen gelingt es beherzten Verkaufsleitern aller (!) Branchen immer wieder, ihre Verkäufer zu Top-Verkaufserfolgen zu motivieren.** Was ist ihr Geheimnis? Wie erreichen sie ihre phänomenalen Erfolge? Was machen sie anders? – Hier einige Beispiele:

- Wie schafft es der Vertriebsleiter einer Fertighaus-Firma, seine Umsätze jedes Jahr um 10 Prozent zu steigern, während andere Firmen ihre Produktion drosseln müssen?
- Wie schafft es ein Verkaufsleiter, trotz Krise und Kaufzurückhaltung seine Elektroheizungen an Privatkunden mit ständig steigendem Erfolg zu verkaufen?

- Wie gelingt es dem Verkaufsleiter einer exklusiven Autofirma, mit den Verkäufern seiner kleinen Niederlassung im Neuwagengeschäft die Nr. 1 in Deutschland zu werden?
- Wie geht der Direktor einer Versicherung vor, der es seit einem Jahrzehnt versteht, mit seiner Mannschaft ungeschlagen die Spitzenposition unter sieben Direktionen zu behaupten?
- Wie gelingt es einer jungen Verkaufsleiterin in der Textilbranche, mit ihren Verkäufern den Umsatz in drei Jahren von 25 Millionen Euro auf 75 Millionen hochzupuschen?

Alle diese Beispiele werden Sie in diesem Buch kennen lernen und erleben. Aber natürlich interessieren Sie jetzt vor allem folgende Fragen:

- Welchen persönlichen Fähigkeiten haben diese Verkaufsleiter ihre Erfolge zu verdanken?
- Welche Führungs- und Motivationsstrategien setzen sie ein?
- Welche Gesetzmäßigkeiten gelten im Zeichen der Globalisierung für überragende Führungserfolge?

Eine Frage wird Sie ganz besonders interessieren: Was machen diese Top-Verkaufsleiter anders und wie kann man von ihnen profitieren?

Selbst wenn Sie nur ein oder zwei Verkäufer zu Siegern machen, haben Sie die Chance für ungeahnte Verkaufserfolge. Denn die Sieger in Ihrem Team sind die wahren Umsatzchampions. Sie sind die Eisbrecher bei der Überwindung alter Verkaufsgrenzen. Sie sind die Meinungsführer, wenn es darum geht, neue Ideen umzusetzen. Und sie sind die wahren Trendforscher, die am schnellsten veränderte Marktbedingungen erkennen und ihre Verkaufsstrategien erfolgreich anpassen.

Alle diese Methoden und Strategien der Top-Verkaufsleiter können auch Sie einsetzen. So werden Sie in diesem Buch erfahren:

- wie der Verkaufsleiter einer Firma für Büromöbel die größte Umsatzkrise meisterte, indem er die Kreativität seiner Verkäufer für neue wettbewerbsfähige Lösungen mobilisierte;
- wie der Verkaufsleiter einer Fertighaus-Firma einen schon verloren geglaubten Abschluss noch rettete und damit den Kampfgeist seiner resignierenden Verkäufer neu entfachte;
- wie der neue Vertriebsleiter einer Bank den rasanten Abwärtstrend beim Verkauf von Finanzierungen stoppte und mithilfe eines Topverkäufers ein neues Akquisesystem entwickelte, das einen Umsatzschub von über 30 Prozent auslöste;
- wie der Verkaufsleiter einer Firma für moderne Kommunikationsnetzwerke bei einem seiner Verkäufer die Ursache für seine plötzliche Abschlussschwäche erkannte und ihm mit der Beseitigung zu einem neuen Verkaufsrekord verhalf;
- wie der Unternehmer einer technischen Unternehmensberatung, die sich auf die Koordinierung von Entwicklungsprozessen in der Industrie spezialisiert hatte, aus einem abschlussschwachen Techniker einen verkaufsstarken Verkaufsingenieur machte;
- wie der Direktor einer Krankenversicherung einer Mitarbeiterin zu neuen Abschlüssen verhalf, als er ihr zeigte, wie sie ihre größte Schwäche, ihre „Nettigkeit", überwinden konnte;
- wie der Chef einer Baufirma seinem besten Verkäufer nach einem Zusammenbruch zu einem neuen Verkaufsrekord verhalf und damit gleichzeitig seine Mannschaft neu motivierte.

Doch nicht genug damit. Ich will Ihnen in diesem Buch nicht nur die Geheimnisse der Top-Verkaufsleiter und ihre faszinierenden Strategien aufzeigen, mit denen sie ihre Verkäufer zu Siegern machen, sondern ich will Sie auch ermutigen, es ihnen gleichzutun. Das ist leichter, als Sie denken.

Denn nach Jahren intensiver Forschungen, Hunderter Gespräche mit Verkaufsleitern und dem Studium der erfolgreichsten Führungspersönlichkeiten der Geschichte glaube ich heute, dem **Geheimnis überdurchschnittlicher Führungserfolge** ganz nahe zu sein. Es besteht seit über 2500 Jahren und wurde nicht nur von den renommiertesten Forschungsinstituten der USA, sondern auch von den neuesten Erkenntnissen der modernen Neurowissenschaft bestätigt. So kann ich Ihnen versprechen, dass diese neue Führungsphilosophie in Verbindung mit dem Optimismus-Test Ihnen ganz neue Chancen zu überdurchschnittlichen Führungserfolgen ermöglichen wird.

München, Mai 2005   *Dr. Hans Christian Altmann*

Teil I

So machen Sie Ihre Verkäufer zu Siegern

5 Chancen, wie Sie das volle Potenzial Ihrer Verkäufer erschließen, sie zu Siegern machen und ihren Umsatz explodieren lassen

Chance Nr. 1

Die Entdeckung des größten Führungsgeheimnisses

Wie Sie mit dem Führungsgesetz Nr. 1 Ihre Verkäufer zu Siegern machen

Wie sich im Rahmen der Globalisierung, des Hyperwettbewerbs und der konjunkturellen Schwäche Ihre Branche, Ihr Markt und das Verhalten Ihrer Kunden geändert haben, wissen Sie selbst am besten. Nur auf eine Entwicklung möchte ich Sie hier aufmerksam machen, die unsere ganze Gesellschaft erfasst hat und die direkte Auswirkungen auf den Verkauf wie die Mitarbeiterführung hat.

Die Wiederkehr der großen Gefühle

Zwar wurden die 90er Jahre des vergangenen Jahrhunderts zum „Jahrzehnt des Gehirns" ausgerufen, aber in Wirklichkeit leiteten sie die Wiederkehr der großen Gefühle ein. Das große Gefühlskino feierte mit Filmen wie „Titanic" Riesenerfolge und der Soziologe Eugen Buß kam 1999 in seiner Studie „Das emotionale Profil der Deutschen" zu dem Ergebnis: „Über alle Bevölkerungsgruppen hinweg erreicht der emotionale Lebensstil ein hohes Verbreitungsniveau. **Die Emotionalität gewinnt gegenüber einer vernunftbetonten oder selbstkontrollierten Lebensform an Wertschätzung.**"

„Emotionen pur" sind heute gefragt und es scheint, als ob sich der Mensch wieder einmal von „kalter Logik" abwendet und zu emotionaler Ergriffenheit und intuitiver Erkenntnis bekennt. Von den Gefühlen erhofft er sich heute die tieferen Einsichten und ein reicheres, erfüllteres Leben.

Während uns Daniel Goleman mit seinem aufsehenerregenden Bestseller *Emotionale Intelligenz* noch den Umgang mit unseren Gefühlen lehrte, machen heute die Hirnforscher, die Neurowissenschaftler, endgültig Schluss mit der Behauptung, dass der Kunde ein „homo oeconomicus" sei und nur nach rationalen Gesichtspunkten handle und entscheide. Stattdessen beweisen sie uns, dass es überhaupt keine Entscheidung ohne die Beteiligung von Gefühlen gibt. Und dass die Gefühle, die sich in unseren täglichen Stimmungen niederschlagen, in Wahrheit dramatische Auswirkungen haben.

So erinnern sich Verkäufer und Kunden, wenn sie in guter Stimmung sind, an ganz andere Dinge, als wenn sie schlechter Laune sind. Und wenn sie heiter sind, verwenden sie ganz andere Worte und interpretieren sie auch ganz anders, als wenn sie missmutig sind.

Das heißt in der Sprache der Neurowissenschaften nichts anderes, als dass ein einziges richtiges oder falsches Wort über den Abschluss entscheidet.

Fühlen Sie jetzt, welche überragende Bedeutung der positiven Stimmung und damit Ihrer Motivationskunst zukommt, sei es in Form des positiven Denkens, der Begeisterung oder des Optimismus?

Die Wirtschaft und damit das Verkaufen haben sich dramatisch geändert. So schreibt Heiko Ernst, Chefredakteur von *psychologie heute*: „Je mehr sich die Wirtschaft in eine Dienstleistungs- und Konsumwirtschaft verwandelt, desto wichtiger werden die so genannten **soft skills**. Arbeit ist heute in weiten Teilen Beziehungs- und Gefühlsarbeit. Erfolg hat, wer **emotional intelligent** agiert und über die neuen Schlüsselfähigkeiten verfügt: über die Kommunikation von positiven Gefühlen und Kontrolle von negativen, über Verhandlungsgeschick und Überzeugungskraft und vor allem über die Antizipation und Stimulation von Kundenwünschen."[2]

Das hat dramatische Auswirkungen auf die erfolgreiche Führung und Motivation unserer Verkäufer!

Das größte Führungsgeheimnis aller Zeiten

Wie sieht also das größte Führungsgeheimnis aus? – Um Ihnen zu zeigen, dass es sich hier wirklich um eine jahrhundertealte und zugleich höchst moderne Erkenntnis handelt, möchte ich Ihnen drei Parallel-Beispiele aus der Geschichte und der Gegenwart vorstellen:

- Als das Heer **Alexanders des Großen** bei der Eroberung Persiens in der gedrosischen Wüste unter erbärmlichem Durst litt, bot einer der Soldaten Alexander einen Helm voll frischen Wassers an. Doch was tat Alexander? Statt ihn auszutrinken, schüttete er ihn langsam vor den Augen seiner Soldaten aus und sagte dazu: „Für einen zu viel, für alle zu wenig!"[3] – So zeigte er, dass er mit all seinen Geführten mitfühlte, wusste, was sie durchzumachen hatten, und dass er bereit war, dasselbe zu erdulden.
2300 Jahre später zwängte sich **Reinhold Würth**, damals noch Chef einer der größten Firmen der Welt für Verbindungsteile, in Neapel in den kleinen Fiat seines Verkäufers, um ihn unter der glühenden Sonne Neapels einen ganzen Tag lang bei seinen Kundenbesuchen zu begleiten. Warum? Er wollte selbst

erleben, ob seine (strengen) Kleidervorschriften, nach denen der Sakko erst bei 25 Grad ausgezogen werden durfte, auch unter der heißen Sonne Neapels noch akzeptabel waren.
Das Ergebnis beschrieb er in der nächsten Monats-Info für seine Verkäufer. So wollte er ihnen zeigen, daß er mit ihnen mitfühlte und dass er genau wusste, was er von ihnen verlangte.

- Als **Hannibal** nach der Überquerung der Alpen sein Heer auf die kommende Schlacht einstimmte, motivierte er die Soldaten mit dem Satz: „Ihr wisst, dass ich stets der Erste auf dem Schlachtfeld war und der Letzte, der ging." Damit erinnerte er sie daran, dass er von ihnen nichts verlangte, was er nicht selbst zu leisten bereit war. Dann aber folgte der entscheidende Satz: „Genauso aber kann ich jedem von euch sagen, wo und wann er in den letzten Jahren eine tapfere Leistung erbracht hat." Und das vor 30.000 Soldaten. Damit zeigte er seinen Soldaten, wie wichtig sie ihm waren und dass er sich nicht nur ihre Namen, sondern auch alle ihre Leistungen gemerkt hatte, auf die sie stolz waren.[4]

Und was zeichnete **Jack Welch**, den ehemaligen Vorstandsvorsitzenden von General Electric aus, den viele für den besten Manager der beiden letzten Jahrzehnte halten? Er hatte Tausende von Namen und Biographien seiner Mitarbeiter im Kopf gespeichert, so dass er sie jederzeit an private Ereignisse wie an berufliche Leistungen erinnern konnte. So gut konnte er sich in seine Mitarbeiter einfühlen, dass er wußte, was es für sie bedeutete, wenn ihr Chef Anteilnahme an ihrem Leben bekundete.

- Als **Admiral Nelson**, der Sieger von Trafalgar, das Kommando über seine Schiffe übernahm, verbot er sogleich den Gebrauch der „neunschwänzigen Katze", der Peitsche, die von anderen Kapitänen schon bei der kleinsten Verfehlung eingesetzt wurde. Warum? Weil er mit seinen Seeleuten mitfühlte.[5]

Und was tat **Helmut Junker**, Chef einer Bauträger-Firma, als

19

einer seiner besten Verkäufer körperlich und seelisch immer mehr zusammenbrach? Er packte ihn ins Auto und fuhr von Münster (Ort geändert) rund 600 km nach München zu mir, um gemeinsam zu besprechen, wie er sich wieder erholen konnte. Obwohl der Verkäufer an diesem Tag wegen eines Kreislaufkollapses fast völlig ausfiel, musste er diese Fürsorge gespürt haben. Denn ein Jahr später war er wieder die Nr. 1 und hatte einen neuen Verkaufsrekord aufgestellt.

Damit sind wir beim eigentlichen Führungsgeheimnis: Seit Jahrtausenden haben die großen Führungspersönlichkeiten der Geschichte gewusst, dass man die „Mitarbeiter" nur über eine emotionale Beziehung und eine gegenseitige emotionale Verpflichtung zu Spitzenleistungen motivieren kann. Und dass dieses emotionale Band zuerst von der Führungspersönlichkeit durch ihr Interesse an dem Menschen und seinem Wohlergehen geknüpft werden muss.

Das aufsehenerregende Resultat im *manager magazin*

Und was sagen heute die modernsten Forschungsergebnisse dazu? Nach einer dreijährigen Studie mit Tausenden von Managern kam das „Center of Creative Leadership" zu dem Ergebnis:

> „Der einzige statistisch bedeutsame Faktor, der die besten Manager von den mittelmäßigen unterscheidet, ist die Tatsache, dass sie sich um ihre Mitarbeiter kümmern."

Und weiter:

„Trotz aller anderen Qualitäten, die eine Führungskraft benötigt, sind die innere Anteilnahme und Fürsorge die Faktoren, die alles zusammenhalten und Menschen dazu befähigen, über sich hinauszuwachsen."

Und Rober K. Cooper, nach *USA Today* „der ultimative Business-Guru für das neue Jahrtausend", der diese Ergebnisse erforscht hat, sagt dazu: **„Daher ist es nicht verwunderlich, dass Menschen, die nicht das Gefühl haben, dass man sich um sie sorgt oder sie als Persönlichkeit schätzt, nicht mit dem Herzen bei ihrem Leben oder bei ihrer Arbeit sind."** [6]

Und als das angesehene deutsche *manager magazin* die Beratungsgesellschaft Towers Perrin beauftragte, die Frage zu beantworten: „Was müssen Unternehmen tun, um die Motivation ihrer Mannschaft zu steigern?", da kamen die Consultants nach der Befragung von 4000 Mitarbeitern zu zehn Faktoren, von denen der **erste** lautete:

> **Faktor Nr. 1 ist die Wertschätzung: „Nichts spornt Beschäftigte mehr an als die Überzeugung, dass sich die Unternehmensführung wirklich für das Wohlergehen ihrer Untergebenen interessiert."**

Erst dann folgten: 2. Weiterbildung, 3. Werte, 4. Entscheidungsfreiheit, 5. Image, 6. Herausforderung, 7. Teamgeist, 8. Kundenorientierung, 9. Betriebsklima und 10. Geld. [7]

So bleibt die Frage: Warum sind die innere Anteilnahme, die Fürsorge und die Wertschätzung heute für die Motivation der Verkäufer zu Spitzenleistungen von so überragender Bedeutung? Aus drei Gründen:

Erstens: Der Wunsch der Verkäufer nach Wärme, Geborgenheit, Schutz, Nähe und Vertrauen wird heute im rauen Klima des

Hyperwettbewerbs immer mehr verletzt. Diese emotionalen Defizite kosten sie enorm viel Kraft, Durchsetzungsvermögen und Kreativität.

Zweitens: Die Verkäufer, die diese emotionalen Defizite spüren und unterdrücken müssen, sind dadurch nicht mehr mit dem Herzen dabei. Sie verlieren ihre Leidenschaft, ihre Begeisterung, besuchen nur noch die freundlichen Kunden, gehen allen Risiken aus dem Weg und versuchen auf diese Weise, sich vor allen weiteren Verletzungen zu schützen.

Drittens: Die Verkäufer reagieren – wie alle Menschen – nach dem uralten Gesetz von Ursache und Wirkung bzw. dem „Bumerangprinzip". Sie sagen sich:

Wenn meinem Verkaufsleiter mein Wohlergehen am Herzen liegt, dann liegt mir auch sein Umsatzziel am Herzen!

Dann übertragen sie diese Einstellung der Anteilnahme, Fürsorge und Wertschätzung auch auf ihre Kunden. Und diese wiederum reagieren nach demselben Bumerangprinzip und sagen sich:

Wenn dem Verkäufer mein Problem oder mein Wunsch am Herzen liegt, dann liegt mir auch der Abschluss bei ihm am Herzen!

So setzt sich dieses Prinzip der Wertschätzung von der Führungskraft bis zum Kunden als ein wahrhaft ganzheitliches Prinzip durch. Dieses Prinzip wirkt so stark, weil es auf dem noch viel älteren „Gesetz der sympatheia – der Sympathie" beruht, das schon die alten Griechen vor rund 2500 Jahren kannten. Es besagt: „Das, was man einem Teil (einem Einzelnen) Gutes tut, das tut man dem Ganzen (allen Menschen) zugute!" Das bedeutet für uns im Verkauf wie in der Führung:

Das, was man einem anderen Gutes tut, kehrt in irgendeiner Form auch wieder zu einem zurück!

Ist das reine Esoterik? Nein.

Denn ohne dieses Prinzip – den Austausch gegenseitiger fairer Leistungen – hätte die Marktwirtschaft nicht überlebt. Historiker sagen uns heute, dass diese Wirtschaftsform vor Hunderten von Jahren damit begann, dass auswärtige Händler ihre Waren am Rand des Dorfes niederlegten, sich dann zurückzogen und die Dorfbewohner auswählen und ihre „Bezahlung" hinterlegen ließen. Ohne ein Gefühl der Fairness auf beiden Seiten – hier gute Qualität, da faire Gegenleistung – hätte sich dieser Handel niemals weiterentwickelt. Genau das ist also die Herausforderung für Sie als Verkaufsleiter:

Zeigen Sie zuerst den Verkäufern Ihre innere Anteilnahme, Fürsorge und Wertschätzung, um dann als Gegenleistung ihr volles persönliches Engagement für Ihre Ziele zu erhalten!

Aber es gibt noch einen anderen Grund, warum Sie als Verkaufsleiter zeigen sollten, dass Ihnen Ihre Mitarbeiter am Herzen liegen. Er hängt damit zusammen, dass Ihre Verkäufer ihre Kunden heute nicht mehr auf der sachlichen Ebene, sondern nur noch auf der emotionalen erreichen.

Das bedeutet, dass sie selbst Gefühle der Begeisterung und Leidenschaft ausstrahlen müssen, dass sie in der Sprache der Gefühle sprechen müssen, also in Bildern, Erlebnissen und Symbolen, und dass sie beweisen müssen, dass ihnen der Wunsch und das Problem des Kunden wirklich am Herzen liegen.

Doch das können die meisten Verkäufer nur, wenn sie zuvor selbst diese emotionale Fürsorge und Wertschätzung durch ihre Firma (sprich ihren Verkaufsleiter) erlebt haben. Ohne diese vorangegangene Emotionalität springt bei den meisten dieser Gefühlsfunke nicht an, tun sie sich enorm schwer, ihre Gefühle der Sympathie oder der Begeisterung öffentlich auszudrücken.

Wenn Sie aber jetzt noch die folgenden aufsehenerregenden Erkenntnisse der modernen Neurowissenschaften berücksichtigen, dann wird Ihnen die neue Bedeutung dieser emotionalen Führungskunst bestimmt noch bewusster:

Erstens: 66 Prozent aller Abschlüsse in der Industrie und 78 Prozent aller Abschlüsse im Konsumbereich entstehen erst, wenn der Verkäufer es verstanden hat, seine Kunden in den Zustand der Begeisterung oder der Faszination zu versetzen.[8] – Aber wie soll er das schaffen, wenn er selbst an emotionalen Defiziten leidet? Das kann er doch nur, wenn er zuvor selbst positive Emotionen von anderen erlebt hat.

Zweitens: Herzforscher haben festgestellt, dass das Herz 40 bis 60 Mal mehr Energie aussendet als der Verstand![9] Können Sie sich vorstellen, welche Überzeugungskraft da ein Verkäufer ausstrahlt, der mit dem Herzen dabei ist? Der seinem Kunden signalisiert: Dein Wunsch und dein Problem liegen mir wirklich am Herzen.

Drittens: 80 Prozent der Erstkontakte finden heute keine Fortsetzung, weil es der Verkäufer nicht verstanden hat, aufzufallen, Interesse zu wecken, die Aufmerksamkeit zu gewinnen, also auch emotional aus sich herauszugehen, um einen lebhaften Eindruck und damit eine starke emotionale Erinnerung zu hinterlassen, die den Kunden geradezu anspornen würden, den Kontakt unbedingt fortzusetzen. Ein Quäntchen Emotion mehr und der zweite Termin wäre gebongt gewesen!

Deshalb: Setzen Sie dieses Führungsprinzip Nr. 1 ein! Zeigen Sie Ihren Verkäufern Ihre Anteilnahme, Fürsorge und Wertschätzung – also dass Ihnen ihr Erfolg und ihr Wohlergehen am Herzen liegen!

Das ist nicht nur die beste Voraussetzung, um bei ihren Umsätzen einen Quantensprung auszulösen, sondern auch die beste Garantie dafür, dass Ihre Verkäufer um ihre Kunden, ihre Umsätze und ihre Preise kämpfen!

Denn dauerhaft fehlende emotionale Defizite zeitigen ebenfalls eine spektakuläre Wirkung. Und die wird in der deutschen Wirtschaft pro Jahr mit über 200 Milliarden Euro Kosten veranschlagt. Denn nach der jüngsten **Gallup-Umfrage** liegen nur noch 12 Prozent aller Mitarbeiter das Wohl ihrer Firma am Herzen.[10] Der Rest fungiert als Zombi, als Erfüllungsgehilfen oder hat sich schon völlig in die innere Kündigung zurückgezogen. Doch Vorsicht! Dieselbe Einstellung treibt auch bei den Verkäufern die Umsätze und die Preise in den Keller. Denn auch bei ihnen gilt:

Wenn die Verkäufer spüren, dass sie von ihrer Firma diese Fürsorge nicht bekommen, dann holen sie sich diese eben woanders: von den Kunden oder der Familie – auf Kosten der Firma!

Die stärkste Überzeugungskraft kommt von Herzen

Konnte ich Sie damit überzeugen? Oder bleibt immer noch ein Rest an Zweifel? Wenn ja, dann werden Sie jetzt mit Sicherheit die beiden folgenden Forschungsergebnisse von Paul Ekman, dem bekanntesten Mimik-Forscher der Welt, überzeugen.[11] Denn diesmal geht es um den absolut springenden Punkt im Verkauf – um das, wovon alle Verkäufer leben: um ihre Überzeugungskraft! Anders gesagt: Jetzt erfahren Sie den Grund, warum so viele Verkäufer trotz guter Produkte, trotz wettbewerbsfähiger Preise und trotz gekonnter Präsentationen – im letzten Augenblick – den

Auftrag verlieren. Und warum sie sich hernach verzweifelt die Haare raufen. Weil sie nicht wissen, warum – und weil es ihnen nicht einmal der Kunde sagen kann. Denn der hatte nur plötzlich so ein Gefühl ...

Ekman hat durch Super-Zeitlupenaufnahmen festgestellt, dass im Gesicht von Menschen, die absolut wahre, ehrliche, von Herzen kommende Botschaften aussprechen, von denen sie voll überzeugt sind, **für Sekundenbruchteile Muskeln im Gesicht angespannt werden, die sie bewusst auf keinen Fall aktivieren können.**

Und diese unbewussten mimischen Signale werden ebenso unbewusst von ihrem Gegenüber, in unserem Fall von den Kunden, als Beweise der absoluten Ehrlichkeit und Überzeugung interpretiert.

Wenn aber unser Verkäufer im Innersten doch Zweifel an der Produktqualität oder Angst vor der Preisfrage hat oder statt an die bestmögliche Kundenlösung unbewusst plötzlich an den möglichen Auftragsverlust denkt, dann – so hat Ekman wiederum festgestellt – **blitzen im Gesicht des Verkäufers für den Bruchteil einer Sekunde mimische Signale der Angst, der Panik oder des Widerwillens auf.** Und diese Signale interpretiert der Kunde wiederum ganz unbewusst als extrem störend und reagiert nun seinerseits mit unbewussten Ängsten, Zweifeln oder Abwehrreaktionen. Genau das ist der Grund, warum Tausende von Verkäufern so plötzlich und unerwartet schon sicher geglaubte Aufträge verlieren.

Verstehen Sie jetzt, warum ein Verkäufer seine Überzeugungskraft durch nichts mehr stärken kann als durch die Einstellung, dass ihm die Wünsche und Probleme des Kunden wirklich am Herzen liegen? Und dass andererseits keine einzige Führungsmethode Ihre Verkäufer so wirkungsvoll motiviert wie Ihre Einstellung, dass Ihnen ihr Erfolg und ihr Wohlergehen wirklich am Herzen liegen?

Fall Nr. 1: Wie ein Verkaufsleiter ein veraltetes Verkaufskonzept modernisierte und den Umsatz um über 50 Prozent steigerte

Natürlich taucht jetzt die Frage auf: Wie kann man diese „Philosophie der Wertschätzung", diese emotionale Anteilnahme, in der Führungspraxis konkret umsetzen?

Dazu zwei Fallbeispiele: Der erste Fall soll Ihnen zeigen, wie sehr jedes veraltete, aber mit Autorität aufrechterhaltene Verkaufskonzept letztlich die Marktanpassung und damit die weitere Leistungsentwicklung der Verkäufer blockiert. Und um wie viel erfolgversprechender es für Sie als Verkaufsleiter ist, Ihre besten Verkäufer genau zu beobachten, ihnen die Chance zum Ausprobieren neuer Verkaufsstrategien zu geben und mit ihnen dann gemeinsam das bisherige Verkaufskonzept an die veränderten Marktbedingungen und Kundenerwartungen anzupassen. Kurzum:

> **Die permanente Infragestellung alter Verkaufskonzepte, die gleichzeitige Beobachtung guter Verkäufer und die gemeinsame Entwicklung neuer Strategien ist die beste Methode, sich den veränderten Marktbedingungen anzupassen!**

Denn wenn ich als Autor in den letzten 20 Jahren eine Erfahrung gemacht habe, dann die:

Topverkäufer erkennen neue Trends instinktiv schon viel früher als „kluge Autoren", die diesen Trends dann englische Namen verpassen und sie als neueste Marketingideen verkaufen!

Doch nun zu unserem ersten Fallbeispiel:

Die ABC-Bank hat sich darauf spezialisiert, Finanzierungen von Maschinen, EDV-Anlagen, Autos und anderen beweglichen Gütern an Unternehmer und Geschäftsführer mittelständischer Unternehmen und gelegentlich auch an die Einkaufsleiter von Konzernen zu verkaufen.

Seit 15 Jahren verfolgt die Unternehmensleitung unverändert ein stark konservatives Akquisitionskonzept, das in dem Ausspruch gipfelt: „Am Ende kriegen wir sie alle! ... Wir müssen sie nur permanent mit Mailings und Anrufen zuschütten!" Auch als die Umsatzzahlen langsam, aber stetig nach unten gingen, beharrte die Geschäftsleitung weiter auf ihrem alten Konzept und tönte: „Was gut war, währt ewig!" Und so verpflichtete sie ihre Mitarbeiter weiter dazu, sich zuerst ein neues Industriegebiet auszusuchen, dann bei den Firmen ihre Werbeunterlagen abzugeben, den Namen und die Durchwahlnummer des Inhabers oder des Geschäftsführers in Erfahrung zu bringen und ihn eine Woche später anzurufen. Diese Vorgehensweise – so die Geschäftsleitung – würde gleichzeitig auch die Entwicklung eines persönlichen Verhältnisses fördern. Stimmt das? Wie sahen die Folgen aus?

Konsequenz Nr. 1: Der Ansatz klang überzeugend, aber die Umsätze spielten nicht mit. **Konsequenz Nr. 2:** Das dafür zuständige Mitglied der Geschäftsleitung musste gehen. **Konsequenz Nr. 3:** Mit Ralf Dittmar wurde zum ersten Mal ein echter Vertriebsleiter für die rund 60 Außendienstmitarbeiter eingestellt.

Dittmar wusste, dass er etwas verändern musste. Da er kein Fachmann für den Verkauf von Finanzierungen war, tat er etwas Ungewöhnliches. Von den 60 Verkäufern pickte er sich die drei heraus, die im letzten Jahr die größten Umsatzsteigerungen erreicht hatten. Das war nicht schwer: Nur drei hatten überhaupt ihr Soll geschafft. Zwei ganz knapp, der dritte hatte es um 56 Prozent übertroffen.

Dittmar fragte ihn nach den Gründen und hörte geradezu revolutionäre Ansätze. Kurt Bohlmann, so hieß der Aufsteiger, hatte auf die bisherige Akquisitionsstrategie verzichtet und per Telefon und „Win-Fax" völlig neue Verkaufsstrategien entwickelt.

Als ihn Dittmar nach seiner Meinung zu der konservativen Akquisestrategie mit der Verteilung von Werbeunterlagen und den späteren Anrufen fragte, meinte er: „Das macht heute keinen Sinn mehr. **Man kann heute Kunden viel schneller durch Telefon, E-Mail, Fax und Internet erreichen.**" Und er begründete diese moderne Form der Akquise mit der Erkenntnis: „Die Realität sieht doch heute so aus, dass der Geschäftsführer im Durchschnitt von vier bis fünf Verkäufern pro Tag angerufen wird, denn Anrufe sind billiger als Werbebriefe und persönliche Besuche. Dabei ist jedoch das übliche Kontakt-Geschleime am Telefon absolut sinnlos, **denn der Kunde will heute sofort wissen, worum es geht und worin sein Vorteil liegt.** Das persönliche Verhältnis, auf das unsere Geschäftsführung so großen Wert legt, spielt dagegen anfangs eine Nebenrolle. Also sind Anrufe ohne einen besonderen Aufhänger chancenlos.

Genauso witzlos ist es, eine Woche lang Werbeunterlagen zu verteilen und dann acht Tage später telefonisch nachzufassen. Zu dem Zeitpunkt wissen die meisten Inhaber schon gar nicht mehr, dass sie irgendwelche Werbeunterlagen von uns erhalten haben. Das ganze Prozedere dauert zu lang, ist viel zu umständlich und auch viel zu zeit- und kostenaufwändig. Darüber hinaus lehne ich auch die umfassende Ist-Aufnahme bei einem neuen Kunden ab. Denn sie gleicht mehr einem polizeilichen Verhör als einer schnellen Bedarfsqualifikation."

Auf die Frage nach weiteren Einzelheiten erfuhr Dittmar zu seinem Erstaunen, dass Bohlmann überhaupt keine Akquisefahrten übers Land unternahm, seine Kunden schon vorab nach den erfolgversprechendsten Branchen qualifizierte, sie dann nur kurz anrief, um seine Firma und seine Konditionen vorzustellen und bei einem spontanen „Kein Bedarf" des Kunden nur noch die Finanzierung des Fuhrparks kurz ansprach. Wenn der Kunde beides ablehnte, aber an einem späteren Kreditangebot interessiert war, schickte er ihm zwei Minuten später ein Schnellfax mit den aktuellen Konditionen und einem Anforderungsschein – quasi als Aufforderung, ihn bei einem späteren Finanzierungsbedarf anzurufen und die neuesten Konditionen zu erfragen. Hatte der Kunde aktuellen Bedarf, so war sein Ziel, ihn so schnell und so kompetent wie möglich zu bedienen, um dadurch Empfehlungen, Wiederholungsgeschäfte und mithilfe weiterer nützlicher Infos die Stellung als Nr. 1 bei allen künftigen Fragen zur Finanzierung zu erreichen.

So könnte man im Telegrammstil seine neue Verkaufsstrategie beschreiben. Die Gegenüberstellung der alten und neuen ergibt folgendes Bild:

Neue Akquisestrategie:	Alte Akquisestrategie:
1. Konzentration auf die erfolgversprechendsten Branchen in Abstimmung mit der eigenen Kreditabteilung	
2. Klare Qualifikationskriterien der Kunden nach Umsatz, Mitarbeiterzahl, Zukunftspotenzial, Multiplikatoreffekt	
3. Konzentration auf Inhaber/ Geschäftsführer, die genau wissen, was sie wollen („Sieger-Kunde")	

4.	Beschaffung von Adressen durch eine gekaufte Creditreform-CD	Suche nach neuen Industriegebieten, Verteilung von Werbeunterlagen, Ermittlung von Namen und Durchwahlnummer des Inhabers/ Geschäftsführers
5.	Telefonischer Erstkontakt mit dem Ziel einer kurzen Vorstellung der Firma und der aktuellen Top-Konditionen	Anruf nach einer Woche
6.	Frage nach einem aktuellen Finanzierungsbedarf	Persönlicher Besuch bei Interesse
7.	Bei fehlendem Finanzierungsbedarf Frage nach möglichen Fuhrpark-Investitionen	Persönlicher Besuch bei Interesse
8.	Bei Verneinung Frage nach grundsätzlichem Interesse an günstigen Finanzierungskonditionen für später	
9.	Angebot der sofortigen Übersendung eines Dokuments mit den aktuellen Top-Konditionen und neuem Anforderungsschein für später	
10.	Aufforderung, bei späterem Bedarf den Anforderungsschein zurückzufaxen, um die neuesten Konditionen zu erfahren bzw. den Kredit zu bekommen	
11.	Bei aktuellem Finanzierungsbedarf Ermittlung der wichtigsten Kundenmotive (z. B. Zinshöhe oder Laufzeit)	Keine bewusste Motivermittlung, Vorstellung der verschiedenen Kreditmöglichkeiten nur bei speziellen Kundenanfragen

12.	Schnellstmögliche Ausarbeitung eines Kreditangebotes (z. B. innerhalb von 3 Tagen)	Zeit der Kreditbearbeitung zwischen 1 bis 3 Wochen
13.	Intensive Bemühungen in der „Abschlussphase" durch verschiedene Anrufe	
14.	Aufbau eines Zusatznutzens und Mehrwerts durch gute Praxis-Infos im Bereich Finanzen	
15.	Ziel, durch die günstigen Konditionen und die schnelle Kreditbearbeitung dem Kunden ein „unerwartetes Ergebnis" zu bieten und so Wiederholungsinitiativen, Empfehlungen, Mundpropaganda und die Stellung als Nr. 1 bei allen Fragen der Finanzierung zu erreichen.	Frage nach direkten Empfehlungen bei Abschluss
16.	Ausbau freundschaftlicher Kontakte zu guten Kunden, um sie durch regelmäßige Telefonkontakte und nützliche Praxistipps zu Multiplikatoren zu machen	Anruf alter und neuer Kunden, je nach Zeit und Auftragslage

Die ausführliche Darstellung der kompletten Verkaufsstrategie von Kurt Bohlmann finden Sie im ersten Kapitel von *Mut zu neuen Kunden* (6. Auflage).[12]

Veraltete und autoritär verordnete Verkaufskonzepte blockieren Motivation für Spitzenleistungen

Uns interessiert im Rahmen der Führung Folgendes:

Bohlmann ist mit seiner revolutionären Verkaufsstrategie für Dittmar wie für uns ein Glücksfall. Denn er zeigt uns, dass jedes veraltete und autoritär verordnete Verkaufskonzept auf Dauer geradezu automatisch die wichtigsten Antriebe, Entscheidungsmöglichkeiten und Erfolgschancen der Topverkäufer blockiert. Warum?

Weil sie den unbewussten Bestrebungen echter Sieger völlig zuwiderlaufen.

Denn das Letzte, was Topverkäufer zu Spitzenleistungen antreibt, ist ein veraltetes Verkaufskonzept, das den veränderten Marktbedingungen nicht gerecht wird, von oben herab als Zwangsmaßnahme verordnet wird und bei den Verkäufern Stress erzeugt.

Der Grund: Da Sieger sowohl mit dem Herzen als auch mit dem Verstand dabei sind, suchen sie auch instinktiv nach Strategien, die ihnen die zwei wichtigsten Erfolgsvoraussetzungen bieten: 1. das **Überleben** (will heißen, die optimale Wettbewerbsfähigkeit und Erfolgschance) und 2. das **persönliche Wohlbefinden** (also Strategien, die bei ihnen keinen Stress auslösen, sondern bei denen sie sich wohl fühlen). Das heißt:

Nur ein Verkaufskonzept, das diese beiden Voraussetzungen enthält, motiviert Topverkäufer auf Dauer zu Spitzenleistungen! Genau das spiegeln auch die zehn Erfolgsprinzipien der Sieger auf Seite 34 wider.

Die zehn Erfolgsprinzipien der Sieger

1. **Topverkäufer wollen schnell zum Erfolg (Abschluss) kommen** und keine überflüssige Zeit mit der Verteilung von Werbeunterlagen oder überflüssigen Kundenfahrten vertrödeln.
2. **Sie wollen ihre Erfolgschancen maximieren,** indem sie schon vorab die erfolgversprechendsten Branchen, Firmen und Gesprächspartner nach klaren Kriterien qualifizieren.
3. **Sie wollen ihr Verkaufskonzept permanent verbessern,** bis sie ihre Verkaufserfolge jederzeit wiederholen und schon vorab berechnen können.
4. **Sie wollen „anders als alle anderen sein",** um Aufmerksamkeit und Interesse der Kunden zu erregen und in Erinnerung zu bleiben (z. B. durch modernste Medien wie das Win-Fax).
5. **Sie wollen nur „Wohlfühlstrategien" einsetzen,** statt sich zu bestimmten Akquisestrategien zwingen zu lassen.
6. **Sie wollen die Entwicklung ihrer Leistungen verfolgen,** indem sie sich Tagesziele setzen und sie anhand von Erfolgsquoten täglich kontrollieren.
7. **Sie wollen jeden unnötigen Misserfolg und jede unnötige Mühe vermeiden,** z. B. in Form unqualifizierter Kundenkontakte oder unnötiger Kundenbesuche.
8. **Sie wollen einerseits nach einem perfektionierten Verkaufskonzept vorgehen,** aber anderseits auch spontan, intuitiv und flexibel auf ihre Kunden eingehen.
9. **Sie wollen ihr Verkaufskonzept schnellstmöglich den veränderten Marktbedingungen anpassen,** indem sie durch Beobachtung, Intuition oder Analyse stets neue Strategien entwickeln.
10. **Sie streben Serienerfolge an,** um ihr Selbstvertrauen, ihre Stimmung und ihren Optimismus hochzuhalten und so eine optimale Ausstrahlung zu erreichen.

Nachdem er das Verkaufskonzept mit Bohlmann noch weiter verfeinert hatte, machte Verkaufsleiter Dittmar etwas sehr Kluges: Er befahl seinen anderen Verkäufern keineswegs, dieses neue System sofort zu übernehmen. Stattdessen besprach er es zuerst mit den Meinungsführern, warb um ihre Unterstützung und überzeugte sie, es zuerst einmal selbst auszuprobieren. Erst nachdem er sie für das neue Konzept gewonnen hatte und sie auch bereit waren, es ihren Kollegen zu empfehlen, stellte er es den anderen Verkäufern vor. Die hatten natürlich in der Zwischenzeit schon von den Erfolgen der Meinungsführer gehört und waren somit für dieses neue Konzept so aufgeschlossen, dass eine Reihe von ihnen ihre Sollzahlen bei weitem übertrafen.

Sehen wir uns jetzt im Zeichen unserer neuen „Führungsphilosophie der Wertschätzung" ein zweites Beispiel an:

Fall Nr. 2: Wie eine junge Verkaufsleiterin in drei Jahren den Umsatz von 25 auf 75 Millionen Euro hochpuschte

Katrin Senger stammt aus einem kleinen Dorf in Schleswig-Holstein, ist 30 Jahre alt und Vertriebsdirektorin eines Textilunternehmens. In nur drei Jahren gelang es ihr, mit ihrer Außendienstmannschaft den Umsatz von 27 Millionen auf 75 Millionen Euro hochzupuschen. Interessiert hake ich nach:

Wie wurden Sie Verkaufsleiterin?

Es begann eigentlich mit dem Gefühl, dass ich auf gar keinen Fall mein Leben lang in einem Büro sitzen wollte. Viel lieber wollte ich frei und unabhängig sein und nach Leistung und nicht nach Alter bezahlt werden. So ging ich schon mit 21 Jahren in den Außendienst einer Versicherung.

Wie kam es dann zu dem Wechsel der Firma und der Branche?

Eines Tages kam ein guter Bekannter auf mich zu und machte mich auf die Modemarke FASHION (Name geändert) aufmerksam. Die würden neue Leute suchen. Aber das schien mir anfangs zu banal zu sein. Bis ich mir nach einiger Zeit die Frage stellte: „Was macht dir eigentlich in deinem jetzigen Beruf Spaß? ... Und was findest du nicht so toll?"

Und das Ergebnis?

Spaß und Freude machten mir der unmittelbare Kontakt mit dem Kunden, die Beratung, die persönliche Freiheit, das Gefühl, nach persönlicher Leistung bezahlt zu werden, und die Chance, es den anderen zeigen zu können. Wenig Spaß machte mir die Materie selbst, also das Geschäft mit den Versicherungen.

Und das Ergebnis?

Zuerst gar nichts. Aber vier Wochen später traf ich wieder diesen guten Bekannten und er sagte zu mir: „Die suchen immer noch jemanden!" Jetzt erst fiel bei mir der Groschen und ich bewarb mich um die Stelle.

Wie war der erste Eindruck?

Der war ganz spontan. Ich dachte: Das ist mein Leben! Das muss ich anfangen! Da habe ich jetzt endlich auch das Produkt, mit dem ich mich voll identifizieren kann und von dem ich allen anderen weitererzählen muss! Es war wirklich eine Art Liebe auf den ersten Blick. Und plötzlich wusste ich auch: Das ist die Tätigkeit, da kannst du wirklich etwas bewegen!

Heute weiß ich von meinen Verkäufern: Je größer die Identifikation mit dem Produkt ist, umso größer ist auch der Erfolg!

Gab es noch einen anderen Grund?

Ja. Als Versicherungsberaterin war ich eine Einzelkämpferin. Hier aber – und das gefiel mir sofort – konnte ich in einem begeisterten Team mitarbeiten.

Das war also eine echte Gefühlsentscheidung?

Hundertprozentig. Ich bin ein sehr emotionaler Mensch und habe daher auch später immer meinem inneren Gefühl gehorcht!

Wie verlief Ihr Verkaufsstart?

Ich bekam zunächst Mecklenburg-Vorpommern zugeteilt, das schlechteste Gebiet. Aber mit meiner Begeisterung habe ich voll Gas gegeben und am Ende des Jahres eine wesentlich höhere Umsatzsteigerung erreicht als alle anderen Kollegen in Deutschland.

Wie wurden Sie dann Verkaufsleiterin?

Diese Umsatzerfolge fielen zum einen meinem Boss auf und zum andern gab es auch sehr positive Kundenberichte über mich. Als ein Jahr später die bisherige Verkaufsleiterin kündigte, fragte mein Chef mich, die jüngste Mitarbeiterin im gesamten Außendienst: „Können Sie sich vorstellen, Verkaufsleiterin zu werden?"

Wie reagierten Sie da?

Ich wusste sofort, dass ich es schaffen würde, aber ich wusste noch nicht, wie ich es schaffen würde.

Wie war der Start als Verkaufsleiterin?

Als ich Verkaufsleiterin wurde, fragten alle: „Wieso die?" Neid und Missgunst blühten. Ich habe mich daraufhin als Erstes gefragt: „Was hat mich als Verkäuferin bisher an meiner Firma (und den Vorgesetzten) gestört und was hat meine Kollegen daran gestört?" Genau das versuchte ich zu ändern. Prompt meinten daraufhin meine Mitarbeiter: „Da ist ja jemand, der arbeitet für uns und nicht gegen uns!" – So kamen wir uns näher.

Gab es sonst keine Schwierigkeiten?

Natürlich. Bis dahin dachte ich immer, es geht alles allein auf dem gutem Weg. Aber ich merkte sehr schnell, dass Freundlichkeit auch ausgenutzt wird. Heute sage ich: Bis hierher und nicht weiter! Andererseits weiß ich auch: Meine Mitarbeiter müssen immer etwas von mir lernen können! Ich muss also in jeder Beziehung besser sein als sie! Deshalb arbeite ich auch permanent an meiner persönliche Weiterbildung. Ich will, dass die Mitarbeiter sagen: „Es lohnt sich, Ihren Ratschlägen und Ihrem Vorbild zu folgen!"

Wie haben Sie diesen enormen Umatzsprung innerhalb von drei Jahren geschafft?

Der erste Grund war sicher, dass ich selbst im Außendienst war und in der schlechtesten Region die größten Umsatzsteigerungen geschafft habe. So lernte ich schon damals, wie man unsere Kunden – das sind vor allem die Warenhäuser und Fachgeschäfte – durch Sympathie, Begeisterung und Kompetenz so positiv anspre- chen kann, dass sie unsere Waren optimal präsentieren und den Kunden bevorzugt anbieten.

Und der zweite Grund?

Ich versuche, meine Verkäufer am liebsten vor Ort, also bei Begleittagen und im direkten Kontakt mit den Kunden, zu schulen.

Wie sieht das konkret aus?

Ich weiß, dass eines der größten Probleme der Verkäufer ihr Phlegma ist. Wenn es gut läuft, denken sie nicht darüber nach, wie sie noch besser werden können. Stattdessen fragen sie sich: Warum soll ich noch mehr schuften?

Solche Verkäufer muss man am besten durch ein persönliches Erlebnis aufrütteln. Der aktuelle Anlass war, dass ein Verkäufer sich über den Abteilungsleiter eines großen Kaufhauses in München beschwerte, weil der ihn nicht an sich heranlasse! Und was tat er dagegen? Nichts! Als ich ihn kurze Zeit später begleitete, hörte ich genau von diesem Abteilungsleiter die Frage: „Wie viel Stück hat Köln, Hohe Straße, bei dem Artikel schon verkauft?"

Da weiß ich doch, was er sich wünscht und was für ihn wichtig ist: Er sucht den Vergleich, den Wettbewerb. Also sage ich ihm die besseren Umsätze von Köln, Hohe Straße, und schon bekomme ich plötzlich die doppelte Verkaufsfläche. Ich muss also nur wissen, welchen Knopf ich drücken muss. Und wenn jetzt München nachzieht, dann muss ich natürlich sofort Köln wiederum scharf machen, um den Wettbewerb anzustacheln.

Hat der Verkäufer das begriffen?

Ja. Denn er hat gesehen, dass viele Kunden auch deshalb kaufen, weil sie die Mitbewerber ärgern, weil sie mit ihnen gleichziehen oder sie übertreffen wollen. Oder weil sie einfach vom Image unserer Produkte profitieren wollen. Der Verkäufer muss für diese wahren Motive der Kunden sensibilisiert werden. Und dafür braucht er solche Aha-Erlebnisse.

Was war der dritte Grund für den Umsatzsprung?

Das war die klare Kundenqualifizierung. Wir verkaufen nicht an jedermann, sondern wollen Kunden gewinnen, die starke Multiplikatoren sind. Sie sollen unsere Marke bevorzugt präsentieren, sich überdurchschnittlich engagieren und auch sehr erfolgreich verkaufen. Denn nur durch solche engagierten Händler wird die Begehrlichkeit nach unseren Waren auch bei den Endkunden hochgehalten.

Was tun Sie noch, um dieses hohe Kundenengagement anzufeuern?

Genauso wie wir engagierte Kunden suchen, suchen wir – und das ist wohl der vierte Grund für unseren Umsatzsprung – auch ganz gezielt nach jungen, motivierten Verkäuferinnen und Verkäufern. Sie brauchen keine Fachleute auf dem Gebiet der Mode sein. Aber sie sollen Leidenschaft für unsere Marke entwickeln. Denn von ihnen hängt es ab, ob der Funke der Sympathie und Begeisterung auf unsere Kunden überspringt. Wir leben vom Wiederholungsgeschäft und das funktioniert nur, wenn auch der Händler Feuer fängt und seine Begeisterung auf seine Kunden überträgt.

Bei der Bewerberauswahl möchte ich daher folgende Aussage hören: „Ich wünsche mir nichts sehnlicher, als diesen Job zu tun!" Er soll diesen Beruf als Berufung ansehen und ihn nicht nur wegen des Geldes tun. Daher frage ich ihn auch: „Was fasziniert Sie an diesem Beruf?" Und: „Was sind Sie bereit, dafür zu tun?"

Wie treffen Sie bei der Einstellung die letzte Entscheidung?

Das ist eine reine Bauchentscheidung.

Wie sieht der fünfte Grund für den Umsatzsprung aus?

Der hat mit der Motivation zu tun. Auch hier ist mein Prinzip, die Dinge immer anders als alle anderen zu machen. Daher versuche ich, neue Herausforderungen so bild- und symbolhaft wie möglich zu gestalten.

Können Sie mir dazu einige Beispiele nennen?

Gerne. Als ich vor zwei Jahren den Sprung von 35 Millionen auf 50 anpeilte, da schrieb ich als Belohnung eine Reise nach Hawai aus. Doch statt dieses attraktive Reiseziel sofort zu nennen, sprach ich nur von der 50-Millionen-Party, die dann fällig werden würde.

Fünf Tage vor Weihnachten hatten wir unser Ziel mit 54 Millionen sogar noch übertroffen und die Mitarbeiter fragten neugierig: „Was ist denn nun mit der 50-Millionen-Party?"

Ich lud sie daraufhin zu einem besonders schönen Weihnachtsessen ein. Während der Vorspeise ließ ich in unterhaltsamer Form das Jahr Revue passieren. Danach bekam jeder ein Geschenk: eine Eisenbahnfahrkarte nach München und eine Tafel Milka-Schokolade. Jetzt rätselten natürlich alle herum, ob sie von München aus irgendwohin hinfliegen würden oder ob es in die Schweiz zum Skifahren ginge. Doch ich wollte sie weiter ganz bewusst im Ungewissen lassen. Dann gab es das Salat-Büffet und dabei schenkte ich jedem Mitarbeiter eine sehr exklusive Sonnenmilch. Aha, dachten sie, vielleicht geht es doch eher in den Süden, etwa nach Ägypten. Danach gab es das Hauptgericht und dabei erhielten sie als Geschenk ein hawaianisches T-Shirt sowie ein Flugticket. Jetzt sahen sie alle, dass es nach Hawai ging, und brachen in einen unglaublichen Jubel aus. Bei vielen war die Begeisterung so stark, dass sie Tränen in den Augen hatten.

Und wie motivierten Sie Ihre Mitarbeiter für den letzten großen Umsatzsprung?

Dabei ging es um unser letztes Umsatzziel – den Sprung von 50 Millionen Euro auf 75 Millionen.

Diesmal ging ich von drei Überlegungen aus. Die erste war, dass Verkäufer gewöhnlich nur bis zum nächsten Ziel arbeiten. Also brauchen sie immer wieder neue Ziele und Herausforderungen. Die zweite war: Sie brauchen auch das nötige Selbstvertrauen dazu. Das schien mir durch den letzten großen Umsatzsprung gegeben. So blieb die dritte Überlegung: Damit dieses neue Ziel sie wirklich zu Spitzenleistungen motiviert, müssen sie es nicht nur mit dem Verstand aufnehmen, sondern sich auch emotional voll damit identifizieren. Und das geschieht am besten, wenn man sie über Bilder oder Symbole anspricht.

Also fragte ich sie zuerst: „Was erwartet ihr in diesem Jahr an Umsatzzuwachs?" Daraufhin nannte jeder von ihnen eine bestimmte Prozentzahl. Ich fragte weiter: „Was müssten wir dafür tun?" Da sagte der Erste: „Mehr Besuche machen." Ein Zweiter: „Den Innendienst ausbauen." Ein Dritter: „Das Marketing-Budget erhöhen." Ein Vierter: „Neue Dekorateure einstellen."

Alle diese Antworten schrieb ich in Kurzform auf Karten und steckte sie an eine Pinwand. Dann ließ ich eine große Kiste hereintragen und sie öffnen. In der Kiste war ein riesiger Luftballon, in dem sich wiederum viele kleine Luftballons befanden. Jetzt fragte ich meine Mitarbeiter: „Was fällt euch dazu ein? Ein großer Luftballon, in dem sechs kleine Luftballons sind?" Erstaunt blickten sie mich an.

Dann bat ich den ersten Mitarbeiter, ein kleines Loch in den großen Luftballon zu pieksen und den ersten kleinen Luftballon herauszuholen. Als er ihn sich genauer ansah, entdeckte er in ihm einen kleinen Zettel, auf dem stand: „Mehr Besuche machen!" In dem zweiten kleinen Ballon stand: „Innendienst ausbauen!" ... So entdeckten die Mitarbeiter, dass ihre Voraussetzungen genau mit meinen übereinstimmten. Wir waren auf dem richtigen Weg.

Können Sie mir zum Abschluss auch ein Beispiel nennen, wie man die Führung der Mitarbeiter symbolhafter gestalten kann?

Urteilen Sie selbst. Eines Tages beschwerte sich eine Mitarbeiterin bei mir, weil ein Kunde sie ziemlich hart abgekanzelt hatte. Er hatte sich geärgert, weil er sich von ihr nicht genügend wichtig genommen fühlte und sie ihn zu wenig besucht hatte. Ich fragte die Mitarbeiterin: „Wie viel Humor hat der Kunde? Welche Laune hat er meistens?" Und: „Haben Sie etwas Mut?" Dann schlug ich ihr folgende Idee vor:

Binden Sie ein großes weißes T-Shirt mit unserem Logo an einen Stock und gehen Sie mit dieser „Friedensfahne" beim nächsten Kundenbesuch wortlos zur Türe hinein. Sagen Sie dann zu dem Kunden: „Herr Kunde, es tut mir fürchterlich leid, dass ich Sie so selten besucht habe. Ich gelobe Besserung und ich würde mich sehr freuen, wenn Sie dennoch mit mir weiter so erfolgreich wie bisher zusammenarbeiten würden!" Das Ergebnis: Der Kunde war so gerührt, dass er Tränen in den Augen hatte.

Hören Sie auf Ihre Gefühle!

Katrin Senger ist aber noch aus einem anderen Grund für unsere neue „**Führungsphilosophie der Wertschätzung**" interessant:

Sie hört auf ihr Herz. Genauer gesagt, auf ihre Gefühle, und sie richtet sich danach. Und sie gibt damit allen Führungskräften einen wichtigen Wink:

Achten Sie – besonders vor wichtigen Entscheidungen – auf Ihre Gefühle. Sind sie positiv oder negativ? Denn die Gefühle sind die wichtigsten Botschaften Ihres Herzens, die Ihnen genau sagen, ob Sie auf dem richtigen Weg sind oder nicht.

Konkret gesagt:

- Wenn Sie eine neue Entscheidung abwägen, dann achten Sie darauf, ob Sie dabei auch ein positives Gefühl haben. Wenn nicht, sollten Sie diese Entscheidung nochmals sehr sorgfältig überlegen und nach der möglichen Ursache forschen.
- Wenn Sie einen neuen Mitarbeiter einstellen, dann sollten Sie ebenfalls auf Ihr positives Gefühl achten oder nach den Gründen für ein negatives Gefühl forschen. Und:
- Wenn Sie mit einem wichtigen Kunden verhandeln, dann sollten Sie in kritischen Situationen, z. B. bei harten Einwänden oder hohen Rabattforderungen, ebenfalls auf Ihr Gefühl achten, ob es der Kunde ernst meint oder ob er nur blufft, ob er die Wahrheit sagt oder nur mal pokern will. Wenn Sie auf diese Fragen kein positives Gefühl verspüren, dann sollte die Warnlampe in Ihnen aufleuchten. Denn diese Gefühle stammen aus Ihrem emotionalen Erfahrungsgedächtnis und stellen zusammen mit Ihren analytischen Überlegungen die unverzichtbaren Bestandteile jeder guten Entscheidung dar. Gegenüber dem Verstand haben sie sogar den Vorteil, dass sie viel schneller und viel umfassender die ganze Situation überblicken. Nur ins Detail können sie nicht gehen.

Verfolgen Sie bei der folgenden Übersicht einmal selbst, wie sehr **Katrin Senger** als Verkäuferin wie als Verkaufsleiterin auf ihre Gefühle achtet und sie als Entscheidungsgrundlage verwendet; wie stark sie auch auf die Gefühlssignale ihrer Mitarbeiter achtet, denn sie stellt ja keinen neuen Bewerber ein, der nicht deutliche Gefühle der Begeisterung und Leidenschaft für seinen neuen Beruf zeigt;

und wie genau sie auch bei ihren Kunden auf mögliche Gefühle achtet, die in ihren Worten, ihrem Tonfall oder ihrem Temperament mitschwingen, und dann darauf eingeht.

Die wichtigsten Führungs- und Motivationsprinzipien von Katrin Senger

1. Prüfen Sie die **Basisvoraussetzungen** neuer Bewerber. Fragen Sie sie, auf welche beruflichen Leistungen sie stolz sind (Selbstvertrauen), wofür sie gekämpft haben (Kampfgeist), welche Umsatzziele sie sich zutrauen (Erfolgshunger), was sie dafür tun wollen (Selbstdisziplin) und wann sie fest mit einem Abschluss rechnen (Selbstwirksamkeit).

2. Achten Sie bei Ihren Bewerbungsgesprächen darauf, ob Sie bei den Bewerbern hinsichtlich ihrer Begeisterung deutlich **sichtbare positive Emotionen** oder Körperreaktionen „sehen".

3. Ziehen Sie sich nach jedem Bewerbergespräch kurz zurück und fragen Sie sich: „**Welches Gefühl löst dieser Bewerber in mir aus?** Passt er zu unserem Team? Zu mir?"

4. Überlegen Sie (als junger Verkaufsleiter), was Sie und Ihre Kollegen an Ihrem früheren Verkaufsleiter gestört hat und wie Sie ein **positiveres Verhalten** zeigen können.

5. Verknüpfen Sie neue Umsatzziele unbedingt mit **emotionalen Wunschzielen** Ihrer Verkäufer – ihren privaten Wunschzielen oder den von Ihnen organisierten Incentives oder Prämien.

6. Bewahren Sie sich trotz Ihrer Fürsorge und Anteilnahme gegenüber Ihren Mitarbeitern noch eine gewisse **Distanz**, um auch schwierige Entscheidungen treffen zu können

7. Zeigen Sie ihnen auch die **Grenzen** auf, um nicht ausgenutzt zu werden (z. B. in Form von Schwindeleien bei den Tagesberichten etc.).

8. Prüfen Sie genau, ob es sich für Ihre Mitarbeiter **lohnt**, Ihrem Vorbild und Ihren Ratschlägen zu folgen, und ob sie dadurch ihre Ziele besser erreichen.

9. Zeigen Sie bei Begleitbesuchen Ihren Verkäufern anhand **konkreter Beispiele**, wie sie mit Kunden erfolgreicher umgehen und die erhofften Umsätze erreichen können.

10. Gestalten Sie die Motivation Ihrer Mitarbeiter möglichst **bildhaft und symbolhaft**, denn damit erreichen Sie am wirkungsvollsten ihr Herz und ihre Gefühle.

Ziehen wir an dieser Stelle eine erste Bilanz: Die neue „Führungsphilosophie der Wertschätzung" ist heute die wichtigste Ressource für überdurchschnittliche Führungs- und Verkaufserfolge. Denn in dieser kalten und sachlichen Welt mit ihrem gespenstischen Hyperwettbewerb sehnt sich jeder Mitarbeiter wie jeder Kunde nach jemandem, dem sein Wohlergehen wirklich am Herzen liegt. Die folgenden 20 Empfehlungen sollen eine erste Hilfe sein, diese neue Führungsphilosophie mit Leben zu erfüllen und erfolgreich umzusetzen.

20 Tipps, wie Sie Ihre Mitarbeiter mit der neuen „Philosophie der Wertschätzung" zu Spitzenumsätzen führen können

1. Achten Sie darauf, dass Ihre Verkäufer vor der Türe des Kunden eine Vorfreude oder eine **positive Erwartungshaltung** haben, weil sie ihm etwas „Besonderes" anbieten können.

2. Geben Sie Ihren Verkäufern oft ein schnelles, **unerwartetes Feedback** auf ihre Arbeit (z. B. per Telefon, SMS oder E-Mail)

3. Nehmen Sie auch nach einem anstrengenden Begleittag die **Einladung Ihres Verkäufers** auf ein Bier in seiner Wohnung an.

4. Notieren Sie sich die **besten Leistungen,** auf die Ihre Mitarbeiter stolz sind (auch die privaten), und sprechen Sie sie öfters darauf an, um ihr Selbstvertrauen zu stärken.

5. Notieren Sie sich die **wichtigsten Daten** Ihrer Mitarbeiter bezüglich Familie, Kinder, Wohnort und Hobbys und demonstrieren Sie so, dass Ihnen ihr Wohlergehen am Herzen liegt.

6. Kümmern Sie sich darum, dass neue Verkäufer bei dem ersten Wettbewerb sofort eine **echte Siegerchance** haben und sie auch realisieren.

7. **Danken Sie dem Ehepartner** Ihres Verkäufers durch einen Brief oder eine Einladung, zusammen mit dem Mitarbeiter, für seine Unterstützung.

8. Beobachten Sie permanent die Erfolge und Leistungen Ihrer Verkäufer und helfen Sie ihnen, plötzlich auftretende **Engpässe** sofort zu lösen.

9. Sprechen Sie mit Ihren Verkäufern auch über **private Anlässe** wie z. B. ihre Kinder, ihre Hobbys, ihre Sportbegeisterung oder ihre Freizeitaktivitäten.

10. Fordern Sie bei Begleitbesuchen zurückhaltende Verkäufer einmal auf, bei dem nächsten Kunden wirklich zu **kämpfen** – und übernehmen Sie die Verantwortung für das Ergebnis.

11. Achten Sie im Umgang mit Ihren Verkäufern immer auf eine positive, motivierende und **aufbauende Sprache** – selbst wenn Sie „Fehlentwicklungen" korrigieren wollen.

12. Achten Sie darauf, dass Ihre Verkäufer sich **Zeit für Erholung**, Entspannung und ausreichenden Schlaf nehmen.

13. Machen Sie mit Ihrem Team auch einmal **private Unternehmungen**, z.B. Ausflüge, Touren oder Besuche von Veranstaltungen.

14. **Erwischen** Sie Ihre Mitarbeiter bei ihren Stärken und Erfolgen.

15. Tauchen Sie unerwartet zu **kurzen Begleitbesuchen** auf – aber immer so, dass die Mitarbeiter Ihre Besuche als echte Hilfe und als Unterstützung und nicht als Kontrolle empfinden.

16. Unterstützen Sie die Verkäufer, die in der Krise sind, indem Sie gemeinsam mit ihnen und **für sie verkaufen**.

17. Lassen Sie bei Begleitbesuchen die Mitarbeiter **von selbst auf Fehler kommen**, indem Sie sie fragen, was sie beim nächsten Mal anders machen würden.

18. Verwenden Sie Begleitbesuche dafür, dass die Mitarbeiter am Abend immer eine **neue Erkenntnis** haben, um ihre Umsätze schneller und erfolgreicher zu erreichen.

19. Tun Sie alles, um Ihre Innendienstmitarbeiter zu einer **positiven Kommunikation** mit den Außendienstmitarbeitern zu motivieren.

20. Erspüren Sie aus Tagesberichten oder anderen Kontakten Ihrer Verkäufer zu Ihnen, ob sich in ihrer **Stimmung** etwas geändert hat, und reagieren Sie bei Krisen sofort.

Im nächsten Kapitel geht es um eine der wichtigsten Führungsherausforderungen unserer Zeit: Durch die rasanten Veränderungen geraten Verkäufer heute sehr schnell in Engpässe und brechen mit ihren Umsätzen ein. Dann sind sie auf Ihre Hilfe angewiesen. Je schneller Sie diese Leistungsblockaden erkennen und beheben, umso größer sind die Chancen Ihrer Verkäufer, ihr volles Erfolgspotenzial und damit neue Umsatzerfolge zu erreichen.

Chance Nr. 2

Die Lösung aktueller Engpässe

11 Beispiele, wie Sie die Engpässe Ihrer Verkäufer lösen, Veränderungsprozesse einleiten und neue Umsatzerfolge erreichen

Fall Nr. 1: Ist ein neues Netzwerk wirklich dringend notwendig?

Jochen Ahlmann, Vertreter einer der größten Integratoren von **Kommunikationssystemen** weltweit, verkauft maßgeschneiderte Kommunikationslösungen. Damit können seine Kunden über ihr Callcenter nicht nur 100 Anrufe pro Minute ohne ärgerliche Warteschleifen oder Fehlverbindungen weiterleiten, sondern auch kriminelle Angriffe auf das gesamte Netzwerk abwehren. Aber ist das für eine Firma von aktueller Notwendigkeit? Genau diese Frage ist für Verkäufer Ahlmann die große Herausforderung! Denn er muss durch faszinierende Zukunftsvisionen oder drastische Nachteilskonsequenzen seine moderne Problemlösung auf Platz eins der Dringlichkeitsliste seiner Kunden hieven, wenn es zu einem Auftrag kommen soll. Doch plötzlich schafft er das nicht mehr und hat somit selbst ein Problem. Was können Sie als Verkaufsleiter jetzt tun, um ihn wieder auf Erfolgskurs zu bringen? Die Lösung dieses Falls und der anderen elf lernen Sie im nächsten Kapitel kennen.

Fall Nr. 2: Können externe Fachleute wirklich besser koordinieren als interne?

Ralf Bommer, Fachberater einer **technischen Unternehmensberatung**, muss jedes Mal ganz schnell bei einem Autohersteller oder seinen Zulieferern vorstellig werden, wenn ein neues Modell geplant wird. Dann muss er dafür sorgen, dass seine Firma den Auftrag bekommt, die vielen unterschiedlichen Entwicklungsprozesse zu koordinieren, die zum Beispiel bei der Entwicklung eines neuen Motors, einer neuen Heizung oder einer neuen Fahrgastzelle gleichzeitig anfallen – sei es beim Hersteller oder bei seinen Zulieferern. Das heißt, sie untereinander abzustimmen, voranzutreiben, auf Verspätungen aufmerksam zu machen und jeden Schritt zu dokumentieren. Aber bewältigten das die Autohersteller bisher nicht selbst? Braucht man dazu extra ein externes Büro? Wenn hier der Verkäufer es nicht schafft, seinen Kunden die problematischen Nachteile einer Inhouse-Lösung und gleichzeitig die zukunftsweisenden Vorteile einer externen Lösung bewusst zu machen, dann hat er selbst ein Problem: keinen Auftrag.

Fall Nr. 3: Warum sollen wir fremde Ingenieure an unseren Entwicklungen arbeiten lassen statt unsere eigenen?

Karl Holzer, Verkäufer eines technisch hoch qualifizierten Konstruktionsbüros, soll von sich aus aktiv auf Kunden zugehen, die vor neuen technischen Entwicklungen stehen. Im Gespräch soll er ihnen dann bewusst machen, dass sie schwierige technische Herausforderungen längst nicht so optimal lösen können wie die Spezialisten seiner Firma. Das ist wahrhaftig keine leichte Sache. Denn zuvor muss er nicht nur tief in den Herstellungsprozess eindringen, um überhaupt technische Konstruktionsprobleme zu erkennen, die seine Firma lösen kann, sondern er muss auch die

Entscheider des Kunden davon überzeugen, dass seine Firma dieses Problem besser lösen und gleichzeitig ihre eigenen Manpower-Ressourcen günstiger einsetzen kann. Aber – greift das nicht das Ehrgefühl der eigenen Ingenieure an? Und ist eine externe Problemlösung wirklich die beste Lösung? In letzter Zeit fielen Karl Holzer dafür immer weniger gute Antworten ein, sodass er zuletzt selbst ein Problem hatte.

Fall Nr. 4: Warum schließen die Kunden ihre Versicherung nicht bei mir ab, obwohl ich so nett zu ihnen bin?

Stefanie Plötz, Vertreterin einer großen deutschen Privatkrankenversicherung, versucht ihre neuen Kunden im Zeichen steigender Gesundheitskosten auf die Nachteile der Ersatzkassen hinzuweisen und sie stattdessen von den einzigartigen Vorteilen ihrer Privatkrankenversicherung zu überzeugen. Doch warum klappt das so selten? Warum fühlen sich die Kunden von ihren Vorteilen so wenig beeindruckt? Und warum schließen sie nach mehrstündiger, geduldiger Beratung nicht bei ihr ab? Obwohl sie doch so nett und freundlich zu ihnen war, sie ausführlich beriet, ja sich sogar des Langen und Breiten ihre persönliche (Leidens-)Geschichte anhörte? Was macht sie falsch? Und wie kann ihr da ihr Bezirksdirektor helfen? Wenn nicht, bekommt auf jeden Fall ihr Bankkonto bald die Schwindsucht.

Fall Nr. 5: Wie verkauft man etwas, von dem viele nichts mehr wissen wollen?

Michael Graber, Anlageberater mit Schwerpunkt Aktieninvestmentfonds, konnte vor einigen Jahren im Fondsladen seines Unternehmens noch mit täglich 50 Kunden rechnen. Heute kommen, wenn es gut geht, noch 50 pro Vierteljahr. Jetzt heißt es Telefonakquise machen. Aber wenn er heute nicht innerhalb von 20 Sekunden das Interesse der von eigenen Sorgen geplagten Geschäftsleute mit interessanten Informationen weckt, dann hört er nur noch die stereotypen Absagen: „Ich habe kein Interesse ... keinen Bedarf ... keine Zeit ... und auch kein Vertrauen in die Aktien oder sonst etwas anderes!" Wenn sich das nicht ganz schnell ändert, dann verliert auch er das Vertrauen zu sich selbst und seinem Angebot. Doch wie kann er sofort das Interesse wecken? Und wie kann ihm da sein Verkaufsleiter am besten helfen?

Fall Nr. 6: Wie baut man einen Verkäufer wieder auf, der seinen Kampfgeist verloren hat?

Karl Bohlmann, Verkaufsleiter eines Fertighaus-Unternehmens, erblickt beim abendlichen Rundgang durch die Büros seiner Verkäufer, wie einer von ihnen gerade eine Kundenakte zur Seite legt. Auf die Frage, ob er gerade etwas ausmiste oder ablege, erfährt er von dem Verkäufer, dass wieder einmal ein Kunde wegen des Preises abgesagt habe. Das Nein des Kunden scheint nicht nur seine Hoffnungen, sondern auch seinen Kampfgeist zum Erliegen gebracht zu haben. Bohlmann weiß natürlich sofort, dass dieser Verkäufer mit seiner pessimistischen Einstellung ganz schnell auch seine Kollegen anstecken kann. Doch was kann man hier tun, denkt er sich? Wie kann ich den Kampfgeist dieses Verkäufers wieder wecken?

Fall Nr. 7: Was tun, wenn selbst die Telefonakquise nichts mehr bringt?

Andreas Gerl, Verkäufer in einem großen Autohaus, war glücklich. Dank des neuen Modells gab es reichlich Abschlüsse, und nun glaubte er, dass das so weitergehen würde. Doch plötzlich war Schluss mit lustig und die Krise bestimmte die Auftragslage. Jetzt musste wieder verkauft werden. Doch als Gerl mit ein paar hektischen Kundenanrufen keinen Erfolg hatte, verlor er die Lust dazu und verkündete überall, dass auch die Telefonakquise im Augenblick nichts bringe. Konnte das sein Verkaufsleiter so stehen lassen? Doch wie sollte er darauf reagieren? Wie sollte er diesen Verkäufer motivieren, sich trotz Krise mit neuem Schwung an die Akquise zu machen?

Fall Nr. 8: Was tun, wenn die Kunden reklamieren, das Patent ausläuft und die Verkäufer resignieren?

Jahrelang waren die Pharmareferenten der Firma Sonnenschein vom Erfolg verwöhnt worden. Doch plötzlich wurden sie von der Schwermut befallen. Schlimmes war ihnen widerfahren und noch Schlimmeres stand ihnen bevor: Ihr erfolgreichstes Präparat hatte eine andere Form bekommen, was den stürmischen Protest vieler Patienten und Ärzte hervorrief. Und im nächsten Jahr sollte es auch noch aus dem Patent laufen, was sofort die Nachahmer mit ihren Billigangeboten (den Generika) auf den Plan rufen würde. Verunsicherung machte sich unter den Pharmareferenten breit, sodass sie fast selbst die eigenen Pillen zur Erholung brauchten. Doch was konnte angesichts dieser Schwierigkeiten ihr Verkaufsleiter Klaus Müller tun, um seine Verkaufsmannschaft wieder auf Erfolgskurs zu bringen?

Fall Nr. 9: Wie kann man ein Produkt erfolgreich verkaufen, an das nur wenige Verkäufer glauben?

Der Sturm brach ganz unvermittelt los. Die Geschäftsleitung hatte die Preise ihrer Elektro-Heizgeräte erhöht und prompt waren die Umsätze in den Keller gesackt. Als Verkaufsleiter Holger Bosch durch seinen hartnäckigen Einspruch wenigstens eine teilweise Reduzierung der Preisanhebung erreichte, schlug die Krise zu. Die Kunden hielten ihr Geld zurück. Und die 100 Vertreter, die diese Geräte im Direktvertrieb verkauften, verloren mit den Umsätzen auch noch den restlichen Glauben an ihre Produkte. Obwohl Bosch sie als das weltweit beste Energienutzungsverfahren ansah, blieben die Vertreter misstrauisch und weiteten das auch noch auf die Solidität der Firma und ihre persönlichen Verkaufschancen aus. Dass man mit dieser Einstellung nicht erfolgreich verkaufen kann, wusste Bosch. Aber wie sollte er die Krisenangst bannen und seinen Verkäufern den Glauben an ihre Produkte und an eine erfolgreiche Zukunft zurückgeben?

Fall Nr. 10: Was tun, wenn der beste Verkäufer einen totalen Zusammenbruch erleidet?

Jahrelang war Rolf Köhler, Verkäufer von Häusern und Wohnanlagen, die Nummer eins der Firma gewesen. Doch plötzlich sanken seine Umsätze in den Keller und die Motivation mit dazu. Zu alledem brach er in seinem Büro auch noch mit einem Kreislaufkollaps zusammen. Sein Chef, der zugleich die Verkaufsleitung innehatte, war bestürzt: Wie konnte es dazu kommen? Und vor allem: Wie konnte er einen solchen Mann wieder aufrichten und auf Erfolgskurs bringen?

Fall Nr. 11: Wie verkauft man Büromöbel, wenn die Kunden auf Teufel komm raus sparen wollen?

Ulrich Nikisch, Verkäufer eines der größten Fachhändler Deutschlands für Büromöbel, erlebte von Tag zu Tag, wie die Nachfrage nach seinen Möbeln abflaute. Statt 2.000 Euro für einen Arbeitsplatz auszugeben wie früher, wollen die Firmen heute nur noch 1.250 Euro investieren. Er kennt auch die Gründe dafür: Die Regierung verlängerte die Abschreibungszeiten für Büroausstattung, die Firmen verhängten einen Investitionsstopp und selbst die früheren Verordnungen, die für einen zuverlässigen Zwangsumsatz sorgten, haben ihre Wirkung verloren. Was ist da zu tun? „Und wie kann ich gegen dieses Gespenst aus Angst und Krise vorgehen?", fragte sich auch Nikischs Verkaufsleiter Heinz Karg.

Natürlich sind das nicht alle Probleme. Dazu ist die Welt von heute zu komplex geworden. Aber sie gehören mit Sicherheit zu den wichtigsten.

Und sie wurden für die einzelnen Verkäufer zu Engpässen, die ihre Verkaufsergebnisse wie ihre Motivation blockierten. Im nächsten Kapitel erfahren Sie, wie die einzelnen Verkaufsleiter diese Engpässe lösten.

Ich habe sie so ausführlich dargestellt, weil gerade heute, in Zeiten stürmischer Veränderungen solche Engpässe extrem schnell eintreten und die Leistungsbereitschaft der Verkäufer bis zur Resignation absinken kann. Daher können Sie heute Ihren Verkäufern nicht besser helfen, als mögliche Engpässe so schnell wie möglich zu erkennen und zu beseitigen.

Chance Nr. 3

Die Chance des Change-Managements

10 Top-Methoden, wie Sie die Erfolgspotenziale Ihrer Verkäufer freisetzen und eine neue Verkaufsbegeisterung auslösen

Wie sehen die Lösungen dieser Engpässe aus? – Für viele Verkäufer und Verkaufsleiter war die Krise extrem positiv, denn sie setzte neue Kräfte und damit neue Möglichkeiten frei. Ich kann es bezeugen, da ich bei den Lösungen als Coach, Seminarleiter oder Vortragsredner beteiligt war.

Change-Management in der Praxis

Fall Nr. 1: **Nur mit starken Emotionen erreicht man auch eine starke Überzeugungskraft**

Jochen Ahlmann, der für seine Firma maßgeschneiderte integrierte Kommunikationslösungen verkauft, damit die Firma ihre Kunden in den Stoßzeiten nicht länger durch endlose Warteschleifen oder Fehlvermittlungen frustriert, scheint selbst ein Kommunikationsproblem zu haben. Die Kontaktgewinnung fällt ihm dank des imponierenden Firmennamens relativ leicht. Er stellt auch mit Schwung dar, wie das neue zukunftsweisende Management eines kompletten Netzwerkes aussehen könnte. Aber dann prasseln die üblichen Einwände auf ihn ein, wie z. B.: „Unsere Telefonanlage funktioniert im Augenblick recht gut ... Für die paar Stoßzeiten rentiert sich keine neue Anlage ... und außerdem haben wir gerade einen Investitionsstopp!" Wie auch immer er antwortet, er kommt in letzter Zeit einfach nicht mehr zum Abschluss und meint resigniert: „Mir fehlt einfach der Killerinstinkt!"

Das stimmt jedoch nur zur Hälfte. Und es zeigt, dass Verkäufer selten gute Analytiker ihrer selbst sind. Viel schwerwiegender war – und das zeigte sich bei Gesprächen und Begleitbesuchen –, dass Ahlmann bei den Kunden kein wirkliches Problembewusstsein schaffen konnte. Dafür fehlten ihm die dramatischen Szenen, mit denen er die schädlichen Folgen der alten Anlage den Kunden klar vor Augen führen konnte. Und es fehlten ihm jene begeisternden Zukunftsvisionen, in denen sich die Entscheider dieser Firmen schon an der Spitze des Fortschritts marschieren sahen – angerufen von tausenden von begeisterten Kunden. Doch auch das war noch immer nicht der eigentliche Grund seiner Abschlussschwäche. Er lag noch tiefer. Warum, so fragte sich sein Verkaufsleiter, war Ahlmann nicht in der Lage, solche emotionalen, unter die Haut gehenden Szenarien mit ihren dramatischen Folgen und den höchst erfreulichen Zukunftsvisionen darzustellen? Und er erkannte: **Weil ihm der wichtigste Stoff dafür fehlte – seine eigenen Emotionen!** Sie waren durch harte, oft sehr hemdsärmelige und immer wieder über den Haufen geworfene Umstrukturierungsmaßnahmen seiner Firma – mit Besitzerwechsel, Kündigung der ganzen Führungsriege und einer radikalen Verschlechterung der Arbeitsverträge – regelrecht verschüttet worden. Dazu kam noch, dass er diese Vorfälle als persönliche Schicksalsschläge ansah, die ihn geradezu lähmten.

Erst als er sie im Gespräch mit seinem Verkaufsleiter nicht mehr als Bösartigkeit seiner Firma, sondern als notwendige Schritte zu einer gesteigerten globalen Wettbewerbsfähigkeit sah, erkannte er auch die große Chance, die er zuvor komplett übersehen hatte: die Aussicht auf ein jährliches Wachstum von 40 Prozent! Diese Chance hatte er bei all dem Theater völlig übersehen! Spontan kehrten die emotionalen Lebensgeister wieder zurück und er ergriff mit Freude und Begeisterung die Möglichkeiten, sich aus dem 40-Prozent-Kuchen ein großes Stück herauszuschneiden. Und mit dem neuen Blickwinkel erwachten auch die verschütteten Emotionen wieder zum Leben und inspirierten ihn fast automatisch zu begeisternden Bildern und dramatischen Szenen und brachten ihm so auch die Kraft zum Abschluss zurück.

Fall Nr. 2: Man muss sich zuerst mit seinem Beruf als Verkäufer identifizieren, bevor man erfolgreich verkaufen kann

Ralf Bommer, der Verkäufer der Unternehmensberatung, die für die Autohersteller die verschiedensten Entwicklungsprozesse koordinieren und überwachen wollte, kam trotz aller Anstrengungen ebenfalls zu selten zum Abschluss. Er war nach Meinung seines Chefs zu wenig abschlusssicher und seine Verkaufsergebnisse lagen weit unter seinem Potenzial und den Möglichkeiten seiner Firma. Auf die Lösung deutete plötzlich ein einziger Satz: **„Ich bin kein Verkäufer, ich bin Ingenieur!"** Da lag also der Hase im Pfeffer! Es handelte sich um einen typischen Rollenkonflikt, was bedeutete, dass er sich als Ingenieur nicht mit der Rolle eines Verkäufers identifizieren konnte oder wollte. Dazu kam erschwerend, dass er als Verkäufer anfangs nicht irgendwelche technischen Modelle vorführen konnte, sondern dass es einzig und allein darum ging, die verschiedensten technischen Entwicklungsprozesse zu erfassen sowie mögliche personelle, zeitliche oder technische Konflikte zu erkennen (alles nur abstrakte Ideen!), um daraus ein starkes emotionales Problembewusstsein zu entwickeln – mit dramatischen Nachteilen bei einer Eigenlösung und beeindruckenden Vorteilen bei einer externen Lösung. Da jedoch diese Inszenierung eines dringenden Problembewusstseins und einer motivierenden Zukunftsvision nicht seinem Selbstbild als Ingenieur entsprach, verunsicherte sie ihn, sodass er schließlich vor dem (zu erwartenden) Nein der Kunden direkt Angst hatte. Um sein Selbstbewusstsein zu schützen, stieg er daher oft viel zu früh aus dem Gespräch aus und gab auf. Auch wenn es ihm des Öfteren gelang, seine Firma und die mögliche Lösung eindrucksvoll zu präsentieren, so schaffte er doch kein echtes Problembewusstsein und damit keinen echten Handlungsbedarf. Schuld daran waren sein Selbstbild als Ingenieur und sein Rollenkonflikt. Sie blockten alle Emotionen ab, die er dringend gebraucht hätte, um ein echtes Problembewusstsein zu schaffen und mit mehr Entschlossenheit den Abschluss anzugehen.

Für die erfolgreiche Lösung ging sein Verkaufsleiter in vier Schritten vor:

1. Sein **Selbstbild** stärkte er, indem er ihm bewusst machte, dass sein Beruf als Ingenieur durch die zusätzlichen verkäuferischen Fähigkeiten eine einzigartige Aufwertung erfahren würde (was auch seiner Karriere zugute käme).

2. Sein **Selbstvertrauen** baute er wieder auf, indem er ihm bei mehreren Begleitbesuchen zeigte, wie er gerade durch die Verbindung von Technik, Verkauf und nützlichen Problemlösungen auch bei seinen Verhandlungspartnern echte Pluspunkte sammeln könnte.

3. Seine **verkäuferischen Defizite** im Bereich der Einwandbehandlung und der Abschlussinitiativen überwand er mit einem speziellen Training, das aus diesen Schwächen neue Stärken machte.

4. Und seine **Emotionen** blühten auf, als er ihm mithilfe einer Marktübersicht zeigte, dass sie zum einen als Pioniere auf diesem Gebiet einen fast uneinholbaren Vorsprung besaßen und dass zum anderen allein die Autofirmen in Deutschland pro Jahr 48 Modellveränderungen auf den Markt brachten. Dazu kämen in Zukunft auch noch die Hersteller von Flugzeugen, sodass sie mit Umsatzzuwächsen von rund 50 Prozent in den nächsten Jahren rechnen konnten.

Fall Nr. 3: Nur wer aktiv auf neue Kunden zugeht, schafft sich neue Chancen

Etwas anders lag der Fall bei Karl Holzer, dem Verkäufer des technischen Konstruktionsbüros, das für fremde Kunden gerne die Lösung komplizierter technischer Konstruktionen übernehmen wollte. Um dafür die Aufträge zu bekommen, musste er allerdings aktiv an neue Kunden herangehen und nach technischen Problemen fragen, statt zu warten, bis er gerufen wurde. Fand er dann geeignete Gesprächspartner, kam es nicht darauf an, den Hochglanzprospekt seines Unternehmens zu präsentieren, sondern lösungsfähige Probleme aufzuspüren und ganz schnell ein Problem beim Kunden zu erkennen, bei dem er am ehesten Hilfe brauchte. Das erforderte, sich nicht nur für den Kunden und seine Probleme zu interessieren, sich hineinzubohren und zu den wahren Kundenproblemen vorzustoßen, sondern dieses Problem mit all seinen Schwierigkeiten dem Kunden bewusst zu machen und ihn von der Fähigkeit seiner Firma zur optimalen Problemlösung zu überzeugen. Warum aber klappte das nicht?

Diesmal ging es nicht um einen Rollenkonflikt, sondern um eine typische, tief verwurzelte Techniker-Eigenschaft: ihre Introvertiertheit! Techniker wollen in Ruhe tüfteln und konstruieren. Doch sie wollen sich nur ungern fremden Leuten aufdrängen (also aktiv auf sie zugehen) und sich in fremde technische Probleme einmischen. Und genauso wenig wollen sie dann das Problem mit marktschreierischen Methoden dem Kunden zu Bewusstsein bringen und ihn von einer Lösung überzeugen, die wiederum andere Techniker durchführen. Auch Holzer sah sich letztlich mehr als Techniker denn als Verkäufer.

Die Lösung dieser Probleme – vor allem der Introvertiertheit – ging der Verkaufsleiter so an:

Um seinen **Blickwinkel** zu verändern und ihm die wahre Rolle eines Technikers zu veranschaulichen, machte er ihm bewusst, was so berühmte Erfinder wie Edison oder Diesel auszeichnete: die Bereitschaft, den Fortschritt weiterzubringen und anderen Menschen zu helfen, indem sie technische Probleme aufspüren sich ihrer annehmen und sie – zusammen mit anderen Menschen – lösten!

Seine **Emotionen** stachelte er an, indem er ihm ein neues „Elitebewusstsein" vermittelte und ihn darauf hinwies, dass ein Verkaufsingenieur wesentlich mehr können muss als ein normaler Techniker. Außerdem verstärkte er sein Gefühl der Überlegenheit und des Ehrgeizes, indem er ihm bewusst machte, um wie viel schneller und gründlicher als seine Gesprächspartner er in der Lage sein musste, fremde technische Probleme zu erkennen, in Worte zu fassen sowie die möglichen Folgen darzustellen.

Um seine **Rolle als Verkäufer** zu verbessern – bei den Kunden ein Problembewusstsein zu wecken, ihn für die Problemlösung zu begeistern und zum Abschluss zu bringen –, schickte er ihn auf ein Seminar, in dem er lernte, durch eine Reihe von geschickten Fragen den Kunden dazu zu bringen, selbst zu erkennen, welche zeitlichen, finanziellen und personellen Ressourcen er durch eine

Eigenlösung band und um wie viel besser er sie durch die Vergabe an ein externes Büro einsetzen konnte.

Fall Nr. 4: Gute Verkäufer schaffen gute Beziehungen zu ihren Kunden, aber sie bleiben dennoch emotional unabhängig

Stefanie Plötz krankt als Vertreterin einer der größten deutschen Krankenversicherungen an dem Problem, dass sie trotz genügender Termine zu wenig Abschlüsse macht. Da sie keine Vollblutverkäuferin ist (sie macht nebenbei historische Stadtführungen!), ist sie andererseits recht gut in ihrer Selbstanalyse. Über ihr Problem sagt sie: „Ich passe mich in puncto Zeit und Termin zu sehr den Kunden an! Ich bin zu nett! Und ich lenke gegenüber den Kunden zu oft und zu schnell ein." Deshalb sprach sie auch das Buch „Kunden kaufen nur von Siegern" sofort an – vor allem der Titel. Denn sie ist sich sicher: „Der Kunde möchte jemanden, der ihm den Siegerstatus vermittelt! Und er möchte, dass ihn der Sieger berät. Denn der kann ihn besser beraten." Sie machte dazu ihre eigenen Erfahrungen: „Ich wollte mich hinsichtlich Auto und Kleidung von dem Siegerimage ausschließen. Aber das geht nicht! Die Kunden schauen genau darauf. Sie wollen den Sieger. Und als Frau muss man noch mehr überzeugen, um als Sieger zu gelten!"

Doch leider sieht sie sich noch nicht als Siegerin. Und das macht sich schon bei der Terminierung bemerkbar: „Da habe ich nicht das Gefühl, den Kunden zu interessieren und den Nutzen rüberzubringen!" Bei den Begleitbesuchen aber schälte sich noch ein ganz anderes Problem heraus: Stefanie Plötz war zu nett zu den Kunden, passte sich zu sehr an und lenkte zu schnell ein. Warum? Weil sie von den Kunden geschätzt, gelobt, ja geliebt werden wollte. **Sie wollte die persönliche Wertschätzung und Zuneigung der Kunden.** Und deshalb verlagerte sie das Gespräch auch immer sehr schnell auf die persönliche Ebene und hörte sich die Sorgen der Kunden geduldig und freundlich an. Aber das brachte ihr außer Zeitverlust und Erschöpfung nicht viel ein. Warum? Weil sich die Kunden durch ihr (zu langes) Jammern selbst in eine negative Stimmung brachten und weil sie zum anderen den guten Kontakt nicht zum richtigen Zeitpunkt in einen Abschluss umsetzen konnte. Das ging natürlich nicht, da sie befürchtete, durch den Abschlussdruck die eben frisch errungene Zuneigung des Kunden aufs Spiel zu setzen. Daher tat sie sich auch bei der telefonischen Terminierung neuer Kunden so schwer. Hier drohten statt Zuneigung und Wertschätzung eher Absagen und Zurückweisungen. Das wollte sie sich ersparen und telefonierte daher nur sehr unregelmäßig.

Die Lösung bestand darin, dass ihr Verkaufsleiter sie für die intensive Lektüre von „Kunden kaufen nur von Siegern" lobte. Dass er ihr aber dann ganz genau erklärte, was einen Sieger im Verkauf wirklich auszeichnet und was sie künftig anders machen sollte. Dazu gehörte im Einzelnen:

- Er empfahl ihr, vor jeder telefonischen Terminierung und jedem Verkaufsgespräch eine „Willensdeklaration" zu machen. Zum Beispiel: „Ich hole mir aus diesen 200 Bestandsadressen mindestens 60 neue Abschlüsse!" Oder: „Wenn der Kunde Geld und Bedarf hat, dann verkaufe ich ihm heute eine Krankenversicherung vom Typ XY." Das bedeutete: Sie sollte ihren Fokus neben der Beziehungspflege vor allem auf das erwünschte Resultat richten.

- Er machte ihr klar, dass sie nur deshalb so nett und so angepasst gegenüber den Kunden war, weil sie von ihnen geliebt und wertgeschätzt werden wollte. Das jedoch schuf keine echte emotionale Beziehung, die auf Vertrauen und (gegenseitige) Sympathie gründete, sondern verstärkte nur ihre emotionale Abhängigkeit von den Kunden und kostete sie die Führung des Gesprächs. Sie sollte zwar eine gute emotionale Beziehung zum Kunden anstreben – aber dabei doch eine gewisse Distanz bewahren und emotional unabhängig bleiben.

- Statt eine gute emotionale Beziehung als Selbstzweck zu sehen, sollte sie diese nur als Voraussetzung für ein gutes Gespräch und den Abschluss betrachten. Denn die echte Wertschätzung des Kunden – in Form von Nachfolgeabschlüssen oder Empfehlungen – käme erst, wenn sie ihn zu einer guten Problemlösung geführt hätte. Und darauf käme es vor allem an.

- Sie sollte nicht nur in ihrem Outfit wie eine Siegerin auftreten, sondern auch wie eine Siegerin sprechen: kompetent, zielbewusst und mit Nachdruck. Ja, manchmal bei Falschaussagen sogar dem Kunden freundlich, aber selbstbewusst widersprechen! Denn Sieger seien keine braven Anpasser.

Fall Nr. 5: Nur mit neuen Methoden kann man die alten Akquise-Probleme lösen

Michael Graber war schon Geschäftsführer gewesen, als er mit 45 Jahren in die Finanzdienstleistungsbranche wechselte. Die Vertriebsgesellschaft, der er sich angeschlossen hatte, verkaufte neben Aktien-Investmentfonds auch geschlossene Immobilienfonds und Schiffe. Die Auswahl schien gut zu sein. Aber er kam damit dennoch nicht zum Erfolg, da er die typischen Fehler machte. Um Kunden zu akquirieren und Termine zu machen, nahm er das Branchenbuch und wählte x-beliebige Namen aus. 300 Anrufe, so hatte man ihm gesagt, müsse er pro Woche machen. Dann würde es klappen. Doch es klappte nicht. Zum einen lag ihm als früherem Geschäftsführer die Telefonakquise nicht und zum anderen hörte er, wenn er wirklich einmal interessante Leute am Apparat hatte, die üblichen Aussagen. Dazu kam noch, dass der großen Aktienkrise auch noch eine Immobilienkrise folgte und er so schon mit zwei seiner Produktlinien auf Misstrauen und Ablehnung stieß. Selbst die Schiffe verfügten über immer geringere Verlustzuweisungen und so fehlte ihm der attraktive Aufhänger – und damit der Schwung und die Begeisterung für neue Kontakte und Abschlüsse. Dazu kam, dass er mit dem Verlust des Geschäftsführerpostens auch seinen Mercedes-Dienstwagen abgeben musste und sich stattdessen einen schwarzen Golf zulegte und sein Wohnzimmer zum Gelegenheitsbüro umfunktionierte. Alles keine guten Aussichten. Wie sah die Lösung aus, die ihm sein Verkaufsleiter empfahl und die ihn relativ schnell in die Gewinnzone brachte?

1. Er sollte seinen **„Idealkunden" definieren**. Statt aus Telefon- und Branchenbüchern x-beliebige Namen anzurufen, setzte er daraufhin eine seiner Stärken ein – die große Zahl von Kontakten zu den schon etwas älteren Kollegen, Mitarbeitern, Lieferanten, Kunden und anderen Geschäftspartnern. Das war die richtige Kunden-Zielgruppe, bei der er sich wohl fühlte und die ihm auch die beste Akquisemethode ermöglichte: die Weitervermittlung durch Empfehlungen. So wurden aus Kontakten mit anonymen Kunden persönliche Gespräche und aus der ungeliebten telefonischen Kaltakquise eine echte Wohlfühlstrategie.

2. Er sollte bestimmte **„Speziallösungen" ausarbeiten**. Um von dieser anspruchsvollen Kundenzielgruppe weitere Empfehlungen zu bekommen und die Mundpropaganda in Gang zu setzen, musste er ihnen unbedingt ein „Besser als erwartet"-Ergebnis liefern und das konnte er nicht mit dem Angebot einzelner Aktienfonds, Immobilienfonds oder Schiffe. Damit war er vergleichbar und austauschbar. Das hätten die Kunden überall bekommen. **Es musste also etwas Einzigartiges sein; etwas, das ein aktuelles Problem löste.** Daher arbeitete er mit

einem früheren Kollegen ganz spezifische Problemlösungen für seine Zielgruppe aus, z. B.: Wie kann sich ein Inhaber, der noch zehn Jahre tätig sein will und sich in der höchsten Steuerprogression befindet, eine optimale Altersvorsorge aufbauen? Das erforderte nicht nur das Angebot einzelner Produkte, sondern auch die Berücksichtigung verschiedener Fragen hinsichtlich der Steuer, des sicheren Rückflusses, der Vererbung und der laufenden Rente. Oder: Wie kann der Geschäftsführer einer GmbH seine Altersvorsorge optimal aufbauen? Und diesem Kunden wird wahrscheinlich ein alternatives Rückdeckungskonzept mehr Achtung vor der Kompetenz des Beraters einflößen als irgendein 08/15-Angebot einer Lebensversicherung auf Rentenbasis.

Auf diese Weise konnte er auch mit seinem Alter und seiner Erfahrung in puncto Altersvorsorge eine weitere Stärke einsetzen und sich von anderen Beratern abheben.

3. Er sollte seine Gespräche im **Haus des Kunden** führen und so aus der Schwäche seines Wohnzimmerbüros den Vorteil von „Hausbesuchen" machen, bei denen auch die Frau des Kunden leichter dabei sein konnte. Und er sollte seinen Golf gegen einen repräsentativen BMW oder Mercedes austauschen, um seinen Status zu betonen und nicht in die Verlegenheit zu kommen, eine Straße weiter parken zu müssen.

4. Er ging mit einem anderen erfahrenen Kollegen eine enge **Partnerschaft und Kooperation** ein. Sie führte neben einem intensiven Erfahrungsaustausch auch dazu, dass sie sich abwechselnd jeden Monat einmal gegenseitig „begleiteten", um sich ein ehrliches Feed-back zu geben. Darüber hinaus belebte diese Zusammenarbeit nicht nur ihre Motivation, sondern auch die Anschaffung gemeinsamer Service-Leistungen, wie z. B. spezieller Computerprogramme.

Fall Nr. 6: Optimistische Verkäufer kennen ihre Kunden und wissen daher, was sie dem Kunden sagen, wenn er Nein sagt

Jörg Stamm war gerade dabei, die Akte Fischer als Niete abzulegen, als sein Verkaufsleiter Hartmann vorbeikam und ihn nach dem Grund fragte. „Dem waren wir um 5.000 Euro zu teuer", sagte Stamm. „Aber das ist doch kein Grund, den Kunden in die Ablage zu legen. Da muss doch noch etwas zu machen sein", antwortete Hartmann kopfschüttelnd und beschloss auf der Stelle, Stamm eine Lektion zu erteilen. Er wollte seinen alten Kampfgeist wieder anstacheln und sagte daher sehr entschlossen: „Wir wollen das Haus für diesen Kunden bauen! Rufen Sie ihn noch einmal an und vereinbaren Sie einen neuen Termin mit ihm." Stamm zuckte zusammen, denn ein Nein des Kunden zu ignorieren schien ihm geradezu ein Sakrileg zu sein. Doch dank des Nachdrucks seines Verkaufsleiters schaffte er einen neuen Termin.

Als er und Hartmann dem Kunden gegenübersaßen, stellten sie als Erstes fest: Die Preisdifferenz betrug nicht 5.000, sondern 15.000 Euro. Stamm hatte sich nach dem ersten Preiswiderspruch des Kunden nicht einmal die Mühe gemacht, die genaue Preisdifferenz zu erfahren, geschweige denn, seine Preise und Leistungen mit dem Wettbewerber-Angebot genau zu vergleichen. Das holte Hartmann jetzt nach, und als er das Konkurrenzangebot analysierte, wurde der Kunde immer nachdenklicher! **Das Zweite, was Hartmann schon auf der Fahrt zum Kunden auffiel, war, dass Stamm den Kunden gar nicht kannte:** Er wusste weder seinen Beruf noch seine Stellung und erst recht nicht die genauen Bedürfnisse dieses Kunden und seiner Familie. Es stellte sich heraus, dass der Kunde selbst bei Jenoptik Verkäufer war und es natürlich genoss, diesmal auf der anderen Seite des Tisches zu sitzen. Außerdem hatte er ein besonderes Faible für eine sparsame Heizung. Kein Wunder bei diesen Ölpreisen! Beides waren nun

Punkte, die Hartmann und Stamm geradezu euphorisierten, denn im Bereich Niedrigtemperatur-Sparhaus gehörten sie zu den Besten ihrer Branche und konnten mit jedem mithalten und mit echten Vorteilen punkten. Schließlich hatten sie das erste Energiesparhaus in Brandenburg verkauft.

Dies beflügelte natürlich auch ihren Kampfgeist! Aber es blieb noch immer eine gewisse Preisdifferenz bestehen. Doch darauf hatten sie sich ganz bewusst vorbereitet. Während der Bauherr in dieser Phase noch etwas zurückhaltend blieb, bemerkte Hartmann, dass die Ehefrau, die natürlich mit dabei saß, den guten Grundriss, die schöne Optik und die supergünstige Heizung (durch die mindestens eine zusätzliche Woche Ferien mit den Kindern heraussprang) viel aufgeschlossener betrachtete. So konzentrierte er das Preisgespräch vor allem auf sie, und nachdem er gemerkt hatte, was ihr am Herzen lag, und er ihre Bedürfnisse kannte, rollte er genau zum richtigen Zeitpunkt die extra farbig kolorierte Hauszeichnung vor ihr aus ... Drei Stunden später verabschiedeten sie sich mit dem Auftrag.

Damit hatte Hartmann seinem Verkäufer bewiesen, dass sich Kampfgeist lohnt, wenn man eine optimistische Lebenseinstellung hat, den Kunden und seine Bedürfnisse genau kennt, sich optimal auf das Preisgespräch vorbereitet und zum richtigen Zeitpunkt den Höhepunkt inszeniert.

Fall Nr. 7: Erst wenn der Verkäufer begreift, dass er seinen Erfolg selbst beeinflussen kann, will er noch mehr erreichen

Als ihm die neuen Automobile wie warme Semmeln aus der Hand gerissen wurden, dachte Verkäufer Andreas Gerl, dass es ewig so weitergehen würde. Aber es ging nicht so weiter. Stattdessen gingen die Umsätze wie die Provisionen zurück. Und mit ihnen auch seine Motivation. Als sich dann noch einige wilde Akquisitionsbemühungen am Telefon als Flops erwiesen, verlor er das Gefühl, den Erfolg durch seine Anstrengungen schaffen zu können, und resignierte. Seinem Verkaufsleiter Jochen Staller war sehr schnell klar, was Gerl brauchte. Er machte ihm bewusst, dass jedes Verkaufen auf ein Summenspiel hinausläuft: Je mehr Kontakte, desto mehr Kontrakte! Vorausgesetzt, es sind gute Kontakte und diese Kontakte kommen jeden Tag in der gewünschten Menge zusammen. Denn nur so bleibt der Verkäufer in rhetorischer, verkäuferischer und psychologischer Hochform, schult er permanent seine Menschenkenntnis und ist er in der Lage, genau die Bedürfnisse des Kunden zu erkennen und sie in einer eindrucksvollen Präsentation anzusprechen! Staller machte ihm aber auch klar, wie schnell und dramatisch sich Pausen in der Kontaktaufnahme auswirken können. „Es ist wie beim Riesenrad", meinte er. „Wenn unten die Leute aussteigen und nicht sofort neue zusteigen, dann fährt die Gondel leer herum. Den Schaden holt man nicht mehr auf. Genauso ist es im Verkauf. Wenn man eine Woche lang seine Neukundenkontakte schleifen lässt, dann holt man das in der nächsten Woche nicht mehr mit hektischen Akquisitionsbemühungen auf." Dann setzte er noch eins drauf und machte ihm mit dem Spruch seines Lieblingspianisten **Arthur Rubinstein** bewusst, wie sehr der persönliche Verkaufserfolg von dem täglichen Training abhängt. Denn der hatte einmal gesagt: **„Wenn ich einen Tag nicht übe, merke ich es, wenn ich zwei Tage nicht übe, merken es die Kritiker, und wenn ich drei Tage nicht übe, merken es die Zuhörer!"**

Also verpflichtete Staller seinen Verkäufer, jeden Tag 15 Kontakte zu machen. Eisern und beständig! Zuerst glaubte Gerl, dass das nicht möglich wäre, und zögerte. Doch dann riet ihm Staller, diese 15 Kontakte auf den Vormittag, den frühen Nachmittag und den Abend zu verteilen – und siehe da! Es ging! Drei Tage später –

nachdem er durch 45 Kontakte schon wieder mehr Routine und Sicherheit gewonnen hatte – stellte sich auch der Erfolg wieder ein. Jetzt stimmte plötzlich auch wieder die Quote, die ihm sein Verkaufsleiter versprochen hatte: „Mit jedem zehnten Kontakt schaffst du einen Abschluss! Das funktioniert vielleicht nicht Tag für Tag, aber auf jeden Fall Monat für Monat!"

Damit schaffte er erneut den Durchbruch: Denn jetzt konnte er seinen Erfolg berechnen! Und so rechnete er einige Tage später: „Was ist, wenn ich jeden Tag noch drei Kontakte mehr mache? Das wären 20 Prozent mehr Kontakte und damit 20 Prozent mehr Umsatz und Provision!" Er sah plötzlich, dass er mit dieser Methode auch neue Einkommensgrenzen erreichen konnte, und erkannte, dass künftig sein Erfolg nur noch von ihm und seinen Anstrengungen abhing. Genauso wusste er jetzt auch, dass er künftig in Schwung bleiben musste, da sonst – so machte ihm sein Verkaufsleiter unmissverständlich klar – immer die Gefahr von Verkrampfungen bestünde. Denn die entstehen, wenn mit der fehlenden Übung auch das Feeling, der Instinkt und die Sicherheit verloren gehen.

Fall Nr. 8: Wer das Kämpfen verlernt hat, der muss es wieder erlernen

Als die Firma die Verpackungsform ihrer erfolgreichsten „Pille" veränderte, löste das bei den Ärzten scharfe Proteste aus, und als obendrein noch bekannt wurde, dass im nächsten Jahr das Patent auslaufen sollte und sie mit den Billiganbietern (den Generika) mithalten mussten, da verließ die Pharmareferenten endgültig der Mut. Denn kämpfen hatten sie schon längst verlernt. Das waren sie – die erfolgsverwöhnten Berater – schon längst nicht mehr gewohnt. Also blieb nur der Pessimismus! Aus Siegern waren Verlierer geworden.

Was sollte oder konnte ihr Verkaufsleiter Klaus Müller in dieser Situation noch tun? Das Erste, was er tat, war, dass er die typischen Verallgemeinerungen der Pessimisten unter die Lupe nahm. Etwa die Behauptung: „Alle Ärzte laufen gegen die neue Verpackung Sturm!" In Wirklichkeit waren es nur 20 Prozent und auch von denen wechselten nur 5 Prozent das Medikament. Daneben gab es jedoch zahlreiche Ärzte, welche die neue Tablettenform ausdrücklich begrüßten und von positiven Reaktionen ihrer Patienten berichteten. So wurden die Pharmareferenten zum einen mit den wahren Zahlen konfrontiert und zum anderen aufgefordert, weiterhin die Aussagen positiver Ärzte zu sammeln und sie bei den kritischen Ärzten einzusetzen. Denn Ärzte überzeugen andere Ärzte wesentlich stärker als selbst die besten Pharmareferenten.

Das Zweite, was Verkaufsleiter Müller beschloss, war, dass seine „Verkäufer" diese Krise als Chance, ja als Herausforderung ansehen sollten. So sollten sie sich zum einen ihrer Marktführerstellung bewusst werden und wie Sieger auftreten. Und zum anderen aus der Verteidigungshaltung herauskommen und den Ärzten mit Selbstbewusstsein sagen, warum die Firma die Tablettenform geändert hatte: Nicht aus Jux und Tollerei, sondern weil 95 Prozent aller Tabletten weltweit bereits in dieser neuen Verpackungsform dargeboten werden und weil sie als Global Player und Nummer eins auf dem Markt unbedingt diesen globalen Ansprüchen genügen müssten. Außerdem würde es auch noch teurer werden, die alte Form weiter beizubehalten. Daher sollten sie die Ärzte fragen, ob sie angesichts der Gesundheitsreformen eine solche Verteuerung für günstig hielten oder ob es nicht – dank ihres Geschicks – besser wäre, den Patienten die neue Form positiv zu verkaufen. Dafür hatten sie dem Arzt auch gleich einen kleinen Handzettel mit guten Argumenten mitgebracht, auf dem außerdem die wichtigsten Einwände der Patienten beantwortet wurden, z. B.: „Die neue Form schluckt sich schwerer!"

Darüber hinaus wurden die Pharmareferenten aufgefordert, den Ärzten auch die neuen Vorteile – und da gab es eine ganze Reihe – mit Selbstbewusstsein und Nachdruck darzustellen.

Zuletzt wurden sie in Meetings und Rundschreiben immer wieder darauf hingewiesen: Wir sind die Nummer eins, der Marktführer! Und das nicht aus Zufall, sondern weil wir die beste Substanz haben! Und daher bieten wir den Ärzten nach wie vor ein einzigartiges Präparat! Als Erinnerung dazu bekam jeder Pharmareferent beim nächsten Meeting ein kleines Stehaufmännchen geschenkt, auf dem der Name dieses Präparates aufgedruckt war!

Die letzte Maßnahme lief darauf hinaus, den Pharmareferenten in einem Seminar zu zeigen, wie sie die emotionale Beziehung zu ihren Ärzten verstärken und sie besser in die persönliche Verpflichtung nehmen konnten. Also lernten sie, wie sie mit einer emotionaleren Sprache, also mit mehr Bildern und Emotionen, den Arzt daran erinnern konnten, dass sie ihn seit zehn Jahren mit dem besten Medikament versorgt hatten, dass er damit die besten Erfolge erzielt hatte und dass sie ihn zur gleichen Zeit auch mit Material, Kursen und ihren regelmäßigen Besuchen am besten unterstützt hatten. Und dass sie deshalb doch wohl mit Recht auf ihn zählen durften, wenn es darauf ankäme. Und sie schlossen ganz emotional: „Herr Doktor, mir liegt sehr viel an Ihrer persönlichen Unterstützung ... und Sie würden mir einen großen Gefallen tun, wenn ich mich bei dem Einsatz von XY auch künftig auf Sie verlassen könnte." **Sie sollten also dem Arzt ruhig sagen, wie wichtig ihnen seine gute Beziehung und auch seine künftige Verschreibung war.** So nahmen sie durch diese emotionale Aktion ihre Ärzte schon vorab in die Verpflichtung, auf dass sie später nicht so einfach zu den Generika überlaufen würden. Gleichzeitig behielten sie das Vertrauen zu ihrem Verkaufsleiter, zu ihrer Firma und zu ihrem Präparat und warfen nicht schon vorher die Flinte ins Korn.

Fall Nr. 9: Verkäufer sind wie Slalomfahrer – es nützt ihnen nichts, 24 Tore zu passieren, wenn sie am letzten hängen bleiben

Verkaufsleiter Bosch fühlt es geradezu, was für die Verkäufer, die seine Elektroheizgeräte im Direktvertrieb verkaufen, die größten Engpässe sind: Sie sind misstrauisch und glauben weder an die Qualität seiner Produkte, noch an die möglichen Verdienstchancen noch an die Solidät seiner Firma. Vor allem aber glauben sie nicht an sich und sind auch nicht im Reinen mit sich. Warum? Weil viele Verkäufer den Kopf nicht frei haben, weil sie entweder drückende Schulden haben oder weil sie anderen Alternativen nachträumen oder weil sie sich einfach nicht mit dem Produkt oder der Firma voll identifizieren können. Das hängt auch damit zusammen, dass sie bei ihren früheren Firmen oft angelogen wurden, was die Qualität der Produkte und ihre Verdienstchancen betraf. So wurden sie extrem misstrauisch und taten sich sehr schwer, neuen Versprechungen zu glauben. All dies ist jedoch kein gutes Omen, um den Kunden ein neues Produkt mit Begeisterung zu verkaufen. Eine weitere entscheidende Schwäche vieler Verkäufer sieht Verkaufsleiter Bosch darin, dass sie zu weich, zu nett und zu angepasst sind, dass ihnen eine gewisse Härte fehlt, dass sie zu schnell nachgeben und dass sie durch dieses Verhalten ihre Kunden unbewusst dazu einladen, zu schnell Nein zu sagen und sich zu verabschieden.

In puncto **Rekrutierung** macht sich Bosch deshalb jedes Jahr sehr viel Mühe, einige dutzend neuer Leute anzuwerben, mit jedem Bewerber intensiv zu sprechen, die Wahrheit über seine Einstellung herauszubekommen und ihn dann über ein sorgfältig aufgebautes Basistraining, das er selbst und andere Topverkäufer leiten, fit zu machen. Dazu gehört, dass er jeden neuen Mitarbeiter einen ganzen Tag lang an der Front begleitet, bis er sich davon überzeugt hat, dass der Neue sein Handwerk beherrscht.

Doch was er nicht vorausahnen kann, ist die Motivation des Mitarbeiters. Und so kommt es, dass trotz sorgfältigster Auswahl und Einarbeitung in der Regel nur jeder Dritte der Neuen wirklich aktiv und erfolgreich ist. Der Grund dafür: Verkaufen im Direktvertrieb erfordert ein extremes Selbstvertauen und einen überdurchschnittlichen Oprimismus. Beides kann man selbst durch die beste Einarbeitung nicht so schnell aufbauen.

Den Glauben an sein einzigartiges Produkt und die einzigartigen Erfolgschancen verstärkt er, indem er die Neuen an eine Tafel führt, auf der jede Woche die erfolgreichsten Verkäufer mit ihren Umsätzen aufgelistet sind. So sieht der Neue zu seinem großen Erstaunen sofort, was man in dieser Branche verdienen kann: 3.500 Euro pro Woche sind da keine Seltenheit! Noch stärker aber wird sein Glaube an das Produkt, wenn Bosch ihn zu Referenzkunden führt, die ihr ganzes Haus mit seiner Elektroheizung beheizen und die dem Verkäufer voller Begeisterung von den Vorteilen ihrer Heizung berichten.

Weil er den motivierenden Charakter solcher Referenzkunden kennt, fordert Bosch seine Verkäufer immer wieder auf, bei guten Kunden darauf zu drängen, dass sie ihr ganzes Haus mit seinen Geräten ausstatten und dann begeisterte Referenzkunden werden. Die Begleitung der neuen Verkäufer durch Topverkäufer hat er dagegen aufgegeben, weil ihre Methoden von den Neuen nicht nachzumachen sind und sie außerdem wegen der Konkurrenzsituation ihre guten Tipps zurückhalten. Stattdessen lässt er seine Topverkäufer auf bestimmten Meetings von ihren Erfolgen und Methoden berichten und Fragen beantworten.

Seine stärkste Motivation liegt jedoch in seinem persönlichen Engagement für seine Verkäufer. Er kümmert sich um sie und tut alles, um ihnen Hindernisse aus dem Weg zu räumen und ihnen die Abschlüsse zu erleichtern. So beobachtet er auch permanent die

Kunden und den Markt, um auf veränderte Bedingungen sofort reagieren zu können. Aus diesem Grund beschwor er die Geschäftsleitung, bei den Preisen flexibler zu sein, und führte dann ein neues System der Finanzierung ein. Das war ein Volltreffer. Denn er erkannte, dass nur 10 Prozent der Kunden sich seine Geräte bei einer Barzahlung leisten können! Mit der neuen Finanzierung aber waren es über 80 Prozent, was die Abschlusschancen seiner Verkäufer enorm steigerte.

Diese permanente Marktbeobachtung und sein ständiges Bemühen, jedem Verkäufer zu größeren Erfolgen zu verhelfen, stellt seine Art von Fürsorge dar. Denn er weiß: **Erfolgreiches Verkaufen gleicht einer Slalomfahrt.** Es nützt nichts, 24 Tore glatt zu passieren, wenn man am 25. hängen bleibt. Dann ist die Siegeschance vorbei! Diese Fürsorge in Verbindung mit einer klaren Leistungsorientierung zeichnet seinen Führungsstil aus und macht ihn seit Jahren zum erfolgreichsten Verkaufsleiter seiner Firma. **„Motivieren und Gewinnen"** heißt für ihn:

1. Er strahlt einen ungemein starken Glauben an den Nutzen seiner Geräte und an die Solidität seiner Firma aus.

2. Er setzt allen Verkäufern klare Tages- und Wochenziele, kontrolliert sie regelmäßig und reagiert bei Defiziten mit Konsequenzen.

3. Er lebt einen starken Erfolgswillen vor und orientiert sich nicht an Absichtserklärungen, sondern an Ergebnissen!

4. Er beobachtet ganz genau seine Kunden und den Markt und sucht bei Schwierigkeiten oder Veränderungen sofort durch geeignete Maßnahmen gegenzusteuern.

5. Er sucht permanent nach Verbesserungen in der Rekrutierung, Einarbeitung und Führung seiner Leute.

6. Er sieht die Rekrutierung und Einarbeitung neuer, guter Leute als den wichtigsten Erfolgsfaktor an und widmet ihm die meiste Zeit.

7. Er verkauft zwar aus dem Bauch, aber holt sich immer wieder aus Büchern neue Informationen und Anregungen, die er dann mit großer Entschlossenheit und Konsequenz umsetzt.

8. Er pflegt einen drängenden, fordernden Führungsstil, der auf Einsatzbereitschaft, Flexibilität und Resultatsorientierung setzt.

9. Er motiviert seine Leute durch eine höchst emotionale Sprache mit griffigen Sprüchen, einprägsamen Bildern, einleuchtenden Vergleichen und provokativen Fragen!

10. Er führt und motiviert seine Verkäufer mit Konsequenz und Nachdruck, damit auch sie seine Geräte mit Entschlossenheit und Hartnäckigkeit verkaufen.

Fall Nr. 10: Wenn sich der Chef um seine Verkäufer kümmert, dann kümmern sie sich auch um seine Umsatzziele

Immobilienverkäufer Köhler ist die Nummer eins seiner Firma, aber in letzter Zeit geriet er durch verschiedene Einflüsse immer mehr in eine Krise. Zuletzt nervten ihn sogar die Interessenten, wenn sie an den Wochenenden durch die Musterhäuser stürmten und blöde Kommentare abließen. Kein Wunder, dass er immer depressiver wurde.

Im Gespräch mit ihm traten die Ursachen schnell zutage: Die Geschäftsleitung hatte ihm trotz seiner Spitzenleistungen im Verkauf die erhoffte Verkaufsleiterstellung in seiner Heimatstadt verwehrt. Stattdessen hatte sie ihn gezwungen, mit drei anderen Kollegen, die sich nicht grün waren, unter einem ungeliebten Verkaufsleiter zu „dienen". Prompt kam es zu unschönen Mobbingszenen. So pafften seine Kollegen des Öfteren in seinem Büro, obwohl sie wussten, dass er Nichtraucher war. Als dann auch noch sein Schreibtisch aufgebrochen und verschiedene Kundenadressen entwendet wurden, bat man ihn, die Verkaufsleitung in einer entfernteren Stadt zu übernehmen. Doch auch am neuen Ort gab es bald wieder Knatsch. Zu negativ, zu grüblerisch und zu feindselig war seine Einstellung geworden, bis plötzlich seine depressiven Neigungen eine entscheidende Lösung verlangte. Wie sah sie aus?

Sein Chef brauchte nicht einmal so viel zu tun. Doch was er tat, diese Geste, bewirkte den Umschwung: Er packte seinen depressiven Starverkäufer ins Auto und fuhr von Münster (Ort verändert) 600 Kilometer zu einem Berater, welcher der Firma seit Jahren verbunden war. Zwar verhielt er sich in diesem Gespräch noch total depressiv, **aber unbewusst bekam er doch mit, dass sich sein Chef um ihn kümmerte, sich sorgte und mit dem Berater besprach, was zu tun war.** Die Lösung war dann eher Routine: Das Erste war ein dreiwöchiger Urlaub auf Kosten der Firma mit seiner Familie. Das Zweite war, dass man das Musterhaus in seinem neuen Verkaufsgebiet besser ausbaute. Das Dritte war, dass man die bisherige Assistentin, die ihn erheblich genervt hatte, entließ, und zum Vierten ermöglichte man ihm, ein neues, gutes Team zusammenzustellen, das schließlich aus einer Halbtags-Architektin, die ihn „anhimmelte", und einem Jungverkäufer, der ihn echt entlastete, bestand.

Außerdem wurde sein Provisionssatz erhöht und er lernte, es künftig nicht mehr jedem recht zu machen. Denn genau diese

Haltung hatte letztlich zu dem körperlichen Zusammenbruch geführt. Er hatte sich in der Krisenzeit – auf der unbewussten Suche nach Anerkennung und Wertschätzung – auch noch von zwei anderen Verkaufsstellen breitschlagen lassen, dort auszuhelfen und den Verkäufern die Akquise beizubringen. Das tat er gerne, denn es tat ihm wohl, gebraucht zu werden. Aber es überforderte ihn. Künftig sollte er sich jedoch nur noch um Münster kümmern. Und als letzte Motivation stellte man ihm in Aussicht, später einmal auch die Verkaufsleitung in seiner Heimatstadt übernehmen zu können.

Natürlich gehörte auch dazu, dass man jetzt ganz bewusst darauf verzichtete, neuen Leistungs- und Erfolgsdruck auf ihn auszuüben. Er sollte sich seine Umsatzzahlen selbst vorgeben. Aber er sollte auch lernen, die Vergangenheit auf sich beruhen zu lassen, sich davon zu lösen und sich lieber auf die neuen Chancen zu konzentrieren. Allen Beteiligten aber war klar – und das war ja auch sein Erfolgsgeheimnis: Ein solcher Verkäufer ist deshalb so gut, weil er so gut mit Menschen umgehen kann. Dafür braucht er aber unbedingt eine positive Atmosphäre um sich herum – mit guten Mitarbeitern und einem verständnisvollen Chef. Mit dem neuen Team kam auch wieder das gute Gefühl und mit ihm kam auch wieder das „Feeling für den Verkauf". Ein Jahr später war er wieder ganz oben auf. Er hatte 36 Häuser verkauft, ein erstklassiges Team aufgebaut und überlegen den letzten Verkaufswettbewerb gewonnen.

Fall Nr. 11: Fordern Sie Ihre Verkäufer zu neuen Ideen auf – und Sie werden erstaunt sein, wie viele Sie bekommen

Das Erste, was Verkaufsleiter Heinz Karg tat, war, dass er sich ein motivierendes Verkaufsbuch kaufte, (es war zufällig mein Buch

Motivation im Verkauf zahlt sich aus) und hier vor allem die Kapitel über die Selbstmotivation las. Sein Kommentar dazu: „Wenn ich in dieser Zeit der Krise auf kreative Ideen kommen will, dann brauche ich als Erstes eine kräftige Motivation, um in Schwung zu kommen." Er wusste also schon, wie sehr neue Ideen von der Stärke der eigenen Motivation abhängen. Als Zweites rief er mich an und schilderte mir seine Situation. Mein ganzer Rat bestand darin, sich mit seinen Verkäufern zusammenzusetzen, gemeinsam nach neuen Lösungen zu suchen und felsenfest darauf zu bauen, dass sie neue Ideen finden würden. Zur Vorbereitung auf dieses Meeting riet ich Karg, dass er und seine Verkäufer einige Fachzeitschriften durchlesen und mit den Redakteuren Kontakt aufnehmen sollten, um sie nach neuen Trends zu fragen.

Bei dem ersten Meeting, das in Form einer Brainstorming-Sitzung ablief, definierte Karg zusammen mit seinen Verkäufern ihre neue Rolle in der Zukunft. Bisher sahen sie sich als Verkäufer von Büromöbeln. Jetzt sahen sie sich als „System- und Potenzialberater". Und das war ein gewaltiger Unterschied, welcher der Fantasie viel mehr Raum ließ. Doch selbst die neue Rolle erbrachte anfangs nur konventionelle Ideen. Zum Beispiel: feste Stammkunden anzusprechen und ihnen einen besonderen Service anzubieten; neue Kunden über die Bereiche anzusprechen, in denen sie spezialisiert waren; größeren Wert auf eine motivationsfördernde Beleuchtung in den Büros zu legen und die Kunden entsprechend zu beraten und nur noch Premium-Produkte bekannter Hersteller anzubieten.

Dann aber kam schon die erste wirklich zukunftsweisende Idee. Es ging darum, bei den neuen und alten Kunden nicht mehr wie bisher nur die Einkäufer anzusprechen, denen es doch vor allem um den Preis geht, sondern auch andere Entscheider! Mit dieser Idee war der Bann gebrochen und jetzt kamen sie wirklich auf neue Ideen, die vor allem ihrer neuen Rolle als Problemlöser gerecht wurden.

Zum Beispiel: für die guten Kunden eine Umzugslogistik oder ein Mobilien-Inventar mit den entsprechenden Abschreibungszeiten zu erstellen.

Den Durchbruch aber schafften sie, indem sie verschiedene Zukunftstrends in Fragen umwandelten. Zum Beispiel:

- Wie kann man durch ein intelligentes System auf 200 Quadratmetern Fläche genauso viele Arbeitsplätze gut unterbringen wie auf 250 oder gar 300 Quadratmetern Fläche?
- Wie kann man ein Büro, das bisher von zwei bis vier Mitarbeitern besetzt wurde, spontan – also ohne viel Arbeit und Schmutz – in ein Gemeinschaftsbüro für zwölf Mitarbeiter umfunktionieren?
- Wie kann man Architekten dazu bringen, ein neues Gebäude – aufgrund der immer teureren Büromieten – so zu planen, dass man mit guten Systemen trotz geringerer Fläche ein größeres Platzangebot schaffen kann?

Diese Frage zündete gleich die nächste Idee – Wettbewerber zu beobachten. So wollte man sich genau danach erkundigen, wie es ein Konkurrent geschafft hatte, bei SAP ein komplettes Raumgliederungssystem mit Pfeilern und Wänden zu liefern, das sogar voll elektrifizierbar war. Sie wandelten nun ein Problem und einen neuen Trend nach dem anderen in Fragen um, z. B.:

- Wie können wir durch eine optimale Bürogestaltung die Mitarbeiter motivieren und gleichzeitig neue kreative Potenziale freisetzen?
- Wie können wir auf die kommende Herausforderung reagieren und die Büros immer papierreduzierter organisieren?
- Wie können wir die Mitarbeiter durch eine Möblierung nach Fengshui gesünder und leistungsfähiger machen?

Auf diese Weise kamen sie zu einer Menge neuer Ideen. Darüber hinaus erkannte ihr Verkaufsleiter, wie kreativ seine Mitarbeiter sein konnten, wenn er sie nur fragte und neue Ideen von ihnen erwartete, und um wie viel schneller er neue Ideen umsetzen konnte, wenn er seine Mitarbeiter zuvor daran beteiligte.

Und ebenso erkannte er, wie wichtig die richtige Fragestellung für die Mobilisierung der Kreativität seiner Mitarbeiter war.

Chance Nr. 4

Die Chance der unerschlossenen Leistungspotenziale

Wie Sie mit der Freisetzung der mentalen und emotionalen Leistungspotenziale Ihre Verkäufer zu Spitzenleistungen coachen

Wenn Sie diese Fälle noch einmal Revue passieren lassen, dann erkennen Sie eine ganze Reihe von Eigenschaften, welche die Topverkäufer auszeichnen und die Sie als Verkaufsleiter bei Ihren Verkäufern verstärken können:

1. **Zeigen Sie gegenüber Ihren Mitarbeitern innere Anteilnahme, persönliche Fürsorge und Wertschätzung**

Diese Aufforderung kennen Sie bereits. Aber sie ist so entscheidend, dass ich sie hier extra noch einmal wiederholen möchte:

> **Der einzige statistisch bedeutsame Faktor, der die besten Manager von den mittelmäßigen unterscheidet, ist die Tatsache, daß sie sich um ihre Mitarbeiter kümmern.**

Trotz aller anderen Qualitäten, die eine Führungskraft benötigt, sind die innere Anteilnahme und Fürsorge die Faktoren, die alles zusammenhalten und Menschen dazu befähigen, über sich hinauszuwachsen (Cooper).

Und sie werden immer wichtiger, da Sie als Verkaufsleiter jene emotionalen Defizite ausgleichen müssen, die Ihre Verkäufer aufgrund der abnehmenden Kundenloyalität, der Häufung von Misserfolgen und der Verunsicherung durch die Globalisierung tagtäglich erleiden.

Echte Fürsorge hat auch damit zu tun, dass Sie von jedem Verkäufer wissen, auf welche Leistungen er stolz ist, welche Wünsche er hat, welches seine wahren Motive für seinen Beruf sind und wo er am ehesten Hilfe braucht. Und dass Sie Ihren Verkäufern zeigen, wie sie sowohl ihre Umsatzziele als auch ihre persönlichen Wunschziele leichter und schneller erreichen. Denn die Antwort auf diese Fragen ist für sie am wichtigsten. Wenn Sie dafür gute Antworten wissen, dann haben Sie die beste Voraussetzung für künftige Spitzenleistungen geschaffen.

Dies erfordert natürlich auch, dass Sie

- **als Verkaufsleiter Ihre Verkäufer mögen**, wertschätzen und an ihrem Leben wie an ihrem Erfolg Anteil nehmen,
- **jedem Ihrer Verkäufer helfen**, aus seinem Potenzial das Beste zu machen und
- **schon vorab die guten Verkäufer sehen**, die sie nach Ihrer Überzeugung werden können.

Dieser Transformationsprozess zu einem guten, ja sehr guten Verkäufer beginnt dann, wenn der Mitarbeiter spürt, dass Sie seinen Erfolg als wichtig ansehen, dass Sie ihm dabei helfen wollen, dass Sie sich persönlich um ihn kümmern und dass Sie ihn ebenso als Verkäufer wie als Mensch schätzen. Vor allem aber, wenn er fühlt, dass Sie an ihn, an seinen Erfolg und an seine Zukunft glauben!

Zu dieser persönlichen Fürsorge gehört auch, dass Sie sich bemühen, den aktuellen Engpass Ihrer Verkäufer zu erkennen und zu lösen. Denn aufgrund der permanenten Marktveränderungen stehen sie nur allzu oft vor einer Wand, an der sie nicht mehr weiterwissen. Hier brauchen sie Ihre Hilfe, um sich wieder aus diesem Engpass zu befreien. Da diese Engpässe Umsätze, Selbstvertrauen und Motivation kosten, müssen Sie sofort reagieren. Auch wenn Sie unter Zeitdruck stehen. Doch keine andere Tätigkeit macht sich schneller und besser bezahlt.

2. Helfen Sie Ihren Verkäufern dabei, bei den Kunden ein Problembewusstsein zu wecken, um eine Problemlösung verkaufen zu können

Denn sie müssen ihre Kunden auf ein neues, von ihnen noch nicht erkanntes Problem aufmerksam machen und einen entsprechend starken Leidensdruck oder Wunsch erzeugen. Die fachliche Voraussetzung dafür ist, dass sie dieses Problem und seine Folgen für den Kunden genau kennen, dass sie hundertprozentig von dem Nutzen ihrer Problemlösung für den Kunden überzeugt sind und dass es ihnen ein echtes Herzensbedürfnis ist, jedem Kunden, der dieses Problem hat, zu helfen. Die emotionale Voraussetzung dafür ist gerade heute von überragender Bedeutung im Verkauf. Denn sie lautet:

> **Die Verkäufer müssen heute persönlich Anteil am Schicksal des Kunden nehmen. Nur dieses Gefühl macht sie zum echten Partner.**

Die dritte, die rhetorische Voraussetzung besteht darin, dass sie diese Kundenprobleme so geschickt dramatisieren und die positiven Folgen ihrer Lösung so plastisch wie möglich darstellen, dass sie dem Kunden unter die Haut gehen. **Dazu brauchen sie selbst starke Gefühle!** Nur so können sie sich in die Situation des Kunden einfühlen, gefühlsstarke Bilder entwerfen und ihre Problemlösung zur Priorität Nummer eins für den Kunden machen. Auch das ist wichtig! Denn ohne die Priorität gibt es keinen Handlungsbedarf und damit auch keinen Auftrag.

Trainieren Sie also Ihre Verkäufer darauf, von Beginn an mit Höchsteinsatz neue unbekannte Kundenprobleme aufzuspüren, die Folgen dramatisch zu inszenieren und die Problemlösung so dringlich zu machen, dass der Kunde sofortigen Handlungsbedarf verspürt. Nur diese Einstellung bewirkt auch die Entschlossenheit, die Ihre Verkäufer dazu brauchen. Dafür können Sie Ihren Verkäufern folgende Tipps empfehlen:

13 Praxistipps – wie Sie Ihre Verkäufer bei der Dringlichkeit unterstützen können

- Bieten Sie dem Kunden sofort ein Gespräch mit einem Referenzkunden an (oder fahren Sie mit dem Kunden sofort zu ihm).
- Lassen Sie eine Angebotsvariante, die dem Kunden spontan missfällt, sofort fallen und präsentieren Sie eine andere Alternative.
- Machen Sie dem Kunden spontan eine (vorbereitete) Kosten-Nutzen-Rechnung auf!
- Stellen Sie mit dem Kunden gemeinsam die Vor- und Nachteile Ihrer Lösung einer Wettbewerbslösung gegenüber.
- Rufen Sie dem Kunden beim Abschluss alle von ihm bereits bejahten Vorteile noch einmal in Erinnerung und lassen Sie diese erneut von ihm bestätigen.
- Sprechen Sie sofort über die Schritte, die zur Realisierung notwendig sind.

- Legen Sie ihm den fertigen Vertrag vor und bitten Sie ihn, ihn auf seine Richtigkeit zu überprüfen.
- Zählen Sie nochmals die Vorleistungen auf, die Sie für ihn bereits erbracht haben, und appellieren Sie an sein Fairness-Gefühl.
- Bitten Sie ihn, Ihnen sein Vertrauen zu schenken und den Auftrag zu erteilen, bzw. fragen Sie ihn, ob Sie den Auftrag jetzt nicht verdienen.
- Legen Sie dem Kunden ein Sieben-Schritte-Programm vor, wie Sie die Realisierung am besten und schnellsten erreichen können.
- Machen Sie dem Kunden bewusst, dass Sie nur mit der heutigen Unterschrift den Wunschtermin einhalten können.
- Rufen Sie den Kunden in der heißen Abschlussphase jeden Tag mit neuen wichtigen Informationen an.
- Zeigen Sie dem Kunden durch Ihre Miene, Stimme und Gestik wie durch Ihr Handeln und Ihre Haltung, wie sehr Sie (und Ihre Firma) es schätzen, ihn als Kunden zu gewinnen. Hier gilt die Regel:

Nur wer Dringlichkeit verkaufen kann, kommt heute zum Abschluss!

3. Optimieren Sie die Verkaufsrhetorik Ihrer Verkäufer, damit sie ihren Kunden eine positive Zukunft verkaufen können

Egal, was der Kunde kauft, er wünscht sich immer eine bessere Zukunft. Als Privatkunde möchte er mit seinem neuen Auto vielleicht ein neues Image oder eine neue Lebensqualität erreichen, als Industriekunde erhofft er sich wahrscheinlich mit einer neuen technischen Lösung eine verstärkte Wettbewerbsfähigkeit. Beide

Lösungen müssen die Verkäufer den Kunden in leuchtenden Zukunftsvisionen bewusst machen können. Am besten in attraktiven Bildern und Szenarien, in denen der Kunde die Hauptrolle spielt.

Oft müssen sie ihn dabei erst motivieren, seine Grenzen zu überwinden, sich seine Wünsche einzugestehen und sich größere Investitonen zuzutrauen. Dazu braucht der Kunde Selbstvertrauen, das ihm der Verkäufer durch seine Begeisterung, Kompetenz und Führung vermitteln muss. Und er braucht gute Gefühle, um sich für den Kauf entscheiden zu können.

Die Rolle der Neurowissenschaften

Im Zeichen der modernen Neurowissenschaften hat sich hier vieles geändert. Heute wissen wir, dass jede Entscheidung des Menschen mit Gefühlen einhergeht. Ja, dass er ohne diese Gefühle gar nicht in der Lage wäre, zu entscheiden. Der Kunde, der rein rational über den Kauf technischer Lösungen entscheidet, ist also ein Märchen. Auch bei ihm schwingen ganz unbewusst Gefühle des Vertrauens, der Hoffnung und des Glaubens mit, bevor er sich entscheidet.

Hier setzt heute neben der rein sachlichen Information die Hauptarbeit der Verkäufer ein: Sie müssen die Gefühle des Kunden in positiver Weise wecken, ansprechen und stimulieren können. Topverkäufer beherrschen die Regeln der emotionalen Verkaufsrhetorik perfekt. Dazu verwenden sie das **„Ein-Minuten-Training"**. Damit können sich auch Ihre Verkäufer positiv stimulieren, wenn sie es vor wichtigen Verkaufsgesprächen einsetzen. Erklären Sie ihnen diese Methode wie folgt:

1. Stellen Sie sich als Erstes vor, welche Bedürfnisse der Kunde hat und wie die Vorteile Ihres Produkts diese Bedürfnisse erfüllen. (Sie haben zuvor durch Fragen die genauen Bedürfnisse des Kunden ermittelt.)

2. Sehen Sie dann, wie der Kunde von den Vorteilen Ihres Produkts profitiert. (Sie präsentieren also Ihr Angebot nicht produktbezogen, sondern rein kundenbezogen.)

3. Sehen Sie auch, welche Gefühle der Freude und der Zufriedenheit der Kunde dabei empfindet. (Sie stellen ihn also wie den Hauptdarsteller eines Films in den Mittelpunkt.)

4. Sehen Sie zuletzt, wie der Kunde Ihr Produkt gerne und problemlos kauft. (Sie übertragen also die Freuden des Produktnutzens auf den Abschluss.)

15 Tipps, wie Ihre Verkäufer mithilfe von Emotionen mehr Abschlüsse erreichen

Die Ergebnisse dieses emotionalen Ein-Minuten-Trainings können Ihre Verkäufer noch verstärken, wenn Sie mit ihnen folgende Praxistipps zur Steigerung ihrer Emotionalität durchgehen:

1. **Stellen Sie als Erstes eine gute emotionale Beziehung zum Kunden her.** Denn sonst akzeptiert er weder Sie als Partner noch Ihre Produktvorteile.

2. **Verzichten Sie auf die Präsentation von Produkten,** die beim Kunden sofort spontane Negativgefühle wecken. Damit gewinnen Sie nichts.

3. **Lassen Sie den Kunden Ihr Produkt** durch persönliches Ausprobieren mit seinen Gefühlen aufladen. Oder begeistern Sie ihn durch die Schilderung von Szenen, in denen er sieht und fühlt, wie er von Ihrem Produkt profitiert. Sprechen Sie seine Wunschgefühle an, denn ein Produkt, das keine Gefühle erregt, ist tot.

4. **Begeistern Sie sich nicht so sehr für die Vorteile Ihres Produkts**, sondern viel eher dafür, wie sehr der Kunde von Ihrem Produkt profitieren wird. Das allein interessiert ihn.

5. **Erwähnen Sie nur die Produktvorteile**, die unmittelbar der Bedürfnisbefriedigung des Kunden dienen. Lassen Sie die anderen weg, denn sie langweilen ihn.

6. **Überzeugen Sie ihn vor allem mit emotionalen Geschichten,** Referenzerlebnissen und Zukunftsvisionen. Denn sie wirken viel überzeugender als nüchterne Zahlen und Fakten.

7. **Sprechen Sie über die Zukunft des Kunden.** Vor allem über seine Wünsche und Hoffnungen, denn nur sie wirken motivierend – im Gegensatz zur Vergangenheit und zur Gegenwart.

8. **Setzen Sie Tätigkeits-, Eigenschafts- und Hauptwörter ein,** die emotional sind, die Handlungen ausdrücken und die zukunftsbezogen sind, z. B.: „Diese Lösung begeistert/fasziniert /beeindruckt ... durch eine neue/zukunftsweisende ... Wettbewerbsfähigkeit und Wachstumschance."

9. **Lassen Sie sich alle Produktvorteile durch Fragen** ausdrücklich vom Kunden bestätigen. Denn nur „bestätigte Vorteile" sind echte Vorteile und verstärken die Kaufentscheidung.

10. **Erinnern Sie den Kunden beim Abschluss** an diese „bestätigten Vorteile". Denn er vergisst sie gerne, wenn er in der Abschlussphase unter Stress steht.

11. **Motivieren Sie Ihre Kunden zum Handeln.** Geben Sie ihnen die Energie, die sie brauchen, um die heute so weit verbreitete Passivität, Lethargie und Zurückhaltung zu überwinden.

12. **Schaffen Sie im Dialog mit dem Kunden gemeinsam ein „neues Produkt".** Denn damit identifiziert er sich viel mehr als mit einer anonymen Kataloglösung.

13. **Bemühen Sie sich vor und nach dem Abschluss intensiv um den Kunden.** Zum Beispiel durch tägliche Anrufe mit neuen, interessanten Infos und der prompten Erledigung aller Zusagen. Zeigen Sie so, dass Ihnen sein Auftrag wirklich am Herzen liegt.

14. **Bieten Sie dem Kunden ein „Besser als erwartet"-Ergebnis.** Denn das ist die beste Voraussetzung, dass er wieder bei Ihnen kauft, Sie empfiehlt und für Sie positive Mundpropaganda macht.

15. **Verstärken Sie jeden Tag in sich das Gefühl,** dass Sie im Verkauf eine Mission zu erfüllen haben. Zum Beispiel dem Kunden zu einer optimalen Lösung zu verhelfen. Denn je stärker dieses Gefühl ist, desto eher finden Sie die gefühlsstarken Worte und Bilder, die Ihren Kunden zu Herzen gehen.

Hüten Sie sich vor gefühlsarmen Verkäufern!

Das größte Problem vieler Verkäufer besteht heute darin, dass sie „gefühlsarm" sind und sich für nichts begeistern können. Oder dass sie diesen „emotionalen Verkauf" als Schauspielerei ablehnen. Damit verpassen sie enorm viele Verkaufschancen, denn 66 Prozent der Industriekunden und 78 Prozent der Privatkunden kaufen heute erst dann, wenn sie ein Gefühl der Begeisterung oder Faszination verspüren. Selbst der abgebrühteste Analytiker, der sich als glasklarer Rationalist sieht, entscheidet letztlich nach seinem Gefühl, wenn es darum geht, den Zahlen zu vertrauen.

Aber das ist nur ein Grund für die Emotionen im Zeichen der Erlebnisgesellschaft. Der zweite ist: Im Zeichen der zunehmenden Überforderung ihrer Ratio vertrauen immer mehr Kunden bei ihren Kaufentscheidungen auf ihr Gefühl. **Und sie entscheiden sich erst dann für den Kauf, wenn sie im Kontakt mit dem Verkäufer ein gutes Gefühl (im Bauch) verspüren.**

Der dritte Grund ist noch wichtiger: In Zeiten der Übersättigung, des Fehlens echter Bedürfnisse (zumindest bei denen, die Geld haben) und der Notwendigkeit, ständig neue, künstliche Bedürfnisse schaffen zu müssen, ist es fast unmöglich, ohne die Mobilisierung von Gefühlen zu verkaufen. Denn rational gesehen brauchen die Kunden immer weniger! Doch nur Gefühle liefern heute noch neue Bedürfnisse. Denn Kunden kaufen heute, um ihre Bedürfnisse nach Image, Attraktivität, Prestige, Status oder Selbstverwirklichung ... oder nach Wettbewerbsfähigkeit, Differenzierung und Expansion zu befriedigen. Dazu gehört auch die Aufgabe des Verkäufers, das Selbstvertrauen des Kunden zu stärken, ihn dazu zu ermutigen, sich seine verborgenen Wünsche einzugestehen und über seine bisherigen Konsum- oder Investitionsgrenzen zu gehen.

Der vierte Grund hat mit einer zunehmenden Zeiterscheinung zu tun. Die depressiven Verstimmungen der Kunden und damit die Kaufzurückhaltung, Lethargie und Passivität nehmen rasant zu. Solche Kunden kaufen erst, wenn der Verkäufer sie mit seiner Begeisterung angesteckt hat und sie die Kraft für neue Kaufentscheidungen gefunden haben.

Dazu kommt als letzter Grund: Wenn die Kunden tagtäglich in der Werbung mit Hypergefühlen angestachelt werden und dann am „Point of Sale" keine Gefühle erleben, sind sie enttäuscht und frustriert. Dann fehlt ihnen die Stimmung, um zu kaufen. Denn wenn die Kunden heute etwas kaufen wollen, dann sind das keine Produkte, sondern Gefühle! Positive, glückliche Gefühle.

Helfen Sie also Ihren Verkäufern, diese positiven Gefühle in sich und in ihren Kunden zu erzeugen. Und hüten Sie sich davor, „gefühlsarme Verkäufer" einzustellen. Denn mit ihrer emotionslosen Nüchternheit stecken sie auch ihre Kollegen an, so wie ein fauler Apfel einen ganzen Korb gesunder Äpfel ansteckt. Hier gilt:

> **Emotionslosigkeit ist heute der Tod des Handlungsreisenden!**
> **Echtes Interesse am Kunden bietet dagegen die größten Chancen!**

Die Umsetzung dieser rhetorischen Fähigkeit habe ich in meinem Buch *Motivation im Verkauf zahlt sich aus* sehr ausführlich beschrieben.

4. Erklären Sie Ihren Verkäufern die Ursachen und Notwendigkeiten, aber auch die Chancen der Globalisierung

Bereiten Sie Ihre Verkäufer auf die Folgen der Globalisierung vor: Sie müssen verstehen, dass die Globalisierung nicht nur ein Schreckgespenst mit Massenentlassungen, Preiswettkämpfen und Outsourcing, sondern auch von großer Bedeutung für das friedliche Zusammenleben der Nationen, für das internationale Wirtschaftswachstum (auch der unterentwickelten Länder) und für unseren künftigen Lebensstandard ist. Forscher des Max-Planck-Instituts sagen dazu:

- **Die Globalisierung ist die einzige Chance, zu verhindern, dass es – wie vor den beiden Weltkriegen – zu einem mörderischen Wettbewerb zwischen den führenden Wirtschaftsmächten kommt.** Statt sich wie früher auf ein paar

Branchen zu konzentrieren und sich hier erbittert zu bekämpfen, muss sich künftig jede Nation im Rahmen der internationalen Arbeitsteilung entsprechend ihrer Stärke eine bestimmte Nische suchen. Das ist die einzige Chance, sich so zu ergänzen, statt sich zu vernichten.

- **Die Globalisierung bedeutet die Bildung immer größerer Wirtschaftsräume und damit größere Umsatzchancen.** Alle historischen Erfahrungen besagen: Je größer ein Wirtschaftsraum ist, desto weniger (kriegerische) Konflikte gibt es. Darüber hinaus ist es ein Gesetz, dass es im Verlauf der Geschichte zu immer größeren wirtschaftlichen und politischen Einheiten kommt. Wie etwa bei der EU oder der Bundesrepublik, die als Deutsches Reich 1803 noch über 300 „Staaten" umfasste.
- **Die Globalisierung beschleunigt die weltweite Entwicklung der Demokratie.** Denn die meisten führenden Wirtschaftsmächte der Erde werden demokratisch regiert. Die Demokratie ist auch für die Globalisierung am besten geeignet, da sie die politische Freiheit, die individuelle Leistungsfähigkeit und den Wettbewerb am stärksten fördert. Dadurch besteht die Chance, dass auch nicht-demokratische Länder stärker von der Demokratie beeinflusst werden. Das hat einen gewaltigen Vorteil, denn seit dem zweiten Weltkrieg gab es keinen einzigen Krieg mehr zwischen zwei echten demokratischen Staaten.
- **Die Globalisierung kann nur funktionieren, wenn die bisherigen nationalstaatlichen Steuerbelastungen und Sozialprogramme nivelliert, also abgebaut werden.** Nur so kann sich ein Land im internationalen Wettbewerb behaupten und von seinen Stärken profitieren. Das ist gut am Beispiel Deutschland zu sehen: Es profitiert international von seinem hohen technischen Standard, aber gewiss nicht von seinen billigen Arbeitslöhnen. Daher muss Deutschland einfache manuelle Arbeiten (und manchmal sogar teure Software-Entwicklungen) in billigere Länder ausgliedern, die so wiede-

rum von ihrer Kernstärke – den billigen Arbeitslöhnen – profitieren können.
- **Die Globalisierung zwingt auch die Firmen, sich auf ihre Stärken zu konzentrieren und ihre Nischen zu finden.** Daher müssen auch sie ihre Kosten drastisch senken und Sozialleistungen abbauen, um international wettbewerbsfähige Preise zu erreichen.
- **Die Globalisierung ist auch für alle Mitarbeiter eine große Herausforderung.** Denn auch sie müssen sich entsprechend ihren Stärken profilieren, um durch Spezialkenntnisse gegenüber in- und ausländischen Konkurrenten wettbewerbsfähig zu bleiben. Dass selbst das keine Garantie für einen lebenslänglichen Arbeitsplatz bedeutet, ist zu bedauern, aber es gibt wohl keine Alternative zu diesem Prozess.

Das Fazit: Bereiten Sie Ihre Verkäufer auf den ungeheuer schnellen Wandel vor, der auch sie persönlich betrifft. Zum einen durch die Marktveränderungen, zum anderen durch die Umstrukturierungen innerhalb ihrer eigenen Firma. Das kann von der Veränderung der Arbeitsverträge bis hin zu neuen Besitzverhältnissen reichen.

Hier geht es für Sie – oft stellvertretend für die Geschäftsleitung, die ihre Pflicht „vergessen" hat – darum, Ihre Verkäufer vor Resignation zu bewahren, die Notwendigkeiten zu erklären und ihnen vor allem ihre neuen Chancen aufzuzeigen.

5. Zeigen Sie Ihren Verkäufern, wie sie mit optimalen Gefühlen die besten Abschlusschancen haben

Gute Verkäufer sind in der Lage, ihre Argumente mit innerer Sicherheit und Stärke vorzutragen und sie notfalls auch mit Entschiedenheit zu verteidigen, wenn sie vom Kunden infrage gestellt werden. Dies steht zwar im Gegensatz zu der allseits gepredigten Methode, dem Kunden auf keinen Fall zu widersprechen, aber Verkäufer, die das schaffen, beweisen damit eine Reihe von Siegereigenschaften: eine hohe Identifikation, ein großes Selbstvertrauen und eine starke Entschlossenheit. Hier wie bei den folgenden Problemen kommt es daher auf den richtigen Einsatz der Gefühle an!

Gute Verkäufer leiden auch nicht darunter, ihre Verkaufsgespräche oft viel zu hastig und zu eilig herunterzuspulen. Schwächere Verkäufer reißen dagegen alles nur an, aber sie vertiefen nichts. Kein Wunder, dass sie beim Kunden nur einen oberflächlichen Eindruck hinterlassen und dass 80 Prozent der Erstgespräche keine Fortsetzung mehr finden. Das ist das erste Problem.

Das zweite Problem dieser Verkäufer ist fast noch tückischer: **Sie investieren zu viel Herzblut in die Kundenbeziehung und verlieren dabei ihre emotionale Unabhängigkeit.** Doch die brauchen sie. Denn nur so können sie ihre Überzeugungen mit Selbstvertrauen und Entschiedenheit vertreten und jene (Abschluss-)Entschlossenheit ausstrahlen, die ihre Kunden ansteckt. Besonders nachteilig ist diese Form der Beziehung, wenn die Verkäufer die Intensität ihres Smalltalks mit der Stärke der persönlichen Kundenbeziehung verwechseln. So gut Smalltalk zum Aufwärmen ist, so schädlich ist er, wenn es dabei um negative Inhalte („Jammergeschichten") geht. Denn dann ziehen sie den Kunden in seiner Stimmung herunter und verringern sowohl seine Entscheidungskraft als auch die Abschlusswahrscheinlichkeit. Eine Ausnahme gilt nur für alte Kundenbeziehungen.

Das dritte und gefährlichste Problem bei einer zu emotionalen Beziehung ist für viele Verkäufer das so angenehme Gefühl, vom Kunden anerkannt und geschätzt zu werden. Doch sie müssen wissen, dass die Beziehung kein Selbstzweck ist, sondern dass erst ein Abschluss das Problem ihrer Kunden löst und sie damit erst wirklich zufrieden macht.

Eine zu große Abhängigkeit vom Kunden beeinträchtigt dagegen ihre Unabhängigkeit, ihren Kampfgeist und ihre Entschlossenheit, zum Abschluss zu kommen. Daher müssen sie bei aller emotionalen Beziehungspflege immer auch einen **letzten Rest an innerer Distanz bewahren** – sowohl was die Person des Kunden als auch was die Wichtigkeit des Auftrags betrifft. Sie sollen zwar eine gute emotionale Beziehung herstellen, aber sie müssen dabei auch emotional unabhängig bleiben. Achten Sie daher bei Ihren Verkäufern auf diese emotionale Unabhängigkeit. Sieger beherrschen diese Doppelrolle exzellent: Sie mögen ihre Kunden und sie wollen den Auftrag, aber sie brauchen beides nicht unbedingt!

Zu dieser emotionalen Unabhängigkeit gehört auch die Fähigkeit, unrichtigen, aber wichtigen (!) Aussagen des Kunden zu **widersprechen**. Entscheidend ist dabei jedoch, dass dieser Widerspruch nicht aus Rechthaberei erfolgt, sondern aus der Begeisterung für die richtige Lösung, und dass er ohne jede Aggressivität und Feindseligkeit vorgebracht wird.

Anfällig für diese emotionale Abhängigkeit vom Kunden sind vor allem die Verkäufer, die ein schwaches Selbstvertrauen haben. Daher brauchen sie ganz besonders Ihre persönliche Wertschätzung. Denn sonst holen sie sich diese Anerkennung auf Kosten der Firma – von ihren Familien oder ihren guten Kunden.

6. Unterstützen Sie Ihre Verkäufer dabei, Wohlfühlstrategien einzusetzen, denn nur so fühlen sie und ihre Kunden sich wohl

Topverkäufer wissen ganz genau, welche Akquisitionsstrategien sie gerne und sicher ausüben und welche eine spontane Abwehr in ihnen auslösen! Sie kennen also ihre Stärken und Schwächen. Viele Verkäufer vermeinen dagegen, alles oder gar nichts zu können.

Notfalls delegieren Topverkäufer die ungeliebten Strategien an andere (z. B. an Teilzeitkräfte) oder sie suchen nach geeigneteren Strategien. So behalten sie ihre positive Einstellung und Stimmung. Doch sie verfolgen mit den Wohlfühlstrategien noch einen anderen Zweck. Sie wollen ihren Kunden ein **„Besser als erwartet"-Ergebnis** bieten. Denn nur solche Ergebnisse bleiben den Kunden in starker Erinnerung. Und nur sie lösen Wiederholungskäufe, Empfehlungen sowie eine positive Mundpropaganda aus.

Doch warum erreichen viele Verkäufer so selten diese „Besser als erwartet"-Ergebnisse? Weil sie unbewusst eine Reihe von Fehlern machen. Fehler Nummer eins: Verkäufer, die Stress-Strategien einsetzen, bei denen sie sich selbst nicht wohl fühlen, werden auch bei ihren Kunden kein Wohlgefühl auslösen! Im Gegenteil! Sie stecken ihre Kunden mit ihrem Stress an, sodass diese sich unwohl fühlen und nicht in die gewünschte Kaufstimmung kommen.

Fehler Nummer zwei: Verkäufer, die sich und ihre Gefühle nicht respektieren und sich durch Stress-Strategien unter Druck setzen, werden auch die Gefühle ihrer Kunden nicht respektieren und durch ihre Verkaufsmethoden unter Druck setzen. Solche Verkäufer können sich niemals völlig in ihre Kunden und deren Bedürfnisse einfühlen. Das spüren die Kunden und reagieren mit Ablehnung.

Fehler Nummer drei: Verkäufer, die Stress-Strategien einsetzen, zeigen unbewusst auch, dass sie kein großes Selbstvertrauen haben. Denn sie trauen sich nicht zu, eine andere Strategie mit Erfolg einzusetzen. Statt ihren eigenen Stärken zu trauen, folgen sie lieber den Meinungen fremder Menschen, die ihnen zu diesen Stress-Strategien raten. So machen sie sich auch von der Meinung anderer abhängig.

Fehler Nummer vier: Verkäufer mit wenig Selbstwertgefühl und schwachem Selbstvertrauen führen in der Regel ihre Kunden nicht mit souveränem Nachdruck oder begeisterter Entschlossenheit zum Abschluss, sondern eher mit aggressiven Behauptungen oder ängstlicher Unsicherheit. Beide Verhaltensweisen beeinträchtigen die Stimmung und damit die Kauflust der Kunden.

Drängen Sie daher Ihre Verkäufer nie zu Akquisitionsstrategien, bei denen sie sich nicht wohl fühlen oder die ihnen nicht liegen! Denn damit gewinnen sie keine neuen Termine, sondern machen viel eher diese Adressen kaputt. Überlegen Sie stattdessen mit ihnen gemeinsam andere Strategien, die ihnen leichter fallen, und Lösungen, mit denen sie sich spontan anfreunden können. Denn hier gilt: Wir machen nur das gut, was wir häufig machen. Und wir machen nur das häufig, was wir gerne machen!

7. Drängen Sie Ihre Verkäufer, neben Umsatzzielen auch eine Mission zu verfolgen, denn die motiviert am stärksten

Der Verkäufer darf ein Nein des Kunden nicht einfach hinnehmen, ohne den genauen Grund dafür zu kennen und ohne mehrere Abschlussinitiativen ausprobiert zu haben. Sorgen Sie daher als Verkaufsleiter dafür, dass

- Ihre Verkäufer nach einem Misserfolg zumindest durch ihre Analyse und ihre geänderte Verhaltensweise einen echten Lernerfolg daraus machen und
- bereit sind, um den Auftrag zu kämpfen: erstens, weil der Kampfgeist wie ein Muskel nur durch Übung stark bleibt, und zweitens, weil nur erkämpfte Abschlüsse ihr Selbstvertrauen stärken.

Lassen Sie daher Ihre Verkäufer nach einigen Misserfolgen auf keinen Fall aufgeben. Ändern Sie nur das Ziel. Verlangen Sie, dass sie sich für den Rest des Tages statt auf Ergebnisziele (die Umsatzziele) nur auf Aktivitätsziele konzentrieren, z. B. darauf, gute Kontakte zu den Kunden herzustellen, ohne zu versuchen, ihnen etwas zu verkaufen.

Fordern Sie andererseits resignierende Verkäufer bei einem Begleitbesuch einmal ganz bewusst auf, nach dem ersten Nein des nächsten Kunden mit vollem Einsatz zu kämpfen und alles zu geben, damit sie erkennen, wie sehr dieser Einsatz Eindruck macht und ihre Abschlusschancen erhöht.

Machen Sie Ihre Verkäufer auch auf die tieferen Ursachen eines mangelnden Kampfgeistes aufmerksam. Denn oft besteht die Ursache darin, dass sie zu wenig vom Kunden wissen und deshalb keine weiteren Anknüpfungspunkte für eine zweite Abschlussinitiative kennen. Oder sie haben einfach für ihre Kunden zu wenig getan, sodass sie nicht einmal jenes Schuldgefühl bei ihnen wecken können, das ihnen zumindest einen zweiten Versuch gestatten würde. Oder sie haben sich viel zu schnell von dem Haupteinwand – dem zu teuren Preis – in die Flucht schlagen lassen, weil sie selbst von dem Preis nicht überzeugt sind. Hier gilt:

> **Erst wenn der Verkäufer seinen Preis überzeugend darstellen kann, besitzt er eine starke Identität und Überzeugungskraft!**

Doch der fehlende Kampfgeist ist mehr als ein Kavaliersdelikt. Er sollte Sie in höchste Alarmbereitschaft versetzen. Denn er verrät neben einem schwachen Selbstvertrauen und mangelndem Angriffsgeist oft auch eine mangelnde Identifikation mit dem eigenen Beruf und den eigenen Produkten! Und das ist fürwahr eine Art Zeitbombe. Denn nur ein Verkäufer, der sich mit seinem Angebot identifiziert, ist davon überzeugt, dass er dem Kunden einen echten Nutzen bietet. Wenn das nicht der Fall ist, empfindet er sich unbewusst eher als Bittsteller, Scharlatan oder Zeitdieb. So denkt er, so tritt er auf und so wird er zuletzt auch behandelt!

Besonders problematisch ist die Situation, wenn die Verkäufer aufgrund hervorragender Produkte in den letzten Jahren nicht kämpfen mussten. Dann geht es ihnen wie so vielen Verkäufern: Zuerst mussten sie nicht kämpfen, dann wollten sie nicht kämpfen und zuletzt konnten sie nicht mehr kämpfen. Hier müssen Sie als Verkaufsleiter beizeiten durch neue Herausforderungen dafür sorgen, dass Ihre Verkäufer das Kämpfen nicht verlernen.

Am häufigsten beruht jedoch der fehlende Kampfgeist auf der Angst der Verkäufer vor weiteren Kunden-Neins und damit vor weiteren Ablehnungen und Misserfolgen. Hier kommen zwei Ursachen zusammen: Zum einen verstehen die Verkäufer nicht das Gesetz des Lebens, das hinter den Misserfolgen steht. Danach stellen Misserfolge nichts anderes dar als den stärksten Antrieb der Natur, uns zu noch größeren Leistungen anzuspornen. **Zum anderen leiden viele Verkäufer nur deshalb so stark unter Misserfolgen, weil sie im Verkauf keine echte Mission verfolgen.** Also ein Anliegen, das ihnen am Herzen liegt. Denn das würde sie viel leichter über alle Hindernisse hinwegtragen.

Mission bedeutet hier eine echte Sinnaufgabe. Zum Beispiel als Versicherungsverkäufer jeden Kunden von einer Risikolebensversicherung zu überzeugen, weil man als Kind selbst das Fehlen einer solchen Versicherung leidvoll erfuhr. Fehlt eine solche Mission, dann empfindet der Verkäufer jeden Misserfolg schnell als persönlichen Schicksalsschlag. Da auch der Kampfgeist aus dem Herzen kommt, gilt hier die Regel:

> **Je stärker die Mission ist, desto stärker ist der Kampfgeist!**

Reißen Sie daher Ihre Verkäufer schnellstmöglich aus dem Strudel der Misserfolge. Motivieren Sie sie, indem Sie ihnen leichtere Erfolgschancen bieten, sodass sie sogar eine Erfolgsserie erreichen. Das ist der beste Weg, sie wieder auf die **Siegerspirale** zurückzubringen. Und das hat wiederum einen enormen Vorteil! Denn Sieger werden nach erfolgreichen Abschlüssen von der Natur automatisch mit einem Extraschuss „Siegerhormonen" motiviert: dem Testosteron, das für neuen Antrieb sorgt, und dem Serotonin, das für eine hohe Gelassenheit sorgt. Daher ist es für Verkäufer so dramatisch, wenn sie längere Zeit keine Erfolge haben. Dann geraten sie auf die **Verliererspirale** und schlagartig ist es mit den Siegerhormonen vorbei! Stattdessen leiden sie unter Antriebslosigkeit und Angst.

8. Fordern Sie Ihre Verkäufer immer wieder zu neuen Ideen und Versuchen auf, denn davon hängt ihre Zukunft ab

Verkäufer dürfen sich heute nicht von den schlechten Marktbedingungen deprimieren lassen, sondern müssen kreativ mit neuen Verkaufsstrategien reagieren. Wir leben im Zeitalter des Wandels und daher müssen Sie Ihre Verkäufer immer wieder zu neuen Ideen herausfordern.

Als Verkaufsleiter können Sie die **Kreativität** Ihrer Verkäufer mit folgenden Anregungen entfachen. Fordern Sie sie auf,

- die Wettbewerber zu beobachten und festzustellen, wie sie auf die Marktveränderungen reagieren;
- Fachzeitschriften nach neuen Ideen durchzublättern;
- Redakteure von Fachzeitschriften zu fragen, welche neuen Trends sie beobachtet haben;
- gute Kunden zu fragen, wie sie auf die augenblicklichen Schwierigkeiten reagieren, was sie von ihren Lieferanten jetzt erwarten und was ihnen die Wettbewerber schon angeboten haben;
- Messen und Ausstellungen zu besuchen, um neue Trends zu erkennen und zu beobachten;
- Benchmarketing zu betreiben, indem sie bei den Wettbewerbern als Kunden auftreten und Neuigkeiten entdecken;
- andere Firmen (z. B. Lieferanten) zu beobachten, wie sie auf die Krise reagieren;
- Kontakte mit Wettbewerbern außerhalb des eigenen Verkaufsgebietes aufzunehmen und Erfahrungsaustausch zu betreiben;
- nach neuen Ideen (Trends) in der Werbung von Firmen und Medien Ausschau zu halten und diese Ideen öffentlich vortragen und diskutieren zu lassen;
- neue Ideen von einer „task force" (also besonders risikofreudigen Verkäufern) ausprobieren und sie nach dem Praxistest von den anderen übernehmen zu lassen;
- ein geschärftes Bewusstsein für neue Ideen und Impulse zu entwickeln, z. B. in Gesprächen und bei der Zeitungslektüre, und sie öffentlich zu diskutieren.

Sie können die Kreativität Ihrer Mitarbeiter noch steigern, wenn Sie folgende Gesichtspunkte bei der Motivation berücksichtigen:

- **Fördern Sie die Begeisterung und Leidenschaft für Ihr Produkt oder Ihre Problemlösung.** Denn die Kreativität hängt weniger vom Fachwissen als vielmehr von der Neugierde, der Begeisterung und der Intensität ab, mit der man sich in neue Lösungen „hineinbohrt".
  Dazu ein paar Beispiele aus der Geschichte: Picasso malte über 40 Mal das Bild „Las meninas" von Velasquez, um die Geheimnisse seiner Malkunst zu erforschen. Und Tschaikowsky schrieb 46 Variationen über ein Thema, als er die Geheimnisse der Kompositionstechnik ergründen wollte.
- **Übertragen Sie den unbedingten Willen, mit dem Sie eine neue Lösung wollen, auf Ihre Mitarbeiter!** Denn die Kreativität wächst mit dem unbedingten Willen und der absoluten Entschlossenheit zu einer neuen Lösung.
  80 Jahre stand der Florentiner Dom ohne Kuppel da, bis 1422 Brunelleschi den unbedingten Willen hatte, eine Lösung zu erreichen, und es auch schaffte.
- **Fokussieren Sie Ihren Willen und Ihre Entschlossenheit in einer klaren Willensdeklaration auf eine kreative Lösung.** Am besten mit einer exakten Terminsetzung, z. B.: „Ich will bis zum ... eine Antwort auf die Frage XY haben!" Veröffentlichen Sie diese Willensdeklaration wie ein aufregendes Werbeplakat. Erst der dramatische Anschlag von Luthers Thesen an der Wittenberger Schlosskirche rüttelte die Menschen auf und löste die Reformation aus.
- **Empfehlen Sie Ihren Mitarbeitern aber auch, die Suche nach neuen Lösungen als leicht anzusehen.** Denn nur das, was wir als leicht ansehen, tun wir gerne und häufig.
  Ohne diese „Leichtigkeit" hätte Edison von seinen Mitarbeitern nicht jede Woche eine einfache und alle vier Wochen eine patentierfähige Idee fordern können. Und ohne eine Seekarte,

welche die Fahrt nach Amerika als viel zu leicht darstellte (also die Entfernung total unterschätzte), hätte Columbus nie die Fahrt über den Atlantik gewagt. Hier gilt:

> **Je leichter neue Herausforderungen dargestellt werden, desto leichter werden sie in Angrifft genommen!**

Es gilt aber auch: Je öfter wir eine neue Idee haben, desto leichter und schneller fallen uns künftig weitere neue Ideen ein, weil wir durch die ersten neuen Ideen bereits neue Nervenbahnen erschlossen haben.

- **Entfachen Sie eine starke Erwartungshaltung.** Sagen Sie Ihren Verkäufern, dass alle in der Firma – Sie selbst, die Kollegen und die Geschäftsleitung – schon ganz gespannt darauf sind, wer als Erster eine neue Lösung haben wird. Eine starke öffentliche Erwartungshaltung erzwingt geradezu neue Ideen.

So schaffte Joseph Haydn auf Wunsch des Fürsten von Esterhazy über 100 neue Sinfonien und Opern, weil er und seine Gäste das erwarteten und weil diese Aufführungen die einzigen Möglichkeiten waren, seine Werke öffentlich zu präsentieren.

- **Definieren Sie das Problem, das Sie gelöst haben wollen, in einer präzisen Frage.** Z. B.:,,Wie erreichen wir bessere Preise?" Von der Präzision der Frage hängt der halbe Erfolg ab.

Galilei entdeckte die Schwerkraft, weil er nicht fragte: „Warum fallen die Gegenstände?", sondern: „Wie fallen sie?"

- **Fragen Sie Ihre Mitarbeiter regelmäßig**: „Was haben Sie in der letzten Woche gelernt? Was haben Sie diese Woche anders gemacht? Was wollen Sie in der nächsten Woche anders machen?" Oder fragen Sie sie noch provokativer: „Was haben Sie in dieser Woche Außergewöhnliches gemacht? ... Und was

wollen Sie in der nächsten Woche Außergewöhnliches machen?"
- **Fordern Sie Ihre Mitarbeiter auf, sich permanent zu verbessern.** Bestehen Sie auf einem permanenten Verbesserungsprogramm Ihrer Verkäufer, z. B. durch die Beobachtung von Kollegen, den Besuch von Seminaren oder die Lektüre von Fachbüchern. Und fragen Sie sie dann nach ihren Erkenntnissen und Fortschritten.

9. Zeigen Sie Ihren Verkäufern, wie sie mit mentaler und emotionaler Stärke ihre Erfolge selbst beeinflussen können

Mentale Stärke in Form von **Selbstdisziplin** ist die Grundlage jeder Aufwärtsentwicklung im Leben wie im Beruf. Wenn Sie es also geschafft haben, dass Ihre Verkäufer diszipliniert jeden Tag die vorhergesehene Anzahl von Terminen machen, dann haben Sie das beste Fundament für künftige Spitzenleistungen geschaffen. Denn auf der Selbstdisziplin baut sich die **Selbstkontrolle** auf (z. B. über die Gefühle nach einem Misserfolg) und auf der Selbstkontrolle baut sich das **Selbstvertrauen** auf (also der Glaube an sich und seine Erfolge). Denn wie soll jemand sich selbst vertrauen, wenn er nicht einmal seiner Selbstdisziplin vertrauen kann? Um dieses ehrgeizige Ziel zu erreichen, sollten Sie Ihre Verkäufer dazu motivieren, folgende Schritte auszuprobieren. Zum Beispiel:

- **Tagesziele definieren.** Fordern Sie sie auf, das angestrebte Jahresumsatzziel in Monats-, Wochen- und Tagesziele und das Tagesziel in notwendige Aktivitäten wie z. B. in die Anzahl der täglichen Telefonkontakte, Termine und Abschlüsse herunterzubrechen. So wissen sie ganz genau, was sie jeden Tag tun müssen, um ihre Ziele zu erreichen, und können so auch ihre Erfolge kontrollieren.

- **Wunschziele festlegen.** Fragen Sie sie auch, warum sie dieses Jahresziel erreichen, welchen Wunsch sie sich damit erfüllen wollen (z. B., um eine Existenz zu gründen oder die Kinder einmal studieren zu lassen). Denn erst diese Wünsche motivieren sie, sich voll einzusetzen.
- **Willenskraft stärken.** Regen Sie Ihre Verkäufer an, mit einer „Willensdeklaration" zu arbeiten, z. B.: „Ich will in dieser Woche einen Umsatz von XY machen!"
- **Unterbewusstsein programmieren.** Motivieren Sie sie, notfalls auch am Freitagnachmittag oder sogar am Samstag zu arbeiten, um den gewünschten Wochenumsatz zu erreichen. Alles mit dem Ziel, auf diese Weise ihr Unterbewusstsein auf das angestrebte Umsatzziel hin zu programmieren. Dadurch werden sie künftig schon am Montagmorgen mit der Entschlossenheit arbeiten, die sie sonst erst am Freitag an den Tag legen. Natürlich darf die Wochenendarbeit kein Dauerzustand werden! Im Gegenteil! Die unbewusste Erfolgsprogrammierung und Entschlossenheit sollen ihnen helfen, künftig ihr Wochenende mit dem Gefühl des Erfolgs zu genießen.
- **Tagesquoten kontrollieren.** Lassen Sie Ihre Verkäufer täglich ihre Quoten kontrollieren, z. B. die Anzahl der Termine zu den Abschlüssen. So erkennen sie am schnellsten eigene Schwächen oder mögliche Marktveränderungen.
- **Herausforderungen angehen.** Motivieren Sie sie zu besonderen Herausforderungen, indem Sie mit ihnen wetten, dass sie einen bestimmten Abschluss schaffen werden.
- **Erfolgsbeispiele erzählen.** Fragen Sie bei dem Wochen-Meeting nicht: „Wie lief die Woche?" Das würde nur die Negativdenker auf den Plan rufen. Fragen Sie sie stattdessen: „Wer hat in dieser Woche einen besonderen Abschluss erreicht?"

10. Motivieren Sie Ihre Verkäufer, immer wieder über ihre Grenzen hinauszugehen und sich neue Ziele zu setzen

Im Zeichen des Wandels sollten Sie nicht nur darauf achten, dass Ihre Verkäufer immer wieder neue, kreative Ideen entwickeln, sondern dass sie auch immer wieder über ihre bisherigen Grenzen gehen – indem sie z. B. potentere Kundenzielgruppen ansprechen, höhere Abschlusssummen vorschlagen oder neue, ungewöhnliche Verkaufsstrategien ausprobieren. Um sie dafür zu motivieren, können Sie eine ganze Reihe von Möglichkeiten einsetzen:

- **Setzen Sie „Eisbrecher" ein.** Motivieren Sie besonders ehrgeizige Verkäufer, als „Eisbrecher" bestehende Umsatzgrenzen zu durchbrechen. Denn wenn es einer geschafft hat, dann trauen es sich auch die anderen zu.
- **Übernehmen Sie die Verantwortung.** Fordern Sie Ihre Verkäufer zu außergewöhnlichen Herausforderungen auf und erleichtern Sie ihnen die Annahme, indem Sie die Verantwortung dafür übernehmen.
- **Stacheln Sie ihren Ehrgeiz an.** Stärken Sie den Wettbewerbsgeist und die Leistungsfähigkeit Ihrer Verkäufer, indem Sie den Besuch begehrter Sportveranstaltungen als Prämien aussetzen oder das ganze Team zu herausfordernden Sportarten einladen wie z. B. zu Rafting oder einer Gletschertour (mit Führer!).
- **Bieten Sie ihnen Wetten an.** Bieten Sie Ihren Mitarbeitern Wetten an, dass sie bestimmte Herausforderungen schaffen werden.
- **Ermöglichen Sie ihnen öffentliche Anerkennung.** Geben Sie Ihren Verkäufern die Chance, erfolgreich zu sein und (öffentlich) anerkannt zu werden (z. B. der Erste zu sein, der ein neues Modell verkauft oder einen Abschluss ohne Preisnachlass schafft).

- **Geben Sie ihnen ein Versprechen.** Fordern Sie Ihre Mitarbeiter mit einer neuen Verkaufsmethode heraus, indem Sie ihnen das Versprechen geben: „Wenn du X machst, dann verspreche ich dir Y!"
- **Provozieren Sie ehrgeizige Mitarbeiter.** Fragen Sie sie: „Trauen Sie sich diese Anfrage zu oder soll ich sie lieber einem anderen geben?"
- **Erinneren Sie sie an ihre Erfolge.** Erinnern Sie Ihre Verkäufer an ihre bisherigen Erfolge und Leistungen und halten Sie diese Erinnerungen auch durch Fotos von Siegesfeiern oder Incentive-Reisen am Leben.
- **Erwischen Sie sie bei positiven Leistungen.** Versuchen Sie, Ihre Verkäufer bei besonders positiven Leistungen zu erwischen (z. B. bei einem Abschluss mit guten Konditionen), und lassen Sie sie vor dem Team darüber berichten.
- **Sorgen Sie dafür, dass neue Verkäufer sofort Erfolg haben.** Setzen Sie sich hundertprozentig dafür ein, dass neue Verkäufer schon beim ersten Wettbewerb in irgendeiner Form gewinnen können. Besseres können Sie für ihre Identifikation mit ihrer neuen Stellung nicht tun.
- **Geben Sie Presseberichte an sie weiter.** Geben Sie positive Kommentare von Kunden und der Presse über Ihre Firma an Ihre Verkäufer weiter. Geben Sie aber auch negative Kommentare von Zeitungen und Kunden über Wettbewerber an Ihre Verkäufer weiter.
- **Fordern Sie Ihre Mitarbeiter auf, ihren „Glauben" zu beweisen.** Fordern Sie sie also auf, ihren Glauben an sich und ihren Erfolg auch durch eigene Investitionen zu beweisen. Zum Beispiel durch den Besuch von Seminaren auf eigene Kosten.
- **Klären Sie neue Verkäufer über die möglichen Verdienstchancen auf.** Zeigen Sie ihnen eine Übersicht, auf der die zehn besten Verkäufer der letzten Wochen mit ihren Umsätzen aufgelistet sind, sodass sie sich ihren Wochen- bzw. Monats-

verdienst selbst ausrechnen können. Das wirkt überzeugender als alle Versprechungen!
- **Ermöglichen Sie ihnen die Chance, zu gewinnen.** Gestalten Sie Wettbewerbe so, dass alle Verkäufer, auch die durchschnittlichen, eine Gewinnchance haben.

Sie wissen natürlich, dass all diese Methoden ihre Vor- und Nachteile haben und der Erfolgweit gehend von den individuellen Umständen des Einzelfalles abhängt. Daher soll Sie diese Übersicht auch nur zu eigenen neuen Ideen stimulieren.

Chance Nr. 5

Die Chance der Grenzüberwindung

Wie Sie mit der Überwindung mentaler und emotionaler Leistungsblockaden neue Erfolgsressourcen freisetzen

Wie jeder Fußballtrainer können auch Sie das Potenzial Ihrer Verkäufer nur dann entwickeln, wenn Sie es zuvor sehen, daran glauben und unermüdlich darauf hinarbeiten. Dieses persönliche Potenzial hat immer etwas mit der persönlichen Einzigartigkeit des Einzelnen zu tun. Daher lautet das erste Credo jeder Potenzialentwicklung: Jeder Ihrer Verkäufer soll „anders als alle anderen sein"! Er soll nichts so tun, wie es die anderen tun. Nur so erreicht er Höchstleistungen, denn hier gilt:

> Nur wer sich zu seiner Originalität und Einzigartigkeit bekennt und sie entwickelt, der bleibt auch mit seiner Quelle der Vitalität und Initiativkraft in Verbindung.

Das klingt überzeugend. Doch es gibt drei gefährliche **Potenzial-Bremsen**. Sie sind die Ursachen dafür, dass die meisten Verkäufer längst nicht das erreichen, was sie erreichen könnten.

Vorsicht vor der Amygdala – sie stoppt jede Neuerung!

Die erste Bremse sitzt im Gehirn. Es ist ein wichtiger Teil unseres Gehirns und nennt sich „Mandelkern" oder wird als „**Amygdala**" bezeichnet. Sie sorgt seit Jahrtausenden dafür, dass alles weiter wie bisher abläuft und dass wir keine Änderung anstreben. Daher sehnen wir uns so sehr nach Routine und Sicherheit und möchten, dass wir auch so bleiben, wie wir sind. Hier gilt:

> **Wir können die Amygdala nur überwinden, wenn wir eine klare Vorstellung von dem haben, was wir erreichen wollen!**

Nur dann strebt ein unbewusster Zielmechanismus in uns diesem Ziel entgegen. Allein deshalb ist es schon wichtig, dass Sie mit Ihren Verkäufern klare, messbare und erreichbare Ziele vereinbaren. Die zweite Lösung, das Routineverhalten zu durchbrechen, besteht darin, dass Sie Ihren Verkäufern regelmäßig bestimmte Fragen stellen. Zum Beispiel: „**Was ist das Außergewöhnlichste, das Sie diese Woche getan haben?**" Und: „Was ist das Außergewöhnlichste, das Sie nächste Woche tun werden?" Dabei können Sie das „Außergewöhnliche" auch so definieren:

- „Was haben Sie letzte Woche getan, um sich von den anderen zu unterscheiden?"
- „Was hat sich dadurch für Sie und die Kunden Positives geändert?"
- „War das das Beste, das Sie gezeigt haben? Hätten Sie vielleicht noch mehr tun können?" Aber auch:
- „Was hat Sie diese Woche am meisten stolz gemacht?" Oder:
- „**Was können Sie in der nächsten Woche tun, das niemand von Ihnen erwarten würde?**"

All diese Fragen schärfen bei Ihren Mitarbeitern den Wunsch, sich etwas Außergewöhnliches einfallen zu lassen, und steigern ihre Neugier, neue Wege zu suchen. Damit motivieren Sie sie, den „Nichts zu verändern"-Instinkt des Gehirns zu ignorieren und „anders als andere" oder anders als bisher zu handeln. Nur so schaffen sie das Ziel, einen Unterschied zu setzen oder einen bleibenden Eindruck zu erreichen.

Warum werden wir immer pessimistischer?

Die zweite Bremse, die das Potenzial Ihrer Verkäufer blockiert, sitzt ebenfalls im Kopf. Es ist die **Medulla**, ein anderer wichtiger Bereich im Gehirn. Im Innern der Medulla liegt eine lebenswichtige Verbindung zum „retikulären aufsteigenden Aktivierungssystem", das wiederum die Verbindung zu den Hauptnerven im Rückenmark und Gehirn herstellt. Die **Medulla**, wie wir sie der Einfachheit halber nennen wollen, sortiert die 100 Millionen Impulse, die das Gehirn jede Sekunde überfluten, weist das Unwichtige ab und lässt nur das Lebenswichtige hindurch. Und das sind in erster Linie Botschaften, die den Geist alarmieren. Das größte Problem der Medulla besteht jedoch in der Tendenz, die sie über die Jahrtausende hinweg entwickelt hat: **alle eingehenden negativen Botschaften zu vergrößern und alle positiven zu verkleinern!**

Das bedeutet, dass sie alles, was nur ein bisschen gefährlich klingt, zum Beispiel ein paar gut gemeinte Worte der Kritik, sofort zu der dramatischen Botschaft aufbläst: „Achtung! Gefahr!" Und dann sofort eine bedrohliche oder ängstliche Haltung auslöst. Im Gegensatz dazu dämpft sie ein ehrliches Kompliment auf ein leises, kaum hörbares Flüstern herab. Was bedeutet das in der Praxis?

Optimisten verkaufen um 50 Prozent besser!

Das erste Problem ist: Ihre Verkäufer werden von ihrer Nervenstruktur her viel eher beeinflusst, negativ und pessimistisch als positiv und optimistisch zu denken. Daher müssen Sie den Optimismus Ihrer Verkäufer ganz gezielt verstärken, um dieser negativen Tendenz der Medulla entgegenzuwirken. Denn pessimistische Verkäufer verkaufen – wie viele Tests bewiesen haben – dramatisch weniger als optimistische Verkäufer. Das Kapitel über den Optimismus, aber vor allem der Anhang mit dem **Optimismus-Test** bieten Ihnen eine Fülle von Anregungen, um pessimistische Bewerber frühzeitig zu erkennen und Ihre Verkäufer noch optimistischer zu machen.

Das zweite Problem ist: Wenn für Ihre Verkäufer 100 Dinge am Tag gut gelaufen sind und nur eine Sache nicht, dann beschäftigen sie sich gerade mit dieser einen Sache. Auch dem müssen Sie entgegenwirken! Denn wenn die Verkäufer nicht lernen, mit dem gefährlichen Einfluss der Medulla richtig umzugehen, dann führt das dazu, dass sie künftig fast alle Wahrnehmungen spontan als negativ und gefährlich einschätzen. Dann riskieren sie nichts mehr, sondern blasen sofort zum Rückzug und streben nur noch ein sicheres Routineverhalten an. Denn der Wahlspruch der Medulla lautet: „Lieber auf Nummer sicher gehen als die Komfortzone verlassen und etwas Neues riskieren." Doch mit einer solchen Einstellung haben Ihre Verkäufer keine Chance, sich weiterzuentwickeln und persönliche Fortschritte zu erzielen.

Achten Sie daher auch auf klare, eindeutige Botschaften. Denn wenn Sie vage oder gemischte Botschaften aussenden, werden Ihre Mitarbeiter fast immer nur das Negative heraushören und es als Bedrohung ihres Status oder ihres Ansehens interpretieren. Auf diese Weise entwickeln sich ganz schnell Missstimmung und Passivität. Dann warten die Mitarbeiter lieber erst einmal ab, statt die Initiative zu ergreifen und etwas zu verändern. Die besondere

Ironie der Medulla besteht jedoch darin, dass sie ihre Botschaft „Achtung Gefahr!" umso lauter und schneller ausruft, je öfter wir die Ermahnung hören, nicht sofort mit Stress zu reagieren. Hier ist ein anderes Vorgehen notwendig! Dazu ein Beispiel:

Wie Ihre Verkäufer mit der Anti-Ärger-Methode besser mit Frust zurechtkommen

Nehmen wir an, Ihr Verkäufer stößt auf die unerwartete Terminabsage eines Kunden. Die Medulla interpretiert das natürlich sofort als Gefahr (eines Umsatzverlustes) und löst gleichzeitig eine Verärgerung aus. Falls der Verkäufer es dennoch schafft, diese Reaktion einigermaßen zu unterdrücken, erlebt er zumindest das Gefühl einer inneren Verspannung oder eines geheimen Grolls. Empfehlen Sie ihm für diesen Fall lieber folgende Vorgehensweise in vier Schritten.

Schritt 1: Sagen Sie ihm: „Halten Sie sofort bei der kritischen Situation an. Machen Sie sich die Störung oder das Problem bewusst: Worum geht es? Machen Sie sich auch die Gefühle dazu klar: Warum bin ich jetzt so verärgert oder frustriert? Ist das jetzt sinnvoll, sich weiter so zu ärgern?

Schritt 2: Fragen Sie sich: Ist das jetzt sinnvoll, sich weiter so zu ärgern?

Schritt 3: Überlegen Sie dann die Antwort, die Ihnen am ehesten helfen würde, weiter positiv auf die nächsten Kunden zuzugehen.

Schritt 4: Und fragen Sie sich: Welche Reaktion würde sich jetzt mit meinen Wertvorstellungen decken? Zum Beispiel mit meinem Wunsch nach einer positiven Lebenseinstellung? Oder einem freundschaftlichen Verhältnis zu meinen Kunden? Fragen Sie sich auch: Sollen jetzt etwa die nächsten Kunden meinen Frust ausbaden? Oder: Wenn ich eine Woche später über diese Situation nachdenke, welches Verhalten würde ich dann als das beste ansehen?

Warum manche Verkäufer sofort schießen und dann erst zielen

Leider ist die Medulla noch aus einem anderen Grund für die Potenzialentwicklung Ihrer Verkäufer höchst gefährlich: Ihre Nervenimpulse gelangen im Bruchteil einer Sekunde zum limbischen System, wo wir die Welt wahrnehmen und unsere erste gefühlsmäßige Antwort darauf bilden. Doch wo bleibt unser Verstand? Genau darin liegt das Problem. Denn zuerst bilden wir (leider) unsere Meinung rein gefühlsmäßig – über das limbische System. Dann erst kommt unser Verstand dran. Jetzt wissen Sie, warum so viele Verbrechen im Affekt geschehen. Und Sie wissen, warum so viele Verkäufer so schnell und unüberlegt reagieren. Eben rein gefühlsmäßig! **Denn das limbische System reagiert 80.000-mal schneller als der denkende Verstand.** Und das bedeutet: Erst nachdem das limbische System bereits eine schnelle gefühlsmäßige Antwort auf die eingebildete oder reale Gefahrensituation ausgelöst hat, erreichen die nervlichen Eindrücke unser Großhirn – also den denkenden Bereich des Gehirns. Jetzt erst können wir bewusst über den Vorfall und unsere (richtigen) Reaktionen nachdenken. Leider oft erst, nachdem das Kind schon in den Brunnen gefallen ist.

Immer die gleichen Reaktionen!

Das ist auch die Erklärung dafür, warum wir auf die gleichen Situationen immer wieder mit den gleichen Gefühlen und Verhaltensweisen reagieren. Denn im limbischen System sind unsere früheren Erfahrungen, Gefühle und Reaktionen gespeichert. Und sie werden durch ähnliche Reize sofort wieder aktiviert und lösen auch sofort wieder die gleichen Gefühle und Verhaltensweisen aus wie beim ersten Mal. So wird natürlich jede Entwicklung unseres Potenzials blockiert und wir bleiben in der Vergangenheit stecken.

Stellen Sie sich dazu folgendes Beispiel vor: Ihr Verkäufer wird von den Kunden mit dem schönen Satz empfangen: „Aber kaufen tue ich heute nicht!" Und er antwortet dann wie aus der Pistole geschossen, rein gefühlsmäßig und leicht aggressiv: „Warum haben Sie mich dann überhaupt kommen lassen?" Dann hat er mit Sicherheit ein Problem.

Was hilft ihm dann die schönste Verkaufsrhetorik, wenn er schon im ersten Satz seine Erfolgschancen versiebt? Hier müssen Sie gemeinsam mit ihm diese spontanen und negativen Reaktionen entlarven und mit der Anti-Ärger-Methode überlegte, positive Reaktionen entwickeln. Das ist heute wichtiger denn je. Denn solche überraschenden, emotional aufgeladenen Kundenaussagen gibt es viele und jeder Verkäufer, der darauf nicht vorbereitet ist, kann in einem einzigen Augenblick all seine Abschlusschancen verlieren.

Mit dem Kopf bleiben wir immer in der Vergangenheit stecken!

Die dritte große Potenzial-Bremse neben der Amygdala und der Medulla ist unser beharrlicher Wunsch, bei allen wichtigen Entscheidungen nur auf unseren Kopf, unseren „**Kopfverstand**", zu setzen. In diesem Fall verzichten wir auf zwei andere ganz entscheidende schöpferische Kräfte. Sie wurden erst kürzlich von der Forschung nachgewiesen: den „Bauch- und den Herzverstand", die ich hier „Bauchgefühl" und „Herzintelligenz" nennen will. Denn auch diese zwei „neurologischen Netzwerke" werden ebenfalls sofort angesprochen, wenn wir neue Wahrnehmungen machen. Doch im Gegensatz zu den sofortigen (bereits abgespeicherten) Spontanreaktionen der Amygdala und Medulla können sie uns helfen, wenn wir sie ganz bewusst fragen und auf ihre Antwort (z. B. in Form von Gefühlen) achten. Denn sie nehmen in unserer Umgebung viel mehr Sinneseindrücke wahr, als uns zu Bewusstsein kommen.

Darüber hinaus hat die Überbetonung des Kopfverstandes für Ihre Verkäufer noch zwei weitere Nachteile. Erstens: Verkäufer, die nur ihren Kopf einsetzen, sind dann oft so auf eine Sache oder ein Ziel (den Abschluss) fixiert, dass sie gar nicht mehr erkennen, wenn sie in diesem Moment gerade etwas Neues oder etwas sehr Erfolgreiches machen. Zum Beispiel wenn sie per Zufall eine neue, sehr erfolgreiche Verkaufsstrategie praktizieren. Hätten sie dagegen vor und während des Verkaufsgesprächs auch ihr Herz um Rat gefragt, hätten sie wohl intuitiv diese neue Strategie wahrgenommen.

Zweitens: Wenn Ihre Verkäufer alle Situationen nur mit ihrem Verstand entscheiden, dann reagiert dieser in der Regel nur mit den altbekannten Ideen, Informationen und Erfahrungen. Denn der Verstand gibt nur das wieder, was er schon von früher her weiß. So aber bleiben die Verkäufer immer in der Vergangenheit hängen. Würden sie dagegen auch auf ihr Herz hören, dann kämen sie vielleicht intuitiv auf neue, zukunftsweisende Ideen. Denn für die Zukunft ist allein das Herz zuständig!

Drittens: Wenn die Verkäufer nur auf ihr logisch aufgebautes Verkaufskonzept fixiert sind, dann tun sie sich ungemein schwer, spontan, intuitiv und flexibel auf veränderte Gesprächssituationen, Kundenwünsche und Stimmungen zu reagieren. Dadurch belasten sie nicht nur in Sekundenschnelle den emotionalen Kontakt zu ihren Kunden, sondern beeinträchtigen auch sofort ihre Abschlusschancen.

Chance Nr. 6

Die Chance der Herzintelligenz

Wie Sie durch die Förderung der Herzintelligenz die stärkste Antriebskraft für Toperfolge mobilisieren

Wenn Sie Ihre Verkäufer zu Siegern machen wollen, dann sollten Sie darauf achten, dass Ihre Verkäufer vor allem mit der „Intelligenz und der Kraft ihres Herzens" verkaufen. Denn das Herz ist die mit Abstand stärkste Kraft, wenn es um unser Potenzial, unsere Kreativität, unsere Intuitionen, unser Einfühlungsvermögen, unsere Gefühlsstärke, ja sogar, wenn es um unsere tiefsten Erkenntnisse geht. Kurzum: Wenn es um unsere Zukunft geht!

Ich möchte Sie daher einladen, an der Spitze der modernen Psychologie und Neurowissenschaften zu marschieren und alles daranzusetzen, damit Ihre Verkäufer in Zukunft viel mehr als bisher mit dem Herzen an ihren Verkaufserfolgen Anteil nehmen. Denn eine stärkere und zielstrebigere Kraft als die Intelligenz unseres Herzens gibt es nicht.

Der Kunde kauft nur, wenn er ein gutes Gefühl im Bauch hat!

Doch zuvor lassen Sie uns noch einen kurzen Blick auf die Bedeutung des Bauchverstands, also des Bauchgefühls, werfen, der in der Regel als Erster eine neue Situation bewertet und uns zum Beispiel sofort das Gefühl gibt: „Der ist mir sympathisch!"

Oder: „Der ist mir unsympathisch!" Er ist es auch, der uns zum Beispiel sofort ein Gefühl gibt, ob etwas stimmt oder nicht. So hörte ich beim Begleitbesuch eines Pharmareferenten, als er den Arzt fragte, ob er denn schon sein neues Präparat eingesetzt hätte, dessen verblüffende Antwort: **„Ich habe es noch nicht im Bauch!"** Dieses Gefühl hätte wahrscheinlich auch der Pharmareferent selbst gespürt, wenn er im Gespräch mit ihm sein Bauchgefühl befragt hätte. Dann hätte er wahrscheinlich auch gleich eine bessere Strategie eingesetzt, um diesen zweifelnden Arzt zu überzeugen.

Nur das Herz interessiert sich für unsere Zukunft!

Als Nächstes kommt dann der „Herzverstand" dran. So schnell und eindeutig uns also der Bauch ein untrügliches Gefühl gibt, so entscheidend ist jedoch für unser Leben unsere „**Herzintelligenz**". Sie ist der wahre Förderer unseres Potenzials.

Neurologen entdeckten erst kürzlich „den wahren Verstand im Herzen, der unabhängig vom Kopf agiert". Das wusste schon Dante, der Dichter der „Göttlichen Komödie" der um 1300 das Herz als das wahre Erkenntnisinstrument bezeichnete und damit sagen wollte: Erst wenn wir eine Sache wirklich mit dem Herzen verfolgen, also mit Leidenschaft und Hingabe, kommen wir auf die wahren Erkenntnisse oder auf faszinierend neue Ideen. Es ist also auch das Herz, den Verkäufern intuitiv sagt, was die Kunden gerade fühlen, wie sie die Situation einschätzen und wie sie jetzt am besten vorgehen sollten. Selbst der kritische Philosoph Arthur Schopenhauer sagte: **„Der Mensch steckt im Herzen, nicht im Kopf!"** Damit meinte er, dass wir zum Beispiel einen Kunden viel besser über unser Einfühlungsvermögen begreifen als über unseren Verstand. Und dass wir auch einen Menschen viel besser an seinen Werten erkennen, die ihm am Herzen liegen, als an seinen Worten. Und dass wir wissen, dass Menschen, die ihre Werte im Alltag bewusst leben, von ihnen geradezu angespornt werden, sie zu verwirklichen. Die erstaunlichste Botschaft der Herzforscher lautet:

> **Es ist das Herz, das uns antreibt, uns selbst zu übertreffen – und nicht der Kopf!**

Denn wenn wir bei einer Sache mit dem Herzen dabei sind, schüttet es den Botenstoff **Atriopeptid** aus, der uns mit aller Kraft antreibt, unsere Ziele zu erreichen. Daher sollen und müssen unsere Verkäufer beim Verkaufen mit dem Herzen dabei sein!

Wer mit dem Herzen verkauft, braucht viel weniger Seminare!

Daneben unterstützt uns das Herz bei der Erreichung unserer Ziele noch durch zwei andere höchst geheimnisvolle Effekte. Der erste Effekt besteht darin, dass es unseren Erfindungsgeist und unsere Initiativkraft mobilisiert und außerdem wie ein riesiges Radar ständig Ausschau nach neuen, wichtigen Informationen, Chancen und Wegen hält, die für unser Leben, unsere Entwicklung und unsere Ziele von Bedeutung sind. Ich nenne das den „**Radareffekt**" unseres Herzens. Damit ist unser Herz der beste Wegweiser für unsere Zukunft – vorausgesetzt, wir befragen es, hören auf seine Signale und verstehen seine Sprache.

Der zweite Effekt – der „**Ausstrahlungseffekt**" – funktioniert durch die ungeheuer intelligente Weise, auf die unser Herz mit dem ganzen Körper kommuniziert. Dabei durchströmt uns eine Welle, die viel schneller durch die Arterien pulsiert als der tatsächliche Blutfluss und die jede unserer Trillionen von Zellen erreicht. Was heißt das in der Praxis?

Wenn ein Verkäufer ein Ziel verfolgt, bei dem er mit dem Herzen dabei ist, dann schlägt sich sein Herzfeuer in seinem ganzen Körper und in seiner ganzen Ausstrahlung nieder. Dann hat er Feuer in den Augen, Glanz im Gesicht, eine selbstbewusste Haltung, einen federnden Schritt und eine lebhafte Gestik – kurzum einen mitreißenden Schwung. Dann schwingen Begeisterung und Zielstrebigkeit in seiner Stimme mit und dann schlägt sich seine Erregung in kreativen Einfällen, leuchtenden Zukunftsvisionen und einer bildhaften Sprache nieder. Dann braucht er kein Seminar für Körpersprache und kein Seminar für Kreativität, Verkaufsrhetorik und Selbstmotivation, um die Ausstrahlung eines Siegers zu haben. **Dann spricht und überzeugt er bewusst und unbewusst mit allem, was er hat: mit Kopf, Herz, Bauch und Körper.** Dann lebt er, was er sagt. Dann strahlt er aus, was er fühlt. Und dann zieht er auch an, was er ausstrahlt! Und das umso mehr, je stärker sein Handeln, mit seinen Werten zusammenhängt, zum Beispiel seinem Wunsch, seinen Kunden wirklich helfen zu wollen. Dann ist alles, sein Geist, sein Gefühl und sein Handeln auf ein einziges Ziel, auf seinen Herzenswunsch konzentriert. Deshalb ist es so wichtig, dass Sie mit Ihren Verkäufern besprechen, welche **Werte** sie persönlich haben, welche Werte für Ihr Team gelten, ob diese Werte identisch sind und ob sie diese Werte ganz bewusst bei ihrer täglichen Arbeit fühlen. Denn wenn ein Verkäufer z. B. den Wert „Ich will meinen Kunden zu einer optimalen Lösung verhelfen!" hat, dann wird er unbewusst sogar dazu motiviert, diesen Wert zu verwirklichen. Und das stellt eine ganz starke Motivationsquelle dar. Mit anderen Worten:

Wenn wir Ziele oder Wünsche anstreben, die mit unseren Werten übereinstimmen und bei denen wir mit dem Herzen dabei sind, dann gibt uns unser Herz alle Kraft, sie auch zu erreichen.

Durchschnittsverkäufer, die oft weder klare Werte verfolgen noch mit dem Herzen dabei sind, strahlen dagegen nur aus – und das ist ihr größter Fehler! –, dass sie den Abschluss wollen. Doch das bewirkt keine positive Anziehungskraft, sondern höchstens die innere Ablehnung des Kunden, wie wir gleich sehen werden.

Triff den gemeinsamen Berührungspunkt – und der Abschluss ist perfekt!

Unsere Herzkraft und damit unsere Ausstrahlung wie unsere Anziehungskraft wirken nur dann erfolgreich, wenn wir einen Herzenswunsch ausstrahlen, der auch beim Gegenüber, hier: unserem Kunden, auf einen Herzenswunsch stößt. Zum Beispiel, wenn der Verkäufer dem Kunden helfen will und der Kunde sich eine optimale Problemlösung wünscht. Dann ist der Augenblick gekommen, in dem sich ein **gemeinsamer emotionaler Berührungspunkt** ergibt. Dann ist man sich einig und der Abschluss ist perfekt. Doch Vorsicht! Wenn der Verkäufer vor allem vom Wunsch nach dem Abschluss beseelt ist, dann ist das in der Regel sein Herzenswunsch, aber nicht der des Kunden. Und dann gibt es auch keinen gemeinsamen Berührungspunkt, also keine gemeinsame Wellenlänge zwischen dem Verkäufer und dem Kunden. Diese Kunst, einen gemeinsamen emotionalen Berührungspunkt herzustellen, beinhaltet letztlich das Geheimnis des ganzen Verkaufserfolgs. Und genau diese Kunst beherrschen die Sieger und deshalb fühlen sich die Kunden bei ihnen so wohl und kaufen bei ihnen so gerne ein.

Wenn Sie also das volle Potenzial Ihrer Mitarbeiter wecken und sie zu Spitzenleistungen führen wollen, dann hängt alles davon ab, dass Sie es schaffen, dass Ihre Mitarbeiter Ziele verfolgen, die ihren Werten bzw. ihren Herzenswünschen entsprechen. Und dass sie auch den Herzenswunsch der Kunden erkennen und dadurch einen gemeinsamen Berührungspunkt herstellen. Die dritte Herausforderung lautet dann:

Wie können Sie Ihre Verkäufer dabei unterstützen, dieses Herzfeuer lebendig zu erhalten? Sonst erlöscht es. Sonst schlägt unbarmherzig das **Gesetz der Entropie** zu und das besagt, dass jedes System, dem nicht permanent neue Energie zugeführt wird, zugrunde geht. Das gilt für die Liebe genauso wie für die Motivation im Verkauf. Beide brauchen immer wieder Nachschub. Am besten jeden Tag. Hier sind einige Anregungen für diesen Dauereffekt:

Wie Sie die Herzkraft Ihrer Verkäufer langfristig erhalten können

- **Lassen Sie keinesfalls längere Misserfolgszeiten zu**, sondern tun Sie alles, um sie schnellstmöglich wieder auf Erfolgskurs und damit auf die Siegerspirale zu bringen.
- **Machen Sie ihnen ihre individuellen Fähigkeiten** und Leistungen in anerkennenden Aussagen immer wieder bewusst. Denn das Bewusstsein ihrer Fähigkeiten wirkt leistungssteigernd.
- **Klären Sie mit ihnen ihre Werte und Ziele** und fordern Sie sie auf, ganz bewusst zu fühlen, wie sie nach ihren Zielen und Werten leben und Erfolg haben können.
- **Machen Sie aus ihren besonderen Fähigkeiten ein Image**, indem Sie z. B. einen Verkäufer als „Mann für schwierige Fälle" bezeichnen.
- **Schaffen Sie** ein Belohnungs-, Anerkennungs-, Informations- und Ausbildungssystem, das Leistungen belohnt, aber Nachlässigkeiten indirekt „bestraft", indem Sie die Betreffenden z. B. nicht mehr an allen Aktionen beteiligen.
- **Treiben Sie von Ihren Mitarbeitern** „Schulden" in Form von Verkaufsergebnissen ein, indem Sie sie an Ihre persönlichen Leistungen für sie erinnern.

- **Fordern und erwarten Sie größere Erfolge von Ihren Verkäufern.** Zeigen Sie ihnen, dass Ihnen ihre Erfolge wirklich am Herzen liegen.
- **Sorgen Sie für alle Arten von positivem Feed-back,** auf dass sich Ihre Verkäufer in der Firma einen Namen machen.
- **Tun Sie alles, um ein positives Teamklima zu erzeugen,** und sprechen Sie Negativgefühle Einzelner sofort an, um sie mit ihnen bewußt zu klären und aufzulösen.
- **Fragen Sie Ihre Verkäufer**, ob sie im Verkauf eine Mission verfolgen – also ein Anliegen, das ihnen wirklich am Herzen liegt –, denn das bewirkt auf Dauer die stärkste Motivation.

Das Herz strahlt 40-mal mehr Energie aus als der Verstand!

Schon Francis Bacon stellte sich Ende des 16. Jahrhunderts die Frage, ob unser Geist den zufälligen Fall eines Würfels oder einer Münze beeinflussen könne. Genau diese Frage untersuchten vor kurzem die Forscher der Princeton-Universität. Sie setzten einen Studenten vor einen Computer, der in rascher Abfolge zufällig „Pluszeichen" (1.0) oder „Minuszeichen" (-1.0) anzeigte. Der Proband bekam dann die einfache Aufgabe, mit seiner Willenskraft und Konzentration den Computer so zu beeinflussen, dass er über die statistische Wahrscheinlichkeit hinaus entweder mehr Pluszeichen oder mehr Minuszeichen erscheinen ließ. Beides gelang jenseits aller realistischen Zufallserwartung. Damit war der wissenschaftliche Beweis erbracht, **dass der menschliche Geist in der Lage ist, die Arbeit einer Maschine allein durch seine mentale oder emotionale Stärke zu beeinflussen.** Allein das ist schon eine Sensation. Denn hier forschten Wissenschaftler und keine Esoteriker. Aber es kommt noch besser.

Danach erweiterten die Forscher das Experiment, indem sie die Versuchsperson und die Maschine trennten: Der Proband blieb in

Princeton, während der zu beeinflussende Computer in Tokio stand. Doch der Erfolg blieb der gleiche. Daraufhin schaltete man sogar den Computer aus und wies den Probanden an, trotzdem dem Computer seinen Willen zu übermitteln. Und wieder hatte er Erfolg, obwohl man zwischen der Beeinflussung und dem Einschalten des Computers bis zu 336 Stunden verstreichen ließ. Als man gar ein Team, also zwei Leute gleichzeitig, mit der Beeinflussung beauftragte, erreichten sie im Durchschnitt eine 3,7-mal größere Wirkung als ein Einzelner. Und Liebespaare schafften sogar eine fast sechsmal größere Wirkung. Dabei handelte es sich bei den Versuchspersonen um hunderte ganz normaler Studenten und keinesfalls um spezielle „Medien".

Gerade der letzte Versuch beweist:

> **Die Beeinflussung hängt neben der geistigen Willenskonzentration vor allem von der emotionalen Intensität ab!**

Je stärker die emotionale Ausstrahlung war, desto stärker war auch die Beeinflussung!

Können Sie sich vorstellen, was das im Verkauf bedeutet? Wenn Menschen schon tote Maschinen beeinflussen können, um wie viel stärker muss da die Beeinflussung von Menschen sein? Und um wie viel stärker muss die Beeinflussung eines Verkäufers sein, der mit dem Herzen dabei ist, der seinen Beruf liebt, der mit Begeisterung über seine Produkte spricht und dem es Freude macht, seine Kunden zu überzeugen? Was für eine unvergleichliche Ausstrahlung und Beeinflussungskraft erreicht er im Gegensatz zu seinen Kollegen, die gleichgültig, desinteressiert oder sogar feindselig ihr Programm abspulen und den Kunden oft nicht einmal in die Augen schauen?

Wenn ein Liebespaar mit seinen Emotionen schon eine tote Masse sechsmal stärker beeinflussen kann, wie sehr kann dann die Leidenschaft eines Verkäufers selbst den kritischen Verstand eines Kunden unterlaufen und direkt seine Gefühle ansprechen?

Jetzt wissen Sie auch, warum Dschingis Khan, der größte Eroberer aller Zeiten, schon vor rund 800 Jahren bei der Auswahl seiner Führungskräfte auf zwei Dinge achtete: auf **„Feuer in den Augen"** und **„Glanz im Gesicht"**. Denn sie überzeugen die Soldaten mehr als alle Worte.

Und die Suche nach solchen Mitarbeitern ist auch für Sie heute die wichtigste und schwierigste Herausforderung, wenn Sie mit Ihrem Team gewinnen wollen. Daher heißt meine Hauptbotschaft:

> **Nichts ist für den Erfolg eines Verkäufers heute so entscheidend wie die Liebe zu seinem Beruf, die Begeisterung für seine Produkte und die Leidenschaft, sie zu verkaufen.**

Wie Sie die Überzeugungskraft Ihrer Verkäufer ganz einfach verstärken können

Bei späteren Versuchen wiesen die Forscher zum ersten Mal nach, dass zwei befreundete Menschen sich gegenseitig sowohl Symbole als auch Bilder übermitteln können, und zwar über jede Entfernung und über jede Zeit hinweg. Voraussetzung ist, dass sie ein gegenseitiges Einfühlungsvermögen, also eine Art positiver **emotionaler Resonanz** zueinander haben. Denn in diesem Augenblick schwingen anscheinend beide auf derselben Wellenlänge und sind im Einklang miteinander. Genau das ist entscheidend.

Für uns im Verkauf heißt das: Ein Verkäufer und ein Kunde können ebenfalls eine positive emotionale Resonanz erreichen, wenn sie sich sympathisch finden, wenn sie sich jeweils in den anderen einfühlen und wenn sie auch die Gedanken, Hoffnungen und Wünsche des anderen widerspiegeln können. Dann schwingen sie ebenfalls auf derselben Wellenlänge und sind im Einklang miteinander. Und dann haben sie auch den gemeinsamen emotionalen Berührungspunkt gefunden. Wieder stoßen wir auf die Tatsache, dass Emotionen heute im Verkauf von überragender Bedeutung sind. Denn die Verkäufer müssen zuerst **Sympathie** ausstrahlen, dann sich in die Ansichten und Wünsche ihrer Kunden **einfühlen** und sie zuletzt in Gesicht, Haltung und Aussagen **widerspiegeln** können. Das können emotionslose Verkäufer nicht. Das können nur die Sieger. Und deshalb genießen sie einen gewaltigen Vorteil. Sie müssen ihre Kunden viel weniger überzeugen! Genau das bestätigen mehrere Untersuchungen. Vereinfacht gesagt:

> **Sympathie macht 50 Prozent des Verkaufserfolges aus. Verkäufer, die nur 30 Prozent Sympathie schaffen, brauchen daher um 20 Prozent mehr Überzeugungskraft!**

Woran Kunden Sieger instinktiv erkennen

Was folgt daraus? Wann immer Sie also nach neuen Verkäufern Ausschau halten, sollten Sie auf die folgenden drei Effekte achten, die auf eine starke Überzeugungskraft und Erfolgswahrscheinlichkeit hinweisen. Erstens: Der Verkäufer sollte von sich aus den Wunsch haben, ja, es sogar als Herzensanliegen verspüren, zu seinen Kunden ein freundschaftliches Verhältnis anzustreben. Das ist der „**Sympathieeffekt**". Zweitens: Er sollte sich in die Gedanken, also in die Wünsche, Probleme und Hoffnungen, seiner Kunden einfühlen können. Das ist der „**Einfühlungseffekt**". Und drittens: Er sollte den Wunsch haben, den Herzenswunsch des Kunden durch seine Mimik, seine Sprache und seine Gesten widerspiegeln zu können – den Kunden also in seinem Wunsch nach einer optimalen Wunsch- oder Problemlösung „bestätigen" zu können. Das ist der **„Widerspiegelungseffekt"**.

Alle drei Effekte zusammen ergeben diesen unwiderstehlichen, geheimnisvollen **emotionalen „Resonanzeffekt"**, der auf den Kunden und sein Umfeld ausstrahlt.

Er stellt eines der größten Erfolgsgeheimnisse in unserer Medien- und Erlebnisgesellschaft dar. Denn er besagt:

> **Politiker, Manager und Künstler haben Erfolg, wenn sie das, was sie innerlich berührt, öffentlich ausdrücken können.**

Genau dasselbe gilt auch für die Verkäufer. Denn was nützt es einem Verkäufer, wenn er zwar die Sympathie des Kunden sucht, aber wie ein Griesgram dreinschaut? Oder wenn er die Probleme seiner Kunden lösen will, aber sich ohne Einfühlungsvermögen ihre Sorgen oder Wünsche anhört?

Dieser öffentliche Ausdruck einer positiven Einstellung durch lebendige Gefühle ist heute ungemein wichtig. Das erkannte bereits der große Philosoph Immanuel Kant. Er sagte dazu: „Mir ist ein Kerl mit Politesse [also mit höflichen, freundlichen Manieren] lieber als ein Kerl, hinter dessen zottiger Brust ich nach seinem angeblich goldenen Herzen kratzen muss."

In der Kurzfassung heißt das: Suchen Sie nach Verkäufern, die ihre Kunden mögen, die ihre Wünsche widerspiegeln und die ihre Einstellung auch öffentlich – durch ihre Miene, ihre Sprache und ihre Gefühle – zum Ausdruck bringen! Hier gilt:

> **Nur der Verkäufer, der emotional voll aus sich herausgehen kann, kann emotional in seine Kunden eindringen!**

Warum Topverkäufer immer einen starken Eindruck hinterlassen

So bleibt jetzt nur noch die Frage: Warum tun sich viele Verkäufer so schwer, in einem größeren Meeting gleich mehrere Entscheider zu überzeugen? Und warum gelingt das den Siegern so mühelos?

Die Erklärung dafür ist sehr einfach, wenn wir uns noch drei weitere Ergebnisse der Herzforscher vor Augen führen. Sie weisen **erstens** nach, dass das menschliche Herz ein elektromagnetisches Kraftfeld erzeugt, das mindestens fünf Meter weit strahlt, wenn nicht sogar viel weiter. Sie wiesen **zweitens** nach, dass dieses Herz mit Sicherheit auch mit den elektromagnetischen Kraftfeldern anderer Menschen in Verbindung steht und dabei eine Energie ausstrahlt, die 40 bis 60-mal stärker ist als die Energie des Gehirns. Und sie wiesen **drittens** nach, dass die Ausstrahlung eines Menschen, der mit dem Herzen dabei ist, umso wirkungsvoller ist, je mehr er in Harmonie mit sich lebt, je positiver seine Einstellung und Erwartungshaltung sind, je mehr er seinen Beruf liebt, je stärker er an den Nutzen seiner Produkte glaubt und je weniger er vom üblichen Konkurrenz- und Wettbewerbsdenken sowie von so negativen Gefühlen wie Groll, Feindseligkeit und Ablehnung beherrscht wird.

Sehen wir uns daraufhin den Sieger an: Er trägt eine Botschaft vor, die aus seinem Herzen kommt, und er trägt sie mit Sicherheit, Nachdruck und Überzeugungskraft vor. Dadurch reicht sein Kraftfeld mit Sicherheit weit über die normalen fünf Meter hinaus und übertrifft mit seiner Energie wohl auch die normale 40-fache

Stärke des Gehirns. Da er darüber hinaus dauernd Erfolge hat, identifiziert er sich stärker mit seinem Beruf, hat er eine positivere Einstellung, glaubt er mehr an seine Produkte und an seinen Erfolg und wird er mit Sicherheit auch viel weniger von Konkurrenzgedanken und Gefühlen des Grolls und der Feindseligkeit gegenüber anderen geplagt.

Im Gegensatz dazu trägt der schwächere Verkäufer eine reine Sach- oder Produktbotschaft vor. Folglich reicht seine Ausstrahlung wahrscheinlich nicht einmal fünf Meter weit. Und sein Kraftfeld ist ebenfalls wesentlich schwächer, da es durch seine pessimistischen Einstellungen sowie sein scharfes Konkurrenzdenken und seine Feindseligkeit gegenüber anderen (die ihn durch Niederlagen zu oft verletzt und gedemütigt haben) ganz empfindlich gestört ist.

Im Verkaufsgespräch mit bereitwilligen Kunden mag seine Ausstrahlung bei günstigen Umständen noch reichen. Aber im Kontakt mit schwierigen Kunden versagt sie. Jeder Redner kennt diesen Effekt auf einer großen Bühne. Wer da sein Publikum und sein Thema nicht liebt und nicht emotional aus sich herausgeht, kommt bei den Zuhörern nicht an. Außerdem weist ja der Ausdruck „elektromagnetisches Kraftfeld" darauf hin, dass es vor allem „Kraftimpulse" aufnimmt. Und eine Botschaft, hinter der nicht das Herz des Sprechers steht, wird weder mit Überzeugungskraft noch mit Begeisterung noch mit Nachdruck vorgetragen. Daher macht sie auch in den elektromagnetischen Kraftfeldern der anderen zu wenig „Eindruck". Sie bewegt und erregt nichts. Sie ist zu schwach und geht so spurlos verloren.

Machen Sie daher Ihren Verkäufern diese verheerenden Minuspunkte einer negativen Einstellung und Ausstrahlung bewusst. **Achten Sie auf Überzeugungskraft, Nachdruck und Begeisterung bei ihrer Präsentation.** Und helfen Sie ihnen gerade bei den

Punkten – negative Einstellung, Konkurrenzdenken sowie Groll und Feindseligkeit –, wieder in Harmonie mit sich und der Welt zu kommen. Dabei kann Ihnen die folgende Methode helfen:

Geben Sie ihnen als erste Hilfe von Zeit zu Zeit die Gelegenheit, sich auszusprechen, damit sie ihre Sorgen und Probleme loswerden und ihren Kopf und ihr Herz wieder frei bekommen. So kann die gefürchtete Medulla weniger schnell dazwischenfunken. Empfehlen Sie ihnen darüber hinaus auch die folgende Methode:

Die vier Schritte zur inneren Harmonie

1. Sie sollen eine Minute lang all die Gedanken, Sorgen und Probleme aufschreiben, die sie gerade belasten.
2. Sie sollen dann neben jeder Sorge in einem Satz die beste Lösung oder das beste Ergebnis beschreiben.
3. Sie sollen danach aufschreiben, was sie dafür tun können.
4. Und sie sollen zuletzt den Zeitpunkt beschreiben, bis zu dem sie es tun wollen.
5. Das alles gilt für die großen Sorgen und Probleme, die weniger wichtigen sollen sie durchstreichen oder in einer „Sorgenmappe" für später abheften.

Vor allem aber: Inspirieren Sie Ihre Verkäufer immer wieder dazu, mit dem Herzen zu verkaufen, also ihren Kunden wirklich helfen zu wollen, und auf dem Weg dorthin auf die innere Stimme, also auf den Rat ihres Herzens, zu hören.

20 Tipps, wie Sie Ihre Verkäufer motivieren können, mit dem Herzen zu verkaufen und die Chancen des Wandels wahrzunehmen

Lassen Sie uns zum Abschluss noch einmal die wichtigsten Punkte zusammenfassen, mit denen Sie das Potenzial Ihrer Verkäufer entwickeln und sie zu Topverkaufsergebnissen motivieren können:

1. **Vermeiden Sie jede unnötige Konkurrenzsituation unter Ihren Verkäufern.** Denn sie bewirken Stress und lenken die Konzentration eher auf die Konkurrenten als auf die Aufgabe. Stattdessen sollten sie sich lieber darauf konzentrieren, etwas Besonderes zu leisten oder neue Wege zu entdecken.

2. **Beobachten Sie genau, ob die Werte jedes Einzelnen mit den Teamwerten übereinstimmen.** Und ob sie von allen gelebt werden, denn nur dann sind Spitzenleistungen möglich.

3. **Geben Sie das Lob von Kunden in schriftlicher Form an Ihre Verkäufer weiter.** Denn eine solche Referenz gibt ihnen auch in schwierigen Situationen die Kraft, an sich zu glauben.

4. **Finden Sie auch bei den Verkäufern Lobenswertes, bei denen es im ersten Augenblick schwer fällt.** Greifen Sie zumindest positive Teilaspekte auf. Denn Lob baut auf.

5. **Merken Sie sich wenigstens einen besonderen Beitrag Ihrer Verkäufer.** Auf diese Weise können Sie sie öfter daran erinnern und sie so immer wieder neu motivieren.

6. **Motivieren Sie Ihre Verkäufer,** sich immer wieder mit voller Begeisterung einzusetzen. Denn nichts weckt die verborgenen Qualitäten eines Menschen besser als Leidenschaft.

7. **Beseitigen Sie Engpässe bei Ihren Verkäufern so schnell wie möglich.** Denn sie stellen aktuelle Defizite dar und blockieren jede weitere Entwicklung.

8. **Fragen Sie Ihre Verkäufer nach ihren Herzenswünschen.** Denn nur wenn sie sich mit den Umsatzzielen auch ihre Herzenswünsche erfüllen können, sind sie auch mit dem Herzen dabei.

9. **Beleben Sie den Tagesablauf Ihrer Verkäufer durch etwas Positves:** eine E-Mail oder einen Anruf. Denn ein einziger positiver Moment kann die Leistung sprunghaft stimulieren.

10. **Motivieren Sie Ihre Verkäufer zu kämpfen!** Für ihre Aufträge oder für ihr Bedürfnis, etwas Ungewöhnliches zu tun, um die Welt (der Kunden) zu verbessern.

11. **Veranlassen Sie Ihre Verkäufer, in wichtigen Augenblicken Bauch, Herz und Kopf zu befragen.** Zum Beispiel: „Was sagt mein Bauch dazu? ... mein Herz? ... mein Kopf?" – Und sich erst dann zu entscheiden, wenn sie ein gutes Gefühl verspüren, statt ihre Gefühle zu ignorieren und nur kopfgesteuert zu handeln.

12. **Bewahren Sie Ihre Verkäufer vor schnellen Vorurteilen.** Denn kaum etwas verhindert neue Initiativen und Überlegungen stärker als die Vorstellung, schon alles zu wissen.

13. **Raten Sie Ihren Verkäufern,** vor jedem Verkaufsgespräch die Einzigartigkeit jeder Situation zu spüren. Und sich zu fragen: „Was denkt der Kunde? Was fühlt er? Was erhofft er sich?" Oder im Gespräch:„Ist er überzeugt oder nicht?" Und: „Was soll ich jetzt tun?" Denn diese Form des Einfühlungsvermögens ist der schnellste Weg, kreativer und lernfähiger zu werden.

14. **Veranlassen Sie Ihre Verkäufer auch einmal, einen „Sprung nach vorne" zu wagen.** Zum Beispiel doppelt so hohe Abschlusssummen wie bisher anzusprechen, statt immer nur kleine Schritte zu tun. Denn bei kleinen Schritten bleibt unser Gehirn automatisch den alten Verhaltensweisen verhaftet und fühlt sich zu keinerlei neuen Lösungen veranlasst.

15. **Spornen Sie Ihre Verkäufer an,** immer wieder neue Herausforderungen anzunehmen. Zum Beispiel eine potentere Kunden-Zielgruppe anzusprechen. Inspirieren Sie sie, die irischen Jungen nachzuahmen, die es liebten, ihre Mützen irgendwo über den Zaun zu werfen, nur um hinterherklettern zu müssen.

16. **Motivieren Sie Ihre Verkäufer dazu, mit dem Herzen zu verkaufen.** Denn das macht sie am schnellsten erfolgreich, weil nur „das, was von Herzen kommt, auch zu Herzen geht" (Samuel Coleridge).

17. **Sehen Sie es als Ihre persönliche Berufung an,** Ihren Verkäufern zu helfen, ihr volles Potenzial zu entfalten. Es ist die lohnendste Aufgabe. Denken Sie dabei an den Satz eines erfahrenen Richters: „Die meisten von uns werden begraben, ohne die Musik in ihrem Inneren je gespielt zu haben."

18. **Sagen Sie Ihren Verkäufern,** dass nach Aristoteles „die Zeit nur zum Zwecke der Veränderung existiert". Daher sollten sie sich stets fragen: „Wofür möchte ich meine Zeit verwenden? Was möchte ich verändern? Was will ich Neues oder Außergewöhnliches machen?"

19. **Machen Sie Ihren Verkäufern bewusst,** dass ihr Verdienst von dem abhängt, was sie zu geben bereit sind. Und von dem, was sie ernsthaft lernen und wonach sie mit aller Kraft streben.

20. Zeigen Sie Ihren Verkäufern, welche Folgen ihr Tun hat.
Denn um motiviert zu bleiben, müssen sie die Gesichter und Geschichten derer kennen, die von ihren Anstrengungen profitieren. Nur so erfahren sie, was ihr Beitrag für das Leben anderer bedeutet, und bemühen sich, noch besser zu werden.

Teil II

15 Power-Strategien für ein erfolgreiches Chancen-Management

Wie Sie Ihre Verkäufer zu Spitzenleistungen motivieren

Power-Strategie Nr. 1

Die Strategie des Selbstvertrauens

Wie Sie das Selbstvertrauen Ihrer Verkäufer als Kernbasis für künftige Spitzenleistungen verstärken

Wir alle wissen, dass die Verkäufer sich immer nur die Umsätze und Kunden zutrauen, die ihrem augenblicklichen Selbstvertrauen entsprechen. Denn es ist das Selbstvertrauen, das letztlich über die Sicherheit ihres Auftretens, die Größe ihrer Ziele und die Stärke ihrer Überzeugungskraft entscheidet.

Das heißt: Ein Verkäufer wird gerade jetzt – wo die Situation überall schwieriger und härter wird – den neuen Anforderungen nur dann gewachsen sein, wenn auch sein Selbstvertrauen mitgewachsen ist! Wie wichtig das ist, zeigt das nachfolgende Beispiel.

Die Tränen der Wut von Sir Edmund Hillary

Erinnern Sie sich noch? 1953 bezwang Sir Edmund Hillary mit dem Sherpa Tensing als Erster den Mount Everest, den höchsten Berg der Welt. Die ersten Versuche waren fehlgeschlagen. Bei einer Expedition hatte er sogar fünf seiner Freunde verloren. Das britische Parlament wollte nun Hillary für diese heroischen Bemühungen auszeichnen und lud ihn zu einer Ehrung in den Parlamentssaal ein. Ja, es wurde sogar ein Bild des Mount Everest neben dem Rednerpult aufgestellt.

Als Hillary eintrat, erhoben sich die Abgeordneten von ihren Sitzen und spendeten ihm stehend Beifall. Hillary traten die Tränen in die Augen. Aber nicht, wie die Abgeordneten glaubten, aus Dankbarkeit oder aus Rührung, sondern aus Wut.

Als Hillary das Rednerpult bestiegen hatte, warf er einen äußerst grimmigen Blick auf den Mount Everest und begann seine Rede mit den Worten: „Du hast mich besiegt! Aber du wirst nicht nochmals siegen! Denn du kannst nicht mehr größer werden, aber ich, ich wachse noch immer!"[26]

Dahinter steckt die alte Erfahrung: Um einen großen Berg besteigen zu können, muss man zuerst so groß wie der Berg werden!

Für unsere Verkäufer heißt das: Um die immer größeren Anforderungen im Verkauf zu bewältigen, müssen sie zuerst das Gefühl verspüren, sie auch bewältigen zu können. Dazu brauchen sie das entsprechende Selbstvertrauen, denn es ist letztlich das Selbstvertrauen, das die Kunden überzeugt. Dabei spielt der Übertragungseffekt die entscheidende Rolle.

Was überzeugt den Kunden wirklich?

Psychologische Untersuchungen haben ergeben, dass das Selbstvertrauen zu 80 Prozent nonverbal – also körpersprachlich – durch die Miene, Gestik, Körperhaltung und vor allem durch die Stimme übertragen wird.

Wenn Sie jetzt noch bedenken, dass der Mensch allein im Gesicht rund 15.000 verschiedene Ausdrucksformen hat, dann können Sie sich leicht vorstellen, dass ein Verkäufer zur Rechtfertigung seiner Preise sagen kann, was er will. Wenn er den Preis innerlich nicht für gerechtfertigt hält, wird er das früher oder später durch seine

Körpersprache oder Stimme verraten. Die Stimme ist das stresssensibelste Organ des menschlichen Körpers!

Nicht ohne Grund sagte Sokrates, der berühmteste Philosoph des Altertums, zu jedem Schüler, den er prüfen wollte: „Sprich, damit ich dich sehe!"

Das Gleiche gilt für die **Übertragung der Sympathie**: Eine Untersuchung belegt, dass beim ersten Kontakt die Sympathie zu 55 Prozent durch die Miene, zu 38 Prozent durch den Tonfall und nur zu 7 Prozent durch das Wort – also durch das, was wir sagen – übertragen wird! Eine freundliche Miene wiederum ist auch ein Zeichen der inneren Gelassenheit und des Selbstvertrauens, das sich auf den Kunden überträgt.

Drei Erfolgsmethoden, wie Sie das Selbstvertrauen Ihrer Verkäufer verstärken können

Die erste Methode haben wir bereits kennen gelernt: die gründliche Vorbereitung. Also Schwierigkeiten schon im Voraus zu durchdenken! Nietzsche sagte dazu:

> **Denken heißt voraushandeln!**

Eine zweite Möglichkeit besteht darin, seine Verkäufer stolz zu machen. Stolz auf ihre Leistungen. Stolz auf ihre Fähigkeiten. Stolz auf ihre Erfolge. Jeder erfolgreiche Verkäufer ist auf etwas stolz.

Fragen Sie zum Beispiel einen Bewerber bei der Einstellung, worauf er stolz ist, und Sie können sehr schnell sein eigentliches Selbstvertrauen feststellen. Je länger er mit der Antwort zögert und je ungenauer sie ausfällt, desto geringer ist sein Selbstvertrauen.

Denn jeder wirklich erfolgreiche Verkäufer mit einem hohen Selbstvertrauen weiß, worauf er stolz ist.

Stolz ist der Kernpunkt des Selbstvertrauens. Goethe sagte schon: „Nur Lumpen sind bescheiden!" Machen Sie also Ihre Verkäufer stolz! Ziehen Sie mit ihnen gemeinsam Bilanz, worauf sie stolz sein können!

Dazu ein Beispiel mit geradezu weltgeschichtlicher Bedeutung:

Wie Admiral Nelson aus „Verlierern" die besten Soldaten machte

Der berühmte englische Admiral Nelson, der im Jahre 1805 bei Trafalgar die französisch-spanische Flotte besiegte und damit England den Weg zur Weltherrschaft öffnete, war ein Genie der Führung.

Er motivierte seine Leute, bei denen es sich zu 70 Prozent um zwangsrekrutierte Landstreicher, vom Galgen verschonte Verbrecher oder anderes Lumpengesindel handelte, indem er sie stolz auf sich machte: stolz auf ihre Disziplin, stolz auf ihre Kampfkraft und vor allem stolz auf ihre Unbesiegbarkeit. Und diesen Stolz nützte er aus, um sie gleich zu einem noch höheren Ziel zu verpflichten – ihn und England niemals im Stich zu lassen.[27)]

Das Fazit: Stolz mobilisiert ungeheure Antriebskräfte! Jemanden stolz zu machen und zugleich zu verpflichten ist auch ein hervorragendes Mittel, um mit Starverkäufern umzugehen.

Generell gilt: **Ein Verkäufer, der weder auf sich selbst noch auf sein Angebot oder seine Firma stolz ist, kann nicht erfolgreich verkaufen!** Schon gar nicht in Zeiten härter werdender Märkte, wo mehr denn je Selbstvertrauen notwendig ist, um die zunehmenden

Ablehnungen zu überwinden. Stolz ist der Kernpunkt jedes Selbstvertrauens.

Da taucht aber oft ein neues Problem auf. Viele Verkäufer vergessen gerade in schwierigen Zeiten und bei plötzlichen Umsatzrückgängen ihre früheren Leistungen, Fähigkeiten und Erfolge.

Vorher fühlten sie sich als Weltmeister, jetzt nur noch als Hausmeister! Und prompt glauben sie, dass sich ihre Arbeit nicht mehr lohne und dass es künftig auch mit halber Kraft gehe! Erfolgreiche Verkaufsleiter tun in dieser Situation alles, um ihre Verkäufer wieder stolz zu machen.

Selbst Umsatzverluste können stolz machen

Einen guten Weg fand der Vertriebsdirektor eines großen Pharmakonzerns, mit dem ich mich vor einiger Zeit über dieses Thema unterhielt. Seine Verkäufer hatten nicht nur allgemein, sondern auch gegenüber den schärfsten Wettbewerbern Umsatzverluste hinnehmen müssen und fingen an, die Köpfe hängen zu lassen. Daraufhin ließ er durch ein unabhängiges Institut eine Untersuchung bei seinen Kunden, den Ärzten und Krankenhausapothekern, durchführen – wie sie denn die Pharmareferenten seiner Firma im Vergleich zu denen der wichtigsten Wettbewerber beurteilten.

Das Ergebnis: Die Befragten beurteilten die Kompetenz und Einsatzbereitschaft seiner Pharmareferenten sogar noch höher als die des Marktführers!

Das war Balsam auf die offenen Wunden. Und eine gute Antwort auf die Sinnfrage „Warum sollen wir uns weiterhin noch voll einsetzen?" Denn wie groß wäre wohl der Umsatzverlust gewesen, wenn sich seine Pharmareferenten nicht so bemüht hätten?

Das Fazit: Stolz und Selbstvertrauen sollten vom zahlenmäßigen Erfolg oder Misserfolg unabhängig sein. Es kommt immer auf die Relation und die persönliche Betrachtungsweise an.

Was ich damit sagen will: Seien Sie flexibel! Gerade in schwierigen Zeiten kann ein Umsatzverlust von 5 Prozent eine ausgezeichnete Leistung sein, auf die Sie und Ihre Verkäufer zu Recht stolz sein können. Genau das beweist auch das nächste Beispiel.

Der erste Triumphzug der Geschichte

Wissen Sie, wie die berühmteste Motivationsmaßnahme aller Zeiten – der Triumphzug – entstand?

Alexander der Große erfand ihn bei seinem Zug nach Persien. Aber nicht als Anerkennung für einen triumphalen Sieg, wie man meinen könnte, sondern als Aufmunterung nach der schlimmsten Niederlage, die er und sein Heer je erlitten hatten. Denn in den zehn Jahren und 185 Gefechten dieses Feldzuges starben nicht so viele Soldaten wie bei der Durchquerung der gedrosischen Wüste: 20.000 in nur sechs Wochen – beinahe das halbe Heer!

Und als sie nun alle zu Tode erschöpft und völlig mutlos am Zielort angekommen waren, da entdeckte Alexander plötzlich, dass allein schon die Tatsache, dass sie diese Wüste durchquert und überlebt hatten, eine fantastische Leistung gewesen war, die kein Feldherr jemals wiederholen oder gar übertreffen würde. Und so feierte er diesen „Sieg" mit dem ersten Triumphzug der Geschichte – einem siebentägigen Umzug in der Wüstenstadt Kernan.

Wenn heute irgendwo siegreiche Soldaten, Sportler oder Astronauten auf der Welt mit einer Siegesparade, einem Autokorso oder einer Konfettiparade gefeiert werden, dann geht diese Ehrung auf diesen ersten Triumphzug der Geschichte zurück.[28]

Das Fazit: **Hinter Misserfolgen verbirgt sich oft ein versteckter Erfolg, den man nur entdecken muss!** Und dieser „versteckte" Erfolg ist das wichtigste Sprungbrett für den nächsten großen Erfolg.

Die **dritte Möglichkeit** zur Stärkung des Selbstvertrauens besteht darin, den Verkäufern zu helfen, sich an die neue Situation des härter werdenden Wettbewerbs anzupassen.

Das heißt im Klartext, neue, also bessere Verkaufsstrategien zu entwickeln. Hier ein Beispiel, das sowohl für das Selbstvertrauen als auch für die Selbstmotivation dieser Verkäufer von großer Bedeutung war:

Nur qualifizierte Kunden lohnen die Mühe

Gerade in der heutigen Zeit ist es ja nicht so, dass Sie und Ihre Firma nicht genügend Anfragen bekommen. Im Gegenteil, Sie bekommen sogar sehr viele Anfragen. Schon aus dem Grund, weil die Einkäufer jetzt nach dem weißen Elefanten suchen – dem besten und zugleich billigsten Angebot.

Dasselbe gilt auch bei den Privatkunden. Wer sich z. B. ein Haus kaufen will, der sucht bei ständig steigenden Abgaben und rückläufigem Realeinkommen gerne ein paar Wochen länger nach dem günstigsten, sprich: billigsten, Angebot. Wenn dann eine Fertighausfirma einen Musterhauspark mit sechs Häusern hat, ist der am Wochenende mit Schaulustigen geradezu überfüllt.

Was tun die Verkäufer? Sie halten Ausschau. Und wie die Haie stürzen sie sich dann auf ihre Opfer, wenn die länger als fünf Sekunden vor einem interessanten Detail verweilen.

Daraufhin machen sie sich eine Menge Arbeit – machen Pläne, Angebote und Besuche –, bis sie nach dem fünften Besuch endlich feststellen, dass sie statt einer reifen Kirsche eine hohle Nuss aufgelesen haben.

Das kostet Kraft, das demotiviert und kostet Selbstvertrauen! Das ruft wieder die Sinnfrage hervor, ob sich denn die ganze Arbeit noch lohnt. Und warum das Ganze? Weil sie vergessen hatten, ihre Kunden vorher zu qualifizieren. Sie hatten keine klare Qualifikationsstrategie.

Wie man aus neugierigen Besuchern qualifizierte Interessenten macht

Wir entwickelten dafür vier Fragen, mit denen die Verkäufer in wenigen Minuten die Spreu vom Weizen trennen und sich dann ganz gezielt auf die qualifizierten, also die Erfolg versprechenden Kunden konzentrieren konnten.

1. Haben Sie bereits ein Grundstück?

2. Haben Sie bereits einen bestimmten Fertigstellungs- bzw. Umzugstermin im Auge?

3. Haben Sie schon mit Ihrer Bank darüber gesprochen?

4. Gefällt Ihnen dieser Haustyp mit der Holzbauweise?

Das Ergebnis: Mit dieser klaren Vorqualifikation konzentrierten sich die Verkäufer nur noch auf die erfolgversprechenden Kunden. Ihre Motivation und ihr Selbstvertrauen blieben hoch und sie steigerten ihre Abschlusschancen um ein Vielfaches. Auf diese Weise erreichten sie innerhalb der nächsten vier Monate eine Umsatzsteigerung von 30 Prozent.

Power-Strategie Nr. 2

Die Strategie der Hoffnung

Wie Sie mit dem „Prinzip Hoffnung" bei Ihren Verkäufern eine überdurchschnittliche Leistungsbereitschaft auslösen

Kernpunkt jeden Strebens nach Zielen ist die Zuversicht. Und diese Zuversicht drückt sich in der Stärke der Hoffnung aus. Sieger wissen: Es ist die Hoffnung auf neue Erfolge, auf neue Abschlüsse und auf neue Umsätze, die sie am Laufen hält. Und sie spüren es jeden Tag:

> **Die Hoffnung auf eine erfolgreiche Zukunft ist der wichtigste Motivationsfaktor!**

Für Ihre tägliche Führungspraxis bedeutet das: Sie können keinen Verkäufer motivieren, der keine Hoffnung hat. Genauso wenig wie sich ein Verkäufer selbst motivieren kann, der nicht an seine Zukunft glaubt.

Der Verkäufer braucht die Hoffnung auf den Erfolg. Er braucht die Hoffnung auf eine erfolgreiche Zukunft.

Wie wichtig sie ist und welche Bedeutung sie für den Verkaufserfolg hat, zeigt das folgende Beispiel:

Verkäufer leben von der Hoffnung

Wir machten im Direktvertrieb mit Enzyklopädien einmal folgenden Test: Dem ersten Verkaufsteam sagten wir vorher ganz genau, dass sie an 30 Türen klingeln müssten, dann kämen sie zu sieben Gesprächen, bei denen ein Abschluss herauskäme. Da sie pro Abschluss 300 Euro bekämen, würden sie also bei einem einzigen Klingeln an der Türe genau 10 Euro (300 : 30) verdienen!

Der zweiten Gruppe von Verkäufern, genauso gut ausgebildet, sagten wir nichts von diesen Erfolgsquoten und schickten sie ohne Quoten los. Jetzt können Sie raten, welche Gruppe nicht nur umsatzmäßig erfolgreicher war, sondern auch eine geringe Fluktuation aufwies.

Die erste Gruppe, die also einen ganz klaren Hoffnungsanker hatte und dadurch auch die Misserfolge viel positiver kommentieren konnte, erzielte einen um 27 Prozent höheren Umsatz und wies im ersten Jahr eine um 42 Prozent geringere Fluktuation auf. So viel kann eine begründete Hoffnung bewirken!

Acht Ideen, wie Sie die Hoffnung und Zuversicht Ihrer Verkäufer verstärken können

Acht Möglichkeiten möchte ich Ihnen dazu vorstellen:

1. **Erinnern Sie sie an ihre früheren Erfolge!** Mit der Erinnerung an die früheren Erfolge kommen auch die früheren Erfolgsgefühle wieder zurück. Machen Sie also mehr aus den Erfolgen Ihrer Verkäufer. Betreiben Sie ein echtes Erinnerungsmanagement, wie wir es bereits beschrieben haben.

2. **Bauen Sie Ihre Verkäufer mit positiven Nachrichten auf!** Achten Sie vor allem auf die negativen Meinungen, die Ihre

Verkäufer zuhauf von den Kunden zu hören bekommen. Oft genug sind es mehr als irrationale Meinungen, die alle nur den Zweck haben, den Verkäufer einzuschüchtern oder sich selbst psychisch zu entlasten. Deshalb:

Gehen Sie pessimistischen Kundenmeinungen auf den Grund!

Wenn Ihre Verkäufer plötzlich mit zu vielen pessimistischen Kundenaussagen nach Hause kommen, dann sollten Sie diese Aussagen keinesfalls kommentarlos im Raum stehen lassen. Denn in Wirklichkeit handelt es sich hier um Motivationskiller erster Ordnung. Jetzt heißt es, sich selbst ein Bild von „der Lage" zu machen. Denn oft genug sind diese Horrormeldungen nur an den Haaren herbeigezogene Falschmeldungen. Dazu ein konkretes Beispiel aus der Praxis:

Wie Schmuggler nicht nur den Zigarettenpreis, sondern auch die Motivation der Verkäufer ruinierten!

Vor kurzer Zeit sprach ich mit dem Verkaufsleiter eines großen deutschen Tabakunternehmens. Seine Verkäufer hatten in der letzten Zeit nicht nur Umsatzverluste zu beklagen, sondern kamen auch mit alarmierend schlechten Nachrichten von den Kunden zurück. „Die Kunden halten sich zurück, irgendwo wird zu Dumpingpreisen verkauft!", war zu hören. Also machte sich der Verkaufsleiter selbst auf die Socken, um den Gerüchten auf die Spur zu kommen. Als er einen seiner Großhändler in Passau besuchte, da klagte der ganz fürchterlich über die momentanen Absatzprobleme. „Warum?", wollte der Verkaufsleiter wissen. „Ja", meinte der Großhändler, „der Zigarettenschmuggel, der aus Tschechien über die Grenze im Bayerischen Wald hereinströmt, geht in die Millionen. Und die werden dann hier zu echten Dumpingpreisen verkauft."

Sein Überleben schien gefährdet. Seine Miene war ebenso trübe wie seine Absatzkurve. Der Verkaufsleiter zeigte sich bestürzt, fragte aber vorsichtshalber nach: „Und wie gehen die Geschäfte bei Ihnen?" – Daraufhin hellte sich das Gesicht des Händlers schlagartig auf und er meinte: „Also, wir können nicht klagen. Das Geschäft läuft ganz gut, eigentlich sogar sehr gut. Aber die in Marktredwitz, in der Oberpfalz, die haben echte Schwierigkeiten."

Das klare Fazit: An einem Ort gab es echte Schwierigkeiten, aber die Horrormeldungen klangen so, als ob die ganze Region von der thüringischen Grenze bis zur Donau „zigarettenmäßig" am Boden läge.

3. **Erarbeiten Sie mit ihnen entscheidende Angebotsvorteile!** Geben Sie Ihren Verkäufern das Gefühl, statt eines austauschbaren Produkts ein wirklich „einzigartiges Angebot" zu haben. Das können Sie mit jedem Produkt erreichen. Vor allem aufgrund der persönlichen Leistungen Ihrer Verkäufer, z. B. durch ihre kompetente Beratung, ihren persönlichen Service oder ihre individuelle Betreuung.

4. **Führen Sie ihnen die Erfolgsbeispiele anderer Verkäufer vor Augen!** Nachdem Roger Bannister zum ersten Mal in der Geschichte der Leichtathletik die Meile unter vier Minuten gelaufen war, schafften es im nächsten halben Jahr 30 andere Athleten, die bis dahin diese vier Minuten als absolute Schallmauer angesehen hatten. Fördern Sie daher ein oder zwei Verkäufer, die als Erste die augenblicklichen Verkaufsgrenzen sprengen, und Sie haben auch bald bei den anderen diese mentale Schallmauer überwunden.

5. **Tragen Sie ihnen positive Presseberichte oder Kundenaussagen vor!** Jede positive Nachricht motiviert. Und je mehr positive Motivationsimpulse jemand aufnimmt, desto stärker

wird mit der Zeit auch sein Antrieb, diese Impulse in Aktionen umzusetzen. Füttern Sie Ihre Verkäufer daher mit so vielen positiven Nachrichten wie möglich. Dazu gehören auch schlechte Nachrichten über die Konkurrenz!

6. **Bieten Sie ihnen Ihre persönliche Hilfe und Unterstützung an!** Helfen Sie Ihren Verkäufern, ihren persönlichen Engpass zu entdecken und zu überwinden. Suchen Sie bei jedem Einzelnen den Punkt heraus, der all seine anderen Fähigkeiten blockiert, und Sie verhelfen ihm zu einem neuen Erfolgsschub.

7. **Verhelfen Sie Ihren Verkäufern zu einem Überlegenheitsgefühl!** Jeder Verkäufer braucht das Gefühl, eine echte Erfolgschance zu haben. Und er braucht das Gefühl einer inneren Siegesgewissheit. Beide Gefühle stellen sich ein, wenn er weiß, dass er gegenüber der Konkurrenz eine echte Chance hat. Dass er sich mit seinem Angebot von ihr unterscheiden kann. Oft sind diese Unterschiede nur minimal, aber sie müssen genutzt werden. Denn heute entscheiden sowieso nur noch die „marginalen Vorteile", also die winzigen Vorteile, über die Kaufentscheidung des Kunden. Entdecken Sie mit Ihren Verkäufern diese entscheidenden marginalen Vorteile und trainieren Sie mit ihnen, wie sie diese auch rhetorisch am überzeugendsten verkaufen können.

8. **Machen Sie Ihren Verkäufern auch einen Umsatzverlust als Erfolg bewusst, wenn dahinter eine Leistung steckt!** Denn nichts ist in kritischen Zeiten für die Motivation gefährlicher, als Erfolge nur in Form von Abschlüssen oder Umsatzsteigerungen anzuerkennen. Nein! Wann immer Ihre Verkäufer ihr Bestes gegeben haben, dann waren sie erfolgreich. Dann haben sie Ihr Lob und Ihre Anerkennung verdient. Und wenn Sie diesen Einsatz nicht als Erfolg honorieren, dann wird auch ihre Einsatzbereitschaft bald zurückgehen.

Power-Strategie Nr. 3

Die Strategie des Optimismus

Wie Sie Ihren Verkäufern helfen, durch Optimismus alle Misserfolge zu überwinden

Diese Methode für eine hohe Selbstmotivation führt uns zu einer der faszinierendsten Eigenschaften erfolgreicher Spitzenverkäufer. Diese Verkäufer haben die Fähigkeit, sich nicht entmutigen zu lassen, trotz aller Misserfolge weiterzumachen und einen unerschütterlichen Optimismus zu bewahren.

Was unterscheidet die Optimisten von den Pessimisten?

Nehmen wir ein ganz einfaches Beispiel aus der Praxis: Zwei Autoverkäufer mit Namen Heinz Zaghaft und Klaus Stark stehen vor der Aufgabe, telefonisch neue Interessenten anzusprechen und Gesprächstermine auszumachen.

Das deprimierte Verhalten des Pessimisten

Doch schon beim ersten Gedanken daran trennen sich die Wege der beiden. Heinz Zaghaft geht mit Widerwillen und innerer Ablehnung an das Telefon heran. Er hasst solche Kaltanrufe. Er empfindet sie als Aufdringlichkeit, als Anbiederung, als telefonische Klinkenputzerei.

Und siehe da, er bekommt, was er erwartet: Der erste Interessent legt nach 15 Sekunden einfach auf. Der zweite erklärt ihm, er habe bereits ein Auto. Der dritte erzählt ihm die Geschichte seines Autos – bis sich nach einer halben Stunde herausstellt, dass er einen Dienstwagen fährt. Der vierte antwortet ihm, dass er jetzt weder Zeit noch Geld für ein neues Auto habe. Und der fünfte ist wegen einer Geschäftsreise gar nicht zu sprechen ...

Jetzt ist der Augenblick gekommen, wo Heinz Zaghaft finster auf das Telefon starrt, missmutig seine Papiere ordnet und ebenso deprimiert wie frustriert zu sich sagt: „Ich habe doch gleich gewusst, dass das nichts bringt!" Resigniert steht er auf, um sich eine Tasse Kaffe zu holen und bei seinen Kollegen Trost und Bestätigung zu finden. Für heute ist jedenfalls Schluss mit der Telefonakquise!

Das zuversichtliche Verhalten des Optimisten

Anders Klaus Stark. Auch er hat einen Packen Interessentenkarten vor sich liegen – für dieselbe harte und unangenehme Aufgabe. Doch Klaus Stark bringt es fertig, auch die sechste und zehnte Telefonnummer zu wählen. Und beim zwölften Anruf gelingt es ihm schließlich, einen Termin zu vereinbaren. Als Heinz Zaghaft nach drei Tagen zufällig dieselbe Nummer anruft, sagt man ihm, dass man schon in Kontakt mit einem Vertreter sei.

Das traurige Fazit: Heinz Zaghaft steht kurz vor dem Scheitern. Denn Frust und Absagen werden ihn bald dazu bringen, zu resignieren und keinen weiteren Versuch mehr zu wagen. Ohne erfolgreiche Neukundenansprache aber kann er seine Sollzahlen nicht erreichen.

Anders Klaus Stark. Er ist erfolgreich. Denn trotz aller Rückschläge macht er weiter, bleibt er beharrlich, wo sein Konkurrent aufgibt. Auch er kennt die Widerstände am Telefon, aber er benützt eine Reihe von Techniken, um sich von diesen Widerständen nicht unterkriegen zu lassen. Er bleibt am Ball und erreicht sein Ziel. Denn er ist ein echter Optimist.

Wieso macht Klaus Stark da weiter, wo Heinz Zaghaft aufhört? Warum bleibt Klaus Stark optimistisch, wo Heinz Zaghaft sich der Verzweiflung nähert? Warum steuert der eine auf den Erfolg und der andere auf den Misserfolg zu? Was unterscheidet die beiden? Ist es angeboren? Ist es erlernbar?

Die revolutionären Thesen der Optimismusforscher

Hier haben jüngste umfassende Untersuchungen amerikanischer Wissenschaftler unter der Leitung von Prof. Martin Seligman von der University of Pennsylvania ganz neue, ja geradezu revolutionäre Erkenntnisse erbracht.[29]

Bisher ging man von der Annahme aus, dass der Erfolg eines Verkäufers erstens von seiner Begabung bzw. seiner Befähigung und zweitens von seiner Motivation abhängt. Nach jahrelangen Forschungen bewies nun Prof. Seligman, dass er in entscheidendem Maße auch noch von einer dritten Größe abhängt: von seinem persönlichen Optimismus! Optimismus in dem Sinne, dass

- der Verkäufer trotz aller Rückschläge weiter an seinen Erfolg glaubt,
- er trotz aller Schwierigkeiten zuversichtlich bleibt und
- trotz aller Misserfolge unverdrossen weitermacht – statt zu resignieren und aufzugeben!

Wenn das wirklich stimmt, dann müssten sich – so die Wissenschaftler – für die Praxis **drei neue bahnbrechende Erkenntnisse** ergeben:

1. Optimistische Verkäufer müssten auf jeden Fall erfolgreicher verkaufen als pessimistische.

2. Bewerber, die besonders optimistisch sind, müssten bei der Auswahl neuer Verkäufer größere Erfolge versprechen als pessimistische.

3. Schwächere, weil pessimistische Verkäufer könnten nicht nur sehr schnell erkannt, sondern auch ebenso wirkungsvoll verbessert werden.

Außerdem: Diese Thesen müssten für alle Branchen gelten, in denen ein scharfer Wettbewerb, eine hohe Fluktuation und eine ungünstige Erfolgsrate bestehen. Wahrhaft faszinierende Aussichten!

Den konkreten Beweis dafür führten die Wissenschaftler bei der größten Versicherung der Welt, der Metropolitan Life, durch. Diese Versicherung bekommt pro Jahr 50.000 Bewerbungen, von denen 10.000 sehr sorgfältig ausgewählt werden. Aber trotz aller Sorgfalt und Ausbildung geben 50 Prozent dieser Bewerber schon im ersten Jahr und 80 Prozent innerhalb der ersten vier Jahre auf. Neben dem persönlichen Drama, das hinter solchen Zahlen steht, bedeutet eine solche Fluktuationsrate natürlich auch eine ungeheuere finanzielle Belastung für die Firma.

Doch warum geben so viele Vertreter auf? Die einfache Antwort:

Die meisten Vertreter geben auf, weil sie mit den Ablehnungen nicht leben können, vor allem wenn sie hintereinander folgen. Dadurch verlieren sie leicht den Mut. Und wenn ein Verkäufer erst einmal entmutigt ist, erträgt er jedes Nein noch schwerer als das vorhergehende. Es kostet ihn immer mehr Überwindung, den nächsten Kunden anzurufen. Also schiebt er diesen Anruf oder Besuch immer weiter hinaus.

Er vertrödelt täglich mehr Zeit und beschäftigt sich mit Dingen, die ihn vom Telefonieren oder von Kundenbesuchen abhalten. Er ist – wie die Psychologen sagen – auf der Flucht vor seinen eigentlichen Aufgaben. Dadurch wird es für ihn immer schwerer, sich zum nächsten Telefonanruf durchzuringen.

Die logische Folge: Die Erfolgsquote sinkt. Der Verkäufer kommt ins Sinnieren und überlegt, ob er den Job ganz aufgeben sollte. Und an diesem Punkt schaffen es nur ganz wenige Verkäufer, sich noch einmal aufzuraffen.

Verkaufen Optimisten wirklich besser?

Um nun ihre erste These zu beweisen – dass Optimisten deutlich besser verkaufen als Pessimisten –, nahmen sich die Wissenschaftler zuerst einmal 200 erfahrene Verkäufer vor, von denen bekannt war, dass die eine Hälfte sehr gut und die andere Hälfte relativ schlecht verkaufte.

Dann entwickelten sie einen schriftlichen Optimismus-Test, mit dem sie ziemlich genau die Ausprägung des persönlichen Optimismus feststellen konnten, und veranlassten alle 200 Verkäufer, diesen Test durchzuführen.

Dabei stellte man fest, dass Verkäufer mit guten Optimismus-Werten um 37 Prozent mehr Versicherungen abgeschlossen hatten als die Verkäufer mit pessimistischen Werten. Und dass die Superoptimisten sogar um 88 Prozent mehr Versicherungen verkauft hatten als die größten Pessimisten. Es stellte sich also ganz klar heraus:

Die Optimisten waren die eindeutig erfolgreicheren Verkäufer!

Was bedeutet das für die Praxis?

Der entscheidende Vorteil der Optimisten

Wir erkennen daraus deutlich, dass Befähigung und Motivation für den Verkaufserfolg nicht ausreichen. Verkäufer können noch so viele Produkt- und Fachkenntnisse haben und genau wissen, wie man ein Verkaufsgespräch führt. Sie können sich auch hoch motiviert fühlen, aber wenn sie nicht an ihren Erfolg glauben oder nach Misserfolgen zu schnell aufgeben, dann hilft ihnen weder ihre Fachkompetenz noch ihre Verkaufspsychologie auf Dauer weiter.

Denn – und das war eines der entscheidenden Forschungsergebnisse:

Optimisten sind nicht deshalb so erfolgreich, weil sie genau wissen, wie positiv sie zu den Kunden sprechen müssen, sondern weil sie vor allem wissen, was sie zu sich selbst sagen müssen.

Vor allem wenn sie mit Ablehnungen, Rückschlägen und Misserfolgen fertig werden müssen. Dann ist es ihr Optimismus, der sie befähigt, da weiterzumachen, wo die anderen aufgeben, da an den Erfolg zu glauben, wo die anderen resignieren, und da Misserfolge zu überwinden, wo die anderen verzweifeln.

Noch deutlicher wurde das bei der Untersuchung der zweiten These:

Sind optimistische Bewerber wirklich erfolgversprechender?

Um diese Hypothese auch wissenschaftlich zu untermauern, unterzogen Prof. Seligman und sein Team zunächst 10.000 (!) Bewerber dieser Versicherung sowohl einem ganz normalen Eignungstest als auch einem Optimismus-Test.

Von diesen 10.000 wurden dann 1.000 Bewerber eingestellt, die den Eignungstest bestanden hatten, wobei die eine Hälfte entsprechend dem Optimismus-Test Optimisten und die andere Hälfte eher Pessimisten waren.

Zusätzlich aber – und das sollte die Optimismus-Hypothese beweisen – stellte man noch eine Sondergruppe von 129 Bewerbern ein, die nicht einmal den Eignungstest bestanden hatten, aber deren Optimismus-Werte überdurchschnittlich hoch waren. Sie wussten natürlich nichts von diesem Umstand – und wären normalerweise nie eingestellt worden.

Nun zu den aufsehenerregenden Ergebnissen: Bei der Gruppe der 1.000 schlossen die Optimisten im ersten Jahr um 8 Prozent mehr Versicherungen, aber schon im zweiten Jahr um 31 Prozent mehr Versicherungen ab.

Dies bestätigte die These, dass die Optimisten mit der Zeit einen immer größeren Vorsprung vor den Pessimisten gewinnen.

Denn Optimismus ist – so die Theorie der Wissenschaftler – vor allem für die persönliche Ausdauer von entscheidender Bedeutung.

So wichtig Verkaufstalent und Motivation am Anfang sind, so entscheidend ist nach der Meinung der Wissenschaftler im Laufe der Zeit und mit der zunehmenden Zahl von Ablehnungen jedoch diese persönliche Ausdauer. Und genauso war es auch.

Noch faszinierender waren die Ergebnisse der optimistischen „Sondergruppe":

Diese an sich „ungeeigneten" Verkäufer schlossen im ersten Jahr bereits 21 Prozent und im zweiten Jahr sogar um 57

Prozent (!) mehr Versicherungen ab als der Durchschnitt der normalen Gruppe!

Damit war auch der klare Beweis erbracht worden: **Ein Optimismus-Test sagt die Erfolgsaussichten von Verkäufern wesentlich verlässlicher voraus als ein Eignungstest.**

Für Sie als Verkaufsleiter ist dieser Optimismus, sofern Ihre Verkäufer auf eine starke Neukundenakquisition angewiesen sind, der wichtigste **Vorhersagemaßstab** für Ihre zukünftigen Verkaufserfolge.

Doch da taucht ein Problem auf. Denn dieser Optimismus wird bei allen Eignungs- und Einstellungstests nicht berücksichtigt. Geprüft werden immer nur Fachkenntnisse sowie die rhetorischen und psychologischen Fähigkeiten. Was Sie aber wirklich wissen müssen, ist, ob ein Verkäufer weitermacht, wenn sich die Misserfolge häufen und es immer frustrierender wird.

Ich habe in Zusammenarbeit mit Experten einen solchen **Optimismus-Test** für Verkäufer entwickelt. Sie finden ihn in diesem Buch. Die nächste Frage, die jetzt natürlich die Wissenschaftler beschäftigte, lautete:

Kann man Optimismus lernen?

Genauer gesagt:

- Können auch Pessimisten Optimismus lernen? Und:
- Was machen die Optimisten anders als die Pessimisten?

Die Antwort bzw. die Ergebnisse der Wissenschaftler auf diese Fragen sind klar und eindeutig:

1. **Optimismus kann man lernen!** Denn das entscheidende Kriterium, das Optimisten von Pessimisten trennt, ist eben nicht die Art und Weise, wie sie zu den Kunden sprechen, sondern wie sie vor kritischen Situationen oder nach Misserfolgen vor allem zu sich selbst sprechen!
2. **Die Optimisten denken anders!** Sie sind in der Lage, gerade in herausfordernden oder kritischen Situationen ihre negativen Gedanken in positive umzuwandeln.

Entscheidend ist dabei die Qualität ihres Selbstgesprächs, also die Art ihres **inneren Dialogs** mit sich selbst. Wir alle führen ja permanent bewusst oder unbewusst Selbstgespräche. Und die Qualität dieser Selbstgespräche hat – so die Wissenschaftler – einen entscheidenden Einfluss auf unsere Gedanken, unsere Gefühle und damit auf unsere Handlungen. Denn Gedanken mobilisieren Gefühle und diese Gefühle steuern wiederum unsere Handlungen. Sind wir also in der Lage, unsere Gedanken zu verändern, verändern wir auch automatisch unsere Gefühle und damit auch unsere Handlungen. Das klingt einleuchtend. Damit sind wir beim entscheidenden Punkt:

Warum sprechen Optimisten viel positiver zu sich als Pessimisten?

Optimisten verstehen es, negative Gedanken so in positive Gedanken umzuwandeln, dass sie immer wieder eine neue Chance zum Weiterhandeln sehen.

Im Gegensatz dazu zeichnen sich Pessimisten in ihren (negativen) inneren Dialogen vor allem dadurch aus, dass sie alle Schicksalsschläge und Misserfolge als „persönlich, als dauerhaft und als global", so der Fachausdruck der Wissenschaftler, interpretieren.

- **Persönlich** heißt hier: Sie machen für jeden Misserfolg fast immer nur sich allein und nicht einen anderen oder die Umstände verantwortlich.
- **Dauerhaft** heißt: Sie glauben, einmal Misserfolg bedeute immer Misserfolg. Einmal Pech, immer Pech. Einmal Versagen, immer Versagen.
- **Global** heißt: Sie verallgemeinern jeden Misserfolg. Wenn sie beim Kunden A nicht abgeschlossen haben, dann glauben sie, überhaupt nicht verkaufen zu können. Wenn sie fünf Absagen am Telefon bekommen haben, dann glauben sie, dass alle Telefonanrufe sinnlos seien.

Diesen unterschiedlichen inneren Dialog kann man am besten in zwei verschiedenen Sätzen verdeutlichen.

Der Pessimist sagt nach einem Misserfolg bei der Telefonakquise zu sich: „Ich kann einfach nicht verkaufen!" Damit hat er alle drei Interpretationen des Pessimisten erfüllt:

1. „Ich" steht für persönlich.

2. „Ich kann einfach nicht" steht für dauerhaft und

3. „Ich kann nicht verkaufen" für global, also für verallgemeinernd.

Der Optimist reagiert in solchen Fällen ganz anders. Er interpretiert Misserfolge

1. als **unpersönlich**, das heißt: Er gibt anderen bzw. den Umständen die Schuld;

2. als **kurzfristig**, das heißt: Er sieht den Misserfolg nur als kurzfristige, als einmalige Angelegenheit an;

3. als **spezifisch**, das bedeutet: Er begrenzt den Misserfolg auf einen einzigen Punkt (z. B. auf dieses Telefonat).

Anders als der Pessimist sagt er nach einer erfolglosen telefonischen Akquise zu sich: „Dieser Kunde hatte heute schlechte Laune!" Dabei steht

1. „Der Kunde" für unpersönlich, also für eine fremde Schuld,

2. „heute" für einen kurzen, einmaligen Vorgang und

3. „die schlechte Laune" für einen spezifischen Grund.

Es sind genau diese Interpretationen ihrer Misserfolge, die bei den Pessimisten so starke Gefühle der Hoffnungslosigkeit und Hilflosigkeit auslösen, dass sie schließlich resignieren, während die Optimisten unbeeinflusst davon voller Elan weitermachen können. Wozu führen aber nun diese unterschiedlichen Auswirkungen?

Ich möchte Ihnen das anhand einer Formel zeigen, die von den Psychologen Martin Seligman und Albert Ellis entwickelt wurde – und die jeder Verkäufer relativ einfach und erfolgreich nachvollziehen kann.[30]

Die A-B-C-Formel der Pessimisten

A steht für den Anlass (z. B. die Telefonakquise).
Heinz Zaghaft (Pessimist): „Ich sollte jetzt mit den Telefonanrufen beginnen."

B steht für die Bewertungen (die oft irrational oder rein emotional sind).

Heinz Zaghaft: „Ich hasse diese Anrufe. Sie sind eine Zumutung. Ich vergeude nur meine Zeit damit. Ich sollte sie gar nicht erst machen!"

C steht für die Konsequenzen (engl.: „consequences"), die sich sowohl hinsichtlich der Gefühle als auch der beabsichtigten Handlungen aus den Bewertungen ergeben.

Heinz Zaghaft: „Ich fühle mich gestresst und ohne Schwung. Es fällt mir schwer, überhaupt den Hörer abzunehmen. Am liebsten würde ich erst gar nicht damit anfangen."

An dieser Stelle scheidet sich nun die Spreu vom Weizen, trennen sich die Pessimisten von den Optimisten. Denn es ist nicht so, dass die Optimisten nie negative Gedanken haben. Natürlich fühlen auch sie sich nach einer Serie von Misserfolgen leicht deprimiert. Aber im Unterschied zu den Pessimisten tun sie jetzt etwas Entscheidendes: Sie bleiben nicht passiv, sondern attackieren ganz bewusst ihren negativen inneren Dialog. Sie greifen ihn an, sie biegen ihn um und sie suchen so lange nach positiven oder hoffnungsvollen Aspekten, bis sie wieder einen neuen Antrieb, einen neuen Energieschub verspüren. Wie machen sie das?

Die entscheidende Zusatzformel der Optimisten

Die Optimisten ergänzen also die Formel um die Buchstaben D und E.

D steht für Diskussion (also für die Auseinandersetzung mit den negativen Bewertungen und der bewussten Suche nach positiven Aspekten).

Klaus Stark (Optimist): „Ich verliere jedes Jahr 10 Prozent meiner Kunden. Wenn ich meinen Umsatz und meine Provision erhalten will, brauche ich neue Kunden. Und mit dem Telefon kann ich am schnellsten und am kostengünstigsten neue Termine ausmachen. Außerdem weiß ich aufgrund meiner Quote, dass ich nach 20 Anrufen einen qualifizierten Gesprächstermin habe. Darüber hinaus: Was hat es jetzt noch für einen Sinn, weiterzugrübeln? Auf diese Weise komme ich nie zu meinen Abschlüssen!"

E steht für Energieschub (also für die neue Motivation und damit für ein neues, energisches Handeln).

Klaus Stark: „Ich habe ein gutes Angebot und freue mich darauf, es meinen Kunden vorstellen zu können. Ich weiß, dass ich verkaufen kann, ich brauche mich nur an meine bisherigen Erfolge zu erinnern. Ich weiß auch, dass ich nach 20 Anrufen einen guten Termin bekomme. Also jetzt nichts wie ran – und zehn weitere Anrufe!"

Der negative innere Dialog aber hat für einen Pessimisten noch eine weitere geradezu fatale Folge:

Die katastrophale Konditionierung der Pessimisten

Nach den oben geschilderten fünf Misserfolgen ist unser Pessimist so deprimiert, dass er unbedingt eine Kaffeepause einschieben muss. Und damit es besonders gemütlich wird, steckt er sich auch noch eine Zigarette an. Was hat er damit getan? – Er hat sich unbewusst für seine Misserfolge mit einer angenehmen Kaffee- und Zigarettenpause belohnt. **Ja, er hat sich sogar auf künftige Misserfolge konditioniert.** Denn nun weiß sein Unterbewusstsein, dass es nach fünf Misserfolgen immer eine schöne Pause gibt – und wird künftig alles daransetzen, diese Pause so schnell wie möglich zu erreichen. Fertig ist die Falle!

Auch der Optimist macht eine Pause. Aber erst nach zehn Anrufen bzw. nach einer Stunde. Und damit konditioniert er sein Unterbewusstsein, nach fünf Misserfolgen auf jeden Fall weiterzumachen und keinesfalls vor zehn Anrufen bzw. vor einer Stunde aufzuhören – sonst gibt es keine Pause!

So konditioniert sich der Pessimist unbewusst in Richtung Aufgabe und der Optimist in Richtung Erfolg. Schon aus diesem Grund rate ich jedem Verkäufer, bei der Telefonakquise eine Stunde lang den Hörer nicht aus der Hand zu legen. So vermeidet er am besten diese unerwünschte negative Pausenkonditionierung.

Dass man andererseits Optimismus „lernen" kann, zeigt das folgende Beispiel:

Wie man selbst pessimistische Verkäufer zum Telefonieren bringt

Das Interessante an diesem Beispiel ist die Tatsache, dass Sie als Verkaufsleiter eine negative Interpretation sehr wohl durch ein entschiedenes Eintreten für die Punkte D und E erfolgreich umbiegen können. Worum ging es?

1. **Der Anlass:** Gegen Ende des Sommers sollten die Verkäufer eines Bekleidungsherstellers die Restposten, die noch auf Lager waren, per Telefon direkt an ihre Kunden (die Inhaber von Fachgeschäften) verkaufen.

2. **Die Bewertung:** Die Verkäufer bewerteten die Erfolgschancen als äußerst gering, da die Händler aufgrund des schlechten Sommers ihre Regale und Läger noch voll hatten.

3. **Die Konsequenzen:** Sie hielten nichts von der Aktion, zeigten deutlich ihren Unmut und lehnten die ganze Aktion ab. Bei einer offenen Aussprache wurde die Situation erneut geprüft. Dabei veranlasste ich die Verkäufer, sich doch einmal in die

Lage ihrer Kunden zu versetzen und die ganze Sache mit deren Augen zu betrachten. Denn wir wissen schon lange: **Große Pessimisten sind sehr oft auch starke Egoisten!**

Und sie sehen oft deshalb keine positiven Aspekte, weil sie nur an sich und ihre Vorteile denken. Was kam bei der Diskussion heraus?

4. **Die Diskussion:** Plötzlich wurde ihnen klar, dass es auch ihren Kunden gut tun würde, wenn sich nach dem (angeblich) schlechten Sommer ihre Vertreter um sie kümmern würden ..., wenn sie ihnen vielleicht noch ein paar Tipps für gezielte Abverkaufsaktionen (Werbung etc.) geben würden ..., wenn sie ihnen von den Methoden erfolgreicher Händlerkollegen berichten würden ...

5. **Der Energieschub:** Die Außendienstmitarbeiter sahen sich plötzlich nicht mehr nur als Verkäufer, die dem Kunden etwas aufs Auge zu drücken hatten, sondern als Berater, als Experten, als Ratgeber, als Motivatoren – alles mit dem Ziel, die Bindung zu ihren Kunden zu verstärken. Jetzt hatten sie auch Erfolg. Nicht so sehr wegen der Punkte D und E, sondern weil sie jetzt das ausstrahlten, was alle erfolgreichen, optimistischen Verkäufer ausstrahlen: Sie strahlten Interesse, Anteilnahme und die Bereitschaft zu einer echten Partnerschaft aus und sie zogen dadurch die Akzeptanz und das Vertrauen ihrer Kunden an!

Fassen wir hier die wichtigsten Ergebnisse zusammen:

Zehn Praxis-Methoden, wie Sie Ihre Verkäufer optimistischer machen können

1. **Fragen Sie den Verkäufer vor schwierigen Situationen und vor allem nach Misserfolgen, was er jetzt denkt.** Fragen Sie ihn auch, welche Gefühle er jetzt empfindet und was er jetzt vorhat. Aus der Qualität seiner Gedanken und der Stärke seiner Gefühle sowie aus seinem Antrieb zum Handeln können Sie sehr gut die Stärke seines Optimismus erkennen und damit seine weiteren Erfolgschancen abschätzen.

2. **Achten Sie genau darauf, wie er Misserfolge interpretiert.** Interpretiert er sie als Optimist oder als Pessimist? Sieht er sie als persönliche oder fremde Schuld, als langfristige oder kurzfristige Angelegenheit, als spezifisches oder ganz allgemeines Problem an?

3. **Machen Sie ihm diese Interpretationen bewusst.** Machen Sie ihm ebenso die verheerenden Folgen seiner negativen Interpretationen bewusst, z. B., dass er damit automatisch auch seine Selbstmotivation und seine ganze Antriebskraft untergräbt.

4. **Machen Sie ihm diese Vorgänge so lange bewusst, bis er sie selbst nachvollziehen kann.** Denn ohne dieses Bewusstsein wird er es nicht schaffen, aus dieser negativen Gedankenspirale auszubrechen und wieder auf positive Gedanken zu kommen. Schon gar nicht, wenn er wieder allein ist.

5. **Raten Sie ihm, die ersten negativen Gedanken sofort zu stoppen.** Das kann er entweder durch ein lautes „Stopp" erreichen oder indem er sofort seine negativen Gedanken attackiert. Zum Beispiel, indem er sie auf ihre Berechtigung hin überprüft und sie dann in positive Bewertungen umwandelt.

6. **Empfehlen Sie ihm, seine Negativbewertungen mit folgenden vier Fragen anzugreifen:**

    - Welche Beweise gibt es überhaupt dafür, dass ich allein an dem Misserfolg schuld bin?
    - Gibt es nicht auch noch andere Gründe für diesen Misserfolg?
    - Welches sind denn nun wirklich die schlimmsten Folgen dieses Misserfolgs? Bricht deswegen die Welt zusammen?
    - Was hat es überhaupt für einen Nutzen, jetzt über dieses Problem, diesen Misserfolg weiter nachzudenken? Was bringt mir das?

7. **Sagen Sie ihm, dass er gegenüber negativen Gedanken nach Misserfolgen auf keinen Fall passiv bleiben darf.** Dass er solchen negativen Gedanken ganz bewusst und entschieden Widerstand leisten muss. Dass er sie aktiv attackieren muss.

8. **Machen Sie ihm klar, dass er sofort reagieren muss.** Dass er nur durch eine sofortige Auseinandersetzung mit seinen Negativgedanken eine Chance hat, seine gewohnheitsmäßigen Unlustgefühle und Abwehrreaktionen zu überwinden.

9. **Motivieren Sie ihn zu einem persönlichen Energieschub!** Sagen Sie ihm, dass er durch ein positives Selbstgespräch und die Verwendung positiver Sätze wie „Jetzt erst recht!" oder „Ich freue mich darauf!" oder „Ich sehe diese Aufgabe als echte Herausforderung an!" positive Gefühle der Angriffslust und damit einen echten Energieschub auslösen kann.

10. **Unterstützen Sie ihn, seine Situation bewusst zu sehen.** Er soll sowohl seine Tätigkeit als auch seine Gedanken und Gefühle dabei bewusst erleben und beeinflussen. Denn das Bewusstsein ist die Voraussetzung jeder Entwicklung. Ohne Bewusstsein gibt es keine Lernfähigkeit.

Ist die optimistische Sichtweise wirklich so schwer? Oder gilt nicht vielmehr:

Man sieht immer nur das, was man sehen will!

Um die praktische Anwendung dieses Satzes zu erleben, möchte ich Ihnen gerne eine kleine Übung vorschlagen, die Sie mit Ihren Verkäufern am besten in einem neuen Seminar- oder Meetingraum durchführen können. Während Sie vor ihnen sitzen, sagen Sie plötzlich zu ihnen: „Drehen Sie sich jetzt einmal um und beobachten Sie genau, was Sie an der gegenüberliegenden Wandseite an Grünem sehen ... Zehn Sekunden genügen ... Fertig? ... Und jetzt drehen Sie sich bitte wieder zu mir zurück und sagen mir, was Sie an Schwarzem gesehen haben."

Ihre Verkäufer werden sich schwer tun, denn wir sehen immer nur das, was wir auch sehen wollen. Und was für Grün oder Schwarz gilt, das gilt auch für optimistische oder pessimistische Gründe.

Der optimistische Verkäufer wird also trotz aller Misserfolge noch seine Erfolgschancen sehen, weil er sie sehen will. Und der pessimistische Verkäufer wird nur die Schatten künftiger Misserfolge sehen, weil er nur danach Ausschau hält.

Kommen wir jetzt zu einem grundlegenden Problem:

„Geborene" Pessimisten sind unmotivierbar

Wenn ein Verkäufer sehr pessimistisch, also ein „geborener Pessimist" ist, dann wird er früher oder später resignieren und aufgeben. Das ist gerade für Sie als Verkaufsleiter deprimierend. Denn einen solchen Pessimisten können Sie mit den normalen Führungs- und Motivationsmethoden nicht ändern – und er wird sich auch nicht ändern.

Er ist unmotivierbar! Das heißt, ein „geborener" Pessimist kann in vielen Berufen erfolgreich sein, aber mit Sicherheit nicht im Verkauf mit seiner weit überdurchschnittlichen Zahl von Misserfolgen und Niederlagen.

Aber ein starker Pessimist ist nicht nur ein bedauernswertes Individuum, er stellt auch für das ganze Team eine echte Gefahr dar. Er wirkt wie der sprichwörtliche faule Apfel, der die anderen ansteckt. Auch dazu ein Beispiel:

Warum einem erfolgreichen Pessimisten gekündigt werden musste

Wie absurd das sein kann, erzählte mir der Verkaufsleiter einer Vertriebsgruppe mit Enzyklopädien. Er musste sogar einen Verkäufer entlassen, der beinahe regelmäßig 5.000 Euro pro Monat verdiente. Kein schlechter Betrag – aber der Mann war am Ersten des Monats jeweils so pessimistisch, ob ihm das auch im nächsten Monat gelingen würde, dass er damit die ganze Truppe ansteckte.

Der einfache Grund: Ein unverbesserlicher Pessimist ist selbst dann nicht bereit, an sein Können und an seine Zukunft zu glauben, wenn er bereits erfolgreich war. Denn seine Erfolge hält er für Zufall oder für das Ergebnis günstiger Umstände, wie z. B. die gute Konjunktur, das gute Gebiet oder die guten Adressen.

Aber – und das ist sein entscheidendes Problem – er bringt seine Erfolge nicht mit sich und seinem Können in Verbindung.

Hüten Sie sich also davor, eingefleischte Pessimisten einzustellen. Sie sind weder veränderbar noch motivierbar. Man kann sie allerdings durch den **Optimismus-Test** sehr schnell erkennen.

Wir haben es bereits erwähnt: Der Optimismus des Verkäufers darf nicht naiv, er muss begründet sein. Die wichtigste Voraussetzung für einen dauerhaften Optimismus im Verkauf ist deshalb das Wissen, dass man dem Kunden einen echten Nutzen bieten kann. Denn:

> **Nur wer von etwas überzeugt ist, will auch andere davon überzeugen!**

In dem Augenblick aber, in dem ein Verkäufer nicht diese innere Einstellung hat – und meistens betrifft das die schwächeren, die pessimistischen –, bekommt er sofort Schwierigkeiten.

Die drei größten Probleme der Pessimisten

Problem Nr. 1: Das Bittstellerproblem

Ein Verkäufer, der sich nicht kompetent fühlt, fühlt sich in Wirklichkeit als Bittsteller. Mit der Folge: Zuerst denkt er wie ein Bittsteller, dann spricht er wie ein Bittsteller und zuletzt benimmt er sich wie ein Bittsteller. Wir brauchen aber als Verkäufer keine Bittsteller, sondern Problemlöser!

Der Verkäufer muss aus dieser Bittstellerhaltung heraus. Er ist doch jemand! Er bringt doch dem Kunden einen Nutzen. Ganz abgesehen davon, dass Bittsteller niemals gute Preise durchsetzen können, wie das nächste Problem zeigt.

Problem Nr. 2: Das Preisproblem

Das heißt: Der Kunde erwartet sich für seinen Zeit- und Kostenaufwand von jedem Besuch eines Verkäufers einen Nutzen. Wenn der

Verkäufer ihm jedoch keinen Fachnutzen liefert, dann wird es teuer. Denn:

> **Kunden wollen sofort einen Nutzen sehen!**

Bei dem Begleitbesuch eines Verkäufers von Heizungsanlagen machte ich genau diese Erfahrung. Als der Kunde – der Architekt eines Krankenhauses – „meinem" Verkäufer eine präzise Fachfrage stellte und er sie nicht sofort zufrieden stellend beantworten konnte, ließ der Architekt schlagartig das Fachgespräch fallen und konzentrierte sich sofort auf das Preisgespräch. Der Grund dafür ist einleuchtend. Der Kunde sagt sich: „Meine Zeit ist kostbar! Entweder bringst du, lieber Verkäufer, mir einen fachlichen Nutzen oder ich hole mir von dir einen preislichen Nutzen!"

Ich glaube, dass wohl ein Drittel aller Preisgespräche durch die fehlende Kompetenz des Verkäufers provoziert wird, für die der Kunde eine Kompensation in Form von Preisnachlässen will!

Problem Nr. 3: Das Anerkennungsproblem

Was heißt das? Der Kunde entscheidet nach wissenschaftlichen Untersuchungen innerhalb der ersten drei, vier Gespräche, wie er einen Verkäufer künftig behandelt. Also,

- ob er ihn respektiert und ernst nimmt,
- ob er auf seine Empfehlungen eingeht,
- ob er seine Preise akzeptiert,
- ob er ihn sofort empfängt und
- ob er bei dem Gespräch dableibt (oder es mehrmals unterbricht).[31]

Wovon hängt nun diese Entscheidung ab? Des Rätsels einfache Lösung:

> **Der Kunde nimmt den Verkäufer dann ernst und respektiert ihn, wenn der Verkäufer ihm bei den ersten drei oder vier Besuchen seine Kompetenz und seine Zuverlässigkeit und damit seinen Nutzen bewiesen hat!**

Das ist das ebenso einfache wie wahre Geheimnis aller Topverkäufer. Sie bieten Nutzen und sind zuverlässig. Deshalb kann auf Dauer nichts die Motivation eines Verkäufers mehr stärken als dieses innere Gefühl, kompetent zu sein und dem Kunden zuverlässig einen echten Nutzen bieten zu können!

Einen ausführlichen **Optimismus-Test** finden Sie im Anhang ab Seite 347.

Power-Strategie Nr. 4

Die Strategie der Selbstverbesserung

Wie Sie erreichen, dass Ihre Verkäufer aus eigenem Antrieb immer erfolgreicher und besser werden wollen

Das Konzept der Zukunft heißt Selbstverbesserung

Das ist eine der wichtigsten Erkenntnisse der modernen Führung.

Wenn der Verkäufer allein „an der Front" ist – und das ist er die meiste Zeit –, dann muss er selbst seine Fehler erkennen, selbst mit seinen Misserfolgen zurechtkommen und selbst seine Verhaltensweisen verändern können. Nur so kann er sich kontinuierlich verbessern.

Die einfachste Möglichkeit zur Verstärkung der Selbstverbesserung ist das Feed-back-Gespräch. Denn der erste Erfolgsgrundsatz bei einem Feed-back-Gespräch lautet: **Der Verkäufer muss selbst auf seine Fehler kommen und er muss selbst alternative Verhaltensweisen vorschlagen!**

Sie kennen ja den Satz: Jeder Ratschlag ist auch ein Schlag. Deshalb ist die eigene Einsicht leichter zu verkraften als eine fremde!

Der zweite Erfolgsgrundsatz lautet: **Nur der Verkäufer, der selbst auf seine Fehler kommt, ist auch fähig, aus seinen Fehlern zu lernen!**

Das Feed-back-Gespräch dient deshalb weder der Kontrolle noch der Manipulation. Es sollte vor allem der Orientierung und Motivation des Mitarbeiters dienen.

Dazu ein Beispiel aus der Praxis: Nehmen wir an, Sie wären Verkaufsleiter in der Lebensmittelbranche und würden gerade einen Ihrer Verkäufer auf seiner Tour begleiten. Dabei stellen Sie fest, dass Ihr Verkäufer sich von der üblichen Abwehrhaltung der Filialleiter („Ich habe für Ihr Angebot nicht mehr Platz!", „Ich habe im Augenblick schon zu viele Neuheiten!" usw.) zu stark beeindrucken lässt und dass er es nicht versteht, mit dem Filialleiter in ein echtes Gespräch zu kommen. Jetzt wäre der richtige Zeitpunkt für ein Feed-back-Gespräch gekommen – um sein Bewusstsein zu schärfen.

Wie könnten Sie vorgehen?

Die fünf Schritte eines Feed-back-Gesprächs

Schritt Nr. 1: Beginnen Sie mit einem Lob, das sich auf einen speziellen Punkt seiner Arbeit bezieht.
„Ich finde es sehr gut, dass Sie den Kunden auf mehr Platz im Regal für unsere Produkte angesprochen haben ..."

Schritt Nr. 2: Fragen Sie den Mitarbeiter nach seiner Meinung über seine Arbeit.
So kann er seine Gefühle ausdrücken und Dampf ablassen.
„Was haben Sie selbst für ein Gefühl, wenn Sie an dieses Gespräch zurückdenken? Was halten Sie von der Reaktion des Filialleiters?"

Schritt Nr. 3: Fragen Sie jetzt den Mitarbeiter: „Was ist Ihnen in diesem Gespräch am besten gelungen?"
Lassen Sie den Mitarbeiter drei positive Aspekte nennen. Ignorieren Sie andererseits seine negativen Kommentare. Dadurch bringen Sie den Mitarbeiter dazu, dass er nicht nur seine erfolgreichen Verhaltensweisen erkennt, sondern auch über sich selbst und seine Arbeit positiv denkt. Dadurch kommt er auch in einen positiven Gefühlszustand.

Schritt Nr. 4: Fragen Sie den Mitarbeiter: „Was würden Sie beim nächsten Mal anders machen?"
„Wenn Sie noch einmal diesen Filialleiter auf mehr Platz im Regal für unsere Produkte ansprechen würden, was würden Sie jetzt anders machen?" Das ist die entscheidende Frage zur Schärfung seines Bewusstseins und zur Veränderung seines Verhaltens.

Versuchen Sie mehrere neue Ideen und Vorschläge herauszuholen, indem Sie mehrmals geduldig und ohne jeden Druck nachfragen: „Würden Sie sonst noch etwas anders machen? ... Würden Sie an Ihren Argumenten ... oder an Ihrer Vorgehensweise etwas ändern?"

Diese Fragen dienen dazu, dass sich der Mitarbeiter seiner korrekturbedürftigen Vorgehensweisen bewusst wird. Alles hängt jetzt davon ab, dass der Mitarbeiter sich nicht in eine Rechtfertigungs- oder Verteidigungsposition gedrängt fühlt und sich damit jeder eigenen Einsicht verschließt. Deshalb sollten Sie sich als Verkaufsleiter hier mit eigenen Vorschlägen und Ideen (vorerst) unbedingt zurückhalten.

Der Mitarbeiter muss selbst darauf kommen, denn er muss in der Lage sein, selbst aus seinen Fehlern zu lernen.

Wenn er nicht auf den kritischen Punkt zu sprechen kommt, dann fragen Sie nach mehrmaligen Versuchen: „Warum, glauben Sie, haben die bisher besuchten Filialleiter alle ein zusätzliches Regalangebot abgelehnt? Gibt es einen einheitlichen Grund dafür oder hatte jeder einen anderen Grund?"

Entscheidend ist hier, dass der Verkäufer sein Bewusstsein für seine Erfolgs- und Misserfolgsursachen schärft. Er selbst muss sie erkennen! Es nützt nichts, wenn Sie ihm die Antworten vorgeben: Er wird sie nicht akzeptieren, solange er sie nicht selbst erkennt!

Schritt Nr. 5: Fassen Sie das Gespräch zusammen, indem Sie die drei bisherigen positiven Aspekte wiederholen und den Mitarbeiter bei seinen neuen Verbesserungsvorschlägen bestätigen. Feed-back geben bedeutet, dem Verkäufer zu helfen, selbst den richtigen Weg zu erkennen.

Was machen Sie, wenn der Verkäufer seine Fehler nicht erkennt?

Wenn Sie dieses fehlende Bewusstsein mehrmals feststellen und Sie aufgrund seiner Schulungen wissen, dass er diese Fehler erkennen müsste, dann fehlt diesem Verkäufer eine der wichtigsten Erfolgsvoraussetzungen: das Selbstbewusstsein, also das Bewusstsein seiner eigenen Stärken und Schwächen und damit auch die Voraussetzung für notwendige Entwicklungsschritte. Konkret: Ihm fehlt die Lern- und Verbesserungsfähigkeit, also eine der fundamentalen Eigenschaften jeder Verkäuferkarriere.

In diesem Fall empfehle ich Ihnen zwei Maßnahmen:

1. **Vereinbaren Sie mit ihm, dass er einen erfolgreichen Verkäufer auf seiner Tour begleitet.** Geben Sie ihm dafür nur eine einzige Aufgabe mit: Er soll nicht erkunden, warum dieser Topverkäufer so erfolgreich ist (das wäre ein versteckter Vorwurf), sondern er soll Ihnen danach nur berichten, was dieser Verkäufer anders macht als er selbst und seine Kollegen.

Durch die Begleitung und Beobachtung soll sein Bewusstsein für andere Handlungsalternativen geweckt werden.

2. **Führen sie eine gemeinsame Leistungsbeurteilung durch.** Dafür gibt es eine sehr einfache Form. Sie nehmen ein Blatt Papier, schreiben auf der linken Seite zirka 15 wichtige Erfolgskriterien senkrecht untereinander auf, z. B. Kontaktfähigkeit, Bedarfsanalyse, Präsentation, Argumentation ... bis hin zur Selbstorganisation und Selbstmotivation. Dann geben Sie dem Verkäufer eine Kopie dieses Blattes und bitten ihn, hinter jedes Kriterium seine eigene Beurteilung zu schreiben. Und zwar in Prozenten, wobei 100 Prozent als bestmögliche Burteilung und 0 Prozent als schlechteste Beurteilung anzusehen sind.

Gleichzeitig führen Sie auf einer Kopie dieses Blattes selbst eine Beurteilung dieses Verkäufers durch, ebenfalls in Prozentwerten. Danach vergleichen Sie gemeinsam mit dem Verkäufer die beiden Beurteilungen. Entscheidend ist dann das gemeinsame Gespräch, bei dem es auf folgende Punkte ankommt:

Die sieben entscheidenden Punkte bei einem Beurteilungsgespräch

1. **Versuchen Sie herauszubekommen, warum der Verkäufer sich selbst so beurteilt hat.** Also von welchen Überlegungen, Werten, Erfahrungen und Einstellungen er dabei ausgegangen ist.

2. **Erklären sie ihm, warum Sie ihn genau so oder anders beurteilt haben.** Versuchen Sie, ihm dabei die falschen oder fehlenden Verhaltensweisen bewusst zu machen. Sprechen Sie

auch und vor allem über Ihre unterschiedlichen Werte und Einstellungen.

3. **Setzen Sie in einer dritten Spalte die endgültige Beurteilung fest.** Machen Sie das anhand Ihrer Leistungskriterien und der Überlegungen des Verkäufers.

4. **Sagen Sie ihm dabei klar, was Sie von ihm verlangen.** Machen Sie ihm deutlich, wie Sie sich z. B. eine gute Bedarfsanalyse vorstellen.

5. **Legen Sie auch gemeinsam die notwendigen Maßnahmen zur Leistungsverbesserung fest.** Schreiben Sie in die vierte Spalte, welche konkreten Maßnahmen (z. B. Begleitbesuche, Seminare) vorgesehen sind, und in die fünfte Spalte, bis wann sie erfolgen sollen, um das erwünschte Verhalten zu erreichen.

6. **Vereinbaren Sie mit ihm, in ein, zwei oder drei Monaten diese Beurteilung zu wiederholen.** Machen Sie ihn darauf aufmerksam, dass diese Beurteilung auch für seine Karriere oder die nächste Gehaltsfestsetzung von Bedeutung ist.

7. **Verlangen Sie von dem Verkäufer Eigeninitiative.** Zum Beispiel, indem Sie ihn auffordern, bei dem nächsten Meeting über seine Verkaufsergebnisse zu sprechen und dabei möglichst genau seine Vorgehensweise zu beschreiben. Falls der Verkäufer Schwierigkeiten mit dem freien Vortrag hat, lassen Sie ihn vom Platz aus referieren oder fragen Sie ihn gezielt.

Auf der folgenden Seite finden Sie ein Muster für dieses Beurteilungsgespräch, dessen einzelne Kriterien Sie aber entsprechend Ihrer Branche selbst festlegen sollten.

Checkliste: Leistungsbeurteilung

Kriterien \ Mitarbeiter	Verkäufer Klaus Stark	Verkaufs- leiter Schmidt	Maß- nahmen	Termin
Kontaktfähigkeit				
Sympathiegewinnung				
Aufmerksamkeitsgewinnung				
Auftreten/Erscheinung				
Bedarfsanalyse				
Werte-Ermittlung				
Emotionale Ansprache				
Nutzenargumentation				
Präsentation				
Referenzbeispiele				
Einwandbehandlung				
Lernfähigkeit				
Selbstorganisation				
Selbstmotivation				
Selbstdisziplin				
Selbstkontrolle				
Selbstvertrauen				
Team-Zusammenarbeit				
Fachkompetenz				
Problemlösungsfähigkeit				

Power-Strategie Nr. 5

Die Strategie des Change-Managements

Wie Sie durch Kreativität und Initiativkraft positive Veränderungsprozesse einleiten

Sehen wir uns jetzt einige ganz spezielle Leistungs- und Erfolgsprobleme von Verkäufern an, die sie daran hindern, ihr vorhandenes Potenzial voll zur Entfaltung zu bringen.

Vier geheime Engpässe, die alles blockieren

1. Da weiß ein Verkäufer alles über sein Produkt, aber er kann kein Vertrauen zum Kunden herstellen. Das Ergebnis: Der Kunde lehnt ihn ab.

2. Da kann ein anderer Verkäufer alle Einwände des Kunden hervorragend beantworten, aber er hat einfach nicht den Mut, zielstrebig nach dem Auftrag zu fragen. Das Ergebnis: Der Kunde zögert den Abschluss hinaus.

3. Da ist eine Anlageberaterin wirklich kompetent und hat auch eine bestimmte Anzahl von Interessenten. Aber sie kommt und kommt nicht zu einem Abschluss. Denn es gibt da eine ganz bestimmte Blockade, die sie selbst gar nicht wahrnimmt – ihre fehlende Entschlossenheit. Sie versucht es nur, aber sie will es nicht mit absoluter Entschlossenheit. Das Ergebnis: Sie gibt

sich mit den Vertröstungen des Kunden zufrieden und macht statt Fortschritten nur Fortsetzungen.

4. Da stagniert bei einem durchschnittlichen Verkäufer seit längerer Zeit die Karriere. Es geht einfach nicht voran. Irgendetwas scheint ihn zu blockieren, aber er weiß nicht, was. Genauer gesagt: Er will es nicht wissen. Denn er hat den eigentlichen Grund – seine Angst – verdrängt.

Welcher Verkäufer ist damit gemeint? Ich meine den Verkäufer, der gerade noch die Leistung erbringt, um in Ruhe gelassen und akzeptiert zu werden, während Sie wissen, dass sein Gebiet wesentlich mehr hergeben würde. Was diesen Verkäufer beherrscht, ist der Gedanke, unter allen Umständen sein Minimumziel zu erreichen. Das führt dazu, dass er nur noch die sichersten und nettesten Kunden anspricht und dabei auch zu seinen (kleinen) Erfolgen kommt. Es führt aber auch dazu – und dieses Problem ist ihm gar nicht bewusst –, dass er aus Angst vor Misserfolgen jedes Risiko vermeidet, dass er also weder seine Kunden im Hinblick auf höhere Umsätze anspricht noch neue, potentere Kunden akquiriert. Das Ergebnis: Er erreicht bestenfalls nur durchschnittliche Ergebnisse und mauert sich auf seinem „Leistungsniveau" ein.

Das Fazit aus diesen vier Beispielen: Jeder Verkäufer hat seinen eigenen Engpass, den es zu erkennen gilt.

Vier Beispiele, wie Sie die geheimen Engpässe Ihrer Verkäufer erkennen und überwinden können

Beispiel Nr. 1: Der Verkäufer, der kein Vertrauen zu seinen Kunden herstellen kann

Sein Engpass liegt darin, dass er zu sich selbst kein Vertrauen hat, dass er also kein Selbstvertrauen hat. Die Frage, mit der Sie diesen

Engpass erkennen, lautet: „Worauf sind Sie in Ihrem Beruf stolz?" Je zögerlicher und unbestimmter die Antwort kommt, desto geringer ist das Selbstvertrauen des Verkäufers. Was können Sie tun?

- Stärken Sie seine Fachkompetenz.
- Überzeugen Sie ihn davon, dass er dem Kunden einen echten Nutzen bieten kann.
- Machen Sie ihm seine besonderen Stärken bewusst.
- Erinnern Sie ihn an frühere Erfolge und fordern Sie ihn mithilfe dieser Erfolge immer wieder zu neuen Aktionen heraus.
- Geben Sie ihm neue Herausforderungen vor, um die er kämpfen muss (denn nur erkämpfte Erfolge stärken das Selbstvertrauen).

Beispiel Nr. 2: Der Verkäufer, der keinen Mut hat, nach dem Auftrag zu fragen

Sein Engpass besteht in einem unbewussten Schuldgefühl. Er glaubt, in Wirklichkeit aufgrund seiner (mangelnden) Fachkompetenz und Beratungsqualität den Auftrag nicht verdient zu haben. Diesen Engpass können Sie am besten erkennen, wenn Sie den Verkäufer im Rahmen einer „Stärken-und-Schwächen-Analyse" einmal die folgenden fünf Eigenschaften und Fähigkeiten beurteilen lassen:

- seine Produktidentifikation,
- seine Fachkompetenz,
- seine Beratungsqualität,
- seine Servicequalität,
- seine Betreuungsqualität und
- seinen Nutzen für den Kunden.

Auch hier führen Sie und der Verkäufer eine getrennte prozentuale Beurteilung durch, wobei 100 Prozent für „sehr gut oder sehr hoch", 0 Prozent für absolut unbefriedigend stehen. Entsprechend den Bewertungen können Sie dann ganz gezielte Maßnahmen ergreifen. Denn die größten Defizite ergeben sich nach meiner Erfahrung genau bei diesen Punkten:

a) **Mangelnde Produktidentifikation:** Die meisten Verkäufer identifizieren sich im Laufe der Zeit aufgrund verschiedener Schwierigkeiten und Probleme immer weniger mit ihren Produkten (und mit ihrer Firma), sodass auch in ihren Argumenten immer weniger Überzeugung und Begeisterung mitschwingt.

Tipp: Führen Sie eine neue, umfassende Produktnutzen-Analyse sowie eine gezielte Wettbewerbsargumentation durch.

b) **Zu geringe Fachkompetenz:** Die Verkäufer überschätzen bei den rasanten Veränderungsprozessen oft ihre Fachkompetenz und tun aus eigenen Stücken zu wenig, um sie auf dem neuesten Stand zu halten.

Tipp: Machen Sie dem Verkäufer seine Kompetenzlücken bewusst! Entweder durch ein Rollenspiel, bei dem Sie den Part des Kunden übernehmen, oder durch ein Fachquiz innerhalb des Teams, bei dem jeder Verkäufer einem anderen eine spezielle Fachfrage stellen darf. Sieger ist, wer die meisten Fachfragen korrekt beantwortet hat.

c) **Einseitige Beratungsqualität:** In diesem Fall kleben die Verkäufer noch zu sehr an den reinen Produktinformationen und unterschätzen den Beratungsbedarf des Kunden an kompletten Problemlösungen.

Tipp: Helfen Sie Ihren Verkäufern, eine umfassende, produktübergreifende und problemlösungsorientierte Beratungsqualität zu erreichen.

d) **Mangelhafte Servicequalität:** Die Verkäufer begnügen sich mit der Überwachung der korrekten Auslieferung und Installierung bzw. Einarbeitung. Aber sie kümmern sich nicht mehr darum, ob der Kunde mit dem Produkt auch zufrieden ist, ob er es auch so nützen kann, wie er sich das vorgestellt hat.

Tipp: Entwickeln Sie mit Ihren Verkäufern ein „Zufriedenheitsprogramm", mit dem sie die langfristige Zufriedenheit des Kunden sicherstellen können.

e) **Geringe Betreuungsqualität:** Die Verkäufer tauchen beim Kunden erst dann wieder auf, wenn sie einen neuen Auftrag wollen, verzichten aber darauf, in der Zwischenzeit die Beziehung zum Kunden durch Informationen, Tipps oder Einladungen zu pflegen.

Tipp: Entwickeln Sie mit Ihren Verkäufern ein gezieltes, langfristiges Kundenbindungsprogramm.

f) **Fehlende Nutzenargumentation:** Die Verkäufer verstehen sich als Produktanbieter und erkennen nicht, dass sie dem Kunden über ihre Fachinformationen hinaus durch ihr Knowhow noch einen weiteren Zusatznutzen bieten müssen. Sie sehen nicht, dass erst das Paket aus Produktqualität und Verkäufer-Know-how den eigentlichen, den erwarteten Nutzen für den Kunden ausmacht.

Tipp: Prüfen Sie mit Ihren Verkäufern gemeinsam, auf welche Weise sie den Wert ihres Angebots durch ihr persönliches Know-how um mindestens 50 Prozent erhöhen können.

Beispiel Nr. 3: Die Anlageberaterin, die zu keinem Abschluss kam

Ihr Engpass besteht in der fehlenden Entschlossenheit. Da der Kunde die Verhandlung von sich aus nicht abbrach, sondern sie immer weiter vertröstete oder neue Punkte ins Gespräch brachte, merkte sie den eigentlichen Engpass, die fehlende Entschlossenheit, erst durch einen Motivationstest. Der Test stammt aus meinem Buch **„Erfolgreicher verkaufen durch positives Denken"**.[32)] Mit ihm können Sie neben der Entschlossenheit auch die Begeisterung und Beharrlichkeit Ihrer Verkäufer messen.

Als konkrete Maßnahme suchte sich die Anlageberaterin in der Woche darauf einen „Kunden" aus und stellte sich mental ganz genau darauf ein, wann, wo und wie sie ihn besuchen und abschließen wird.

Programmgemäß vereinbarte sie also mit diesem Kunden einen Termin. Und was geschah? Obwohl dieser Kunde, Hauptabteilungsleiter bei IBM, noch am Tag zuvor den Termin durch seine Sekretärin streichen ließ, erschien sie trotzdem, hatte sie den Mut, ihn aus einer Sitzung zu bitten. Und nach der Sitzung verkaufte sie ihm eine schöne Eigentumswohnung. Und das nur, weil ihr der persönliche Engpassfaktor und seine Bedeutung plötzlich bewusst geworden waren und weil sie sich durch ihre mentale Vorbereitung in Richtung Entschlossenheit genau auf diesen Abschluss konzentriert hatte. Das war der Durchbruch. Danach explodierten ihre Umsätze geradezu. Die Blockade war verschwunden, der Weg war frei geworden.

Beispiel Nr. 4: Der Verkäufer, der Angst hat, nach größeren Aufträgen zu fragen oder neue, potentere Kunden anzusprechen

Sein Engpass besteht in seiner **Komfortzone**. Das ist der Bereich, in dem er sich wohl fühlt, z. B. bei der Ansprache seiner Stammkunden oder der Frage nach kleineren Aufträgen. Aber jede Frage nach größeren Aufträgen oder jede Suche nach neuen, potenteren Kunden liegt außerhalb der Komfortzone und deshalb unterlässt er sie.

Der Grund dafür: Die Komfortzone wird durch Angstgefühle, verletzte Gefühle, Schuldgefühle oder Minderwertigkeitsgefühle eingegrenzt und jedes Mal, wenn sich der Verkäufer den Grenzen seiner Komfortzone nähert, schrillen die Alarmglocken, werden diese früher erlebten Gefühle wieder gegenwärtig und erzeugen ein so massives Unlustgefühl, dass er den Versuch aufgibt. Das ist auch der Grund, warum so viele Verkäufer nicht bereit sind, ihr Verhalten zu ändern und neue (bedrohliche!) Herausforderungen, wie z. B. die Neukundenakquisition, konsequent zu verfolgen.

Sie verkaufen lieber weiter mit mäßigem Erfolg und akzeptieren die ständige Vorwurfshaltung ihres Verkaufsleiters, als dass sie bereit wären, sich bei der Überwindung dieser Grenzen eine blutige Nase zu holen.

Die wichtigste Maßnahme besteht darin, dem Verkäufer zu helfen, seine Komfortzone zu überwinden. Da dieses Thema für den Erfolg der meisten Verkäufer so wichtig ist, habe ich es in einem gesonderten Kapitel noch einmal speziell behandelt.

Fassen wir hier den Punkt „Engpass" noch einmal kurz zusammen:

Das Hauptproblem bei einem Engpass besteht darin, dass man ihn oft nicht erkennt, sich aber dafür umso mehr anstrengt. Man tut alles richtig, aber nicht das Richtige!

Seit den Versuchen von Justus von Liebig wissen wir jedoch, dass es nicht günstig ist, den Boden gleichmäßig mit allen Mineralien zu versorgen, wenn der Ertrag nachlässt, sondern dass die stärkste Ertragssteigerung dann entsteht, wenn man genau das Mineral nachversorgt, das fehlt. Dasselbe Prinzip gilt auch für die Engpassbeseitigung bei den Verkäufern.

Power-Strategie Nr. 6

Die Strategie der Persönlichkeitsentwicklung

Wie Sie die Persönlichkeitsentwicklung Ihrer Verkäufer beschleunigen und damit ihre Erfolgschancen erhöhen

Die Zeichen stehen auf Sturm. Viele Verkäufer sehen sich heute – im Zeichen des immer härter werdenden Wettbewerbs – einem zunehmenden Druck ausgesetzt. Das erzeugt Stress und blockiert ihre Leistungsfähigkeit.

Doch wer hilft dem Verkäufer, mit seinen Selbstzweifeln, Ängsten und Enttäuschungen fertig zu werden? Denn in den Tagen und Wochen, in denen er „draußen an der Front" allein arbeitet, wird er gnadenlos mit sich selbst, dem Kern seiner Persönlichkeit, konfrontiert. Dann muss er allein mit seinen Problemen fertig werden. Er befindet sich in der Situation, die der italienische Literatur-Nobelpreisträger Salvatore Quasimodo ebenso deutlich wie einfühlsam charakterisierte:

> **Ein jeder steht inmitten dieser Erde allein, getroffen von einem Sonnenstrahl, und sofort ist wieder Abend!**

Genau das trifft auf den Verkäufer zu: Er ist auf seiner Tour allein. Verkaufsleiter, Kollegen, Familienangehörige und Freunde sind weit weg. Erlebt er einen Erfolg, einen Sonnenstrahl, dann trifft ihn anschließend gleich wieder ein Misserfolg. Dann muss er allein mit dieser Situation fertig werden. Aber das schaffen nicht alle. Nicht, weil sie nicht wollen, sondern weil sie die „Spielregeln des Erfolgs" nicht kennen.

Die Belastungen des Verdrängungswettbewerbs nehmen zu

Was bedeutet es denn, im Zeichen des Verdrängungswettbewerbs zu verkaufen?

Es bedeutet, dass der Verkäufer nicht nur seine (netten) Stammkunden aufsuchen darf, sondern dass er auch neue Kunden bzw. die Kunden der Wettbewerber aufsuchen muss. Dass er angreifen muss. Dass er voll aus sich herausgehen muss!

Darüber hinaus muss er den kurzen Zeitvorsprung nutzen, den ihm z. B. ein neues Modell oder ein neues Angebot bietet. Er muss in zunehmendem Maße neue, fremde Kunden ansprechen. Kunden, die

- von ihm nichts wissen wollen,
- ihn nicht erwarten,
- ihn oft genug als Störfaktor ansehen,
- umfangreiche Vorleistungen von ihm erwarten und
- zum Dank dafür den Abschluss endlos lange hinauszögern.

Was bedeutet das? Braucht ein Verkäufer für das Gespräch mit einem Stammkunden nur eine gute Stimmung, so muss er bei der Ansprache von neuen Kunden – ob per Telefon oder im Gespräch – in einer geradezu exzellenten Verfassung sein, um echte Erfolgschancen zu haben.

Dafür braucht er wesentlich mehr Konzentration, Energie und Selbstvertrauen. Dazu braucht er ein Höchstmaß an geistiger Stärke und persönlicher Willenskraft.

Gerade dazu aber sind viele Verkäufer nicht fähig. Nicht weil sie nicht wollen, sondern weil sie auf diese Herausforderungen nicht vorbereitet sind.

Sie wissen nicht, dass ihre Blockade von ihrer Persönlichkeit herrührt und dass die Grenzen ihrer Persönlichkeit jetzt auch die Grenzen ihrer Erfolgschancen bedeuten. Ohne intensivere Förderung ihrer Persönlichkeit werden diese Verkäufer unweigerlich auf der Stelle treten. Mit der Folge: Die alte Persönlichkeit wird zum absoluten Engpassfaktor und jedes weitere Fachtraining wird genauso wirkungslos verpuffen wie der berühmte Appell an den guten Willen.

Deshalb gibt es im Zeichen härter werdender Märkte und zunehmender persönlicher Belastungen nur eine Forderung und die lautet: **Die Förderung der Persönlichkeit hat Priorität Nummer eins.**

Genauso müssen auch die Verkäufer selbst begreifen, dass ihr künftiger Erfolg in zunehmendem Maße von ihrer Persönlichkeit abhängt und dass sie selbst alles tun müssen, um die neuen „Spielregeln des Erfolgs" zu beherrschen.

Persönlichkeitsentwicklung beginnt mit der Selbsterkenntnis

Verkäufer sind zu diesem neuen Selbstbewusstsein mit all seinen Anforderungen sehr wohl fähig, wie die folgenden Stellungnahmen nach einem Selbstmotivationsseminar belegen. Selbstkritisch schrieben sie auf den Beurteilungsbogen:

„Ich habe erkannt, dass ich mich selbst in den Hintern treten muss, das tut kein anderer für mich!" Oder: „Ich wurde aus dem Traum wachgerüttelt, dass der Außendienst keinen Gesetzmäßigkeiten unterliegt." Oder: „Ich bin mir bewusst, dass ich allein für meinen Erfolg verantwortlich bin und kein anderer!"

In allen drei Fällen beginnt der Satz mit einem „Ich".

Genau darin liegt die Herausforderung der Verkäufer von heute. Sie sind immer mehr auf sich selbst angewiesen. Das müssen sie erkennen. Und das müssen sie auch akzeptieren.

Die Gründe dafür:

- Früher hatten die Verkaufsleiter viel mehr Zeit für den einzelnen Verkäufer. Heute ersticken sie in administrativen Verwaltungsarbeiten und die persönliche, individuelle Fürsorge bleibt auf der Strecke.
- Früher gab es jede Woche oder jeden Monat ein Ganztags-Meeting. Heute finden solche Meetings aufgrund des Kosten- und Zeitdrucks oft nur noch alle drei oder sechs Monate statt. Das persönliche „Sich-Aussprechen" bleibt auf der Strecke.
- Früher hatten die Verkaufsleiter Zeit, jeden neuen Verkäufer intensiv auszubilden und dann seinen Fortschritt durch persönliche Begleittage zu überprüfen. Heute wird der Verkäufer auf Seminaren im Schnelldurchgang ausgebildet und nach ein oder zwei Begleittagen auf den Kunden losgelassen. Die gründliche, Sicherheit gebende Einarbeitung bleibt auf der Strecke.

Das Fazit daraus: Persönlichkeit und Eigeninitiative sind gefragt! Der Verkäufer muss immer mehr dazu befähigt werden, seine Entwicklung selbst in die Hand zu nehmen.

Der Prozess der Selbstentwicklung

Dazu möchte ich Ihnen ein sehr praktisches Fünf-Stufen-Modell vorstellen, das Ihnen vier Vorteile bietet:[33]

1. Anhand gezielter Fragen können Sie den **Bewusstseins- und Entwicklungszustand** eines Verkäufers relativ schnell erkennen.

2. Durch den stufenartigen Aufbau – bei dem eine Stufe die vorausgehende bedingt – können Sie auch sein bestehendes **Erfolgspotenzial** ziemlich genau abschätzen.

3. Aufgrund der Antworten des Verkäufers können Sie ihm auch genau sagen, wo er bei seiner Persönlichkeitsentwicklung **als Erstes** ansetzen muss.

4. Neben der Förderung der Persönlichkeitsentwicklung können Sie auf diese Weise auch seine **Fähigkeit zur Selbstmotivation** verstärken.

Grundsätzlich gilt: Es gibt keinen Topverkäufer, der nicht die ersten vier Stufen dieses Modells erfolgreich gemeistert hat. Deshalb ist dieses Modell auch der grundlegende „Trainingsplan" für jede Art von Spitzenleistungen!

Das Fünf-Stufen-Modell der Persönlichkeitsentwicklung

5. Selbstverwirklichung
4. Selbstvertrauen
3. Selbstkontrolle
2. Selbstdisziplin
1. Selbstbewusstsein

Dieses Modell bedeutet, dass

- die Erfolgschancen eines Verkäufers (oder auch Mitarbeiters) von der Stufe abhängen, auf der er sich gerade befindet, und
- er eine bestimmte Stufe nur dann erreichen kann, wenn er die darunterliegenden Stufen größtenteils erfüllt hat.

Stufe 1: Das Selbstbewusstsein der Verkäufer

Grundlage jedes Persönlichkeitsentwicklungsprozesses ist das Selbstbewusstsein. Das heißt: Der Verkäufer muss sich seiner Erfolge und Misserfolge, seiner Stärken und Schwächen, seiner Ziele und Aufgaben, seiner Wertvorstellungen und Einstellungen bewusst sein.

Ohne Bewusstsein seiner selbst, z. B. seiner Erfolgs- und Misserfolgsursachen, kann er nichts lernen, kann er nicht weiterkommen. Auf diese Weise kann er weder seine Erfolge wiederholen noch seine alten Fehler vermeiden. Er wird weiter vom Zufall oder der Gunst der Stunde abhängig sein.

Genau das Gegenteil strebt die Persönlichkeitsentwicklung an. Der Verkäufer soll die Kontrolle über sein Tun erlangen. Er soll selbst in der Lage sein, seine Situation zu analysieren und entsprechende Strategien zu entwickeln.

Kurzum:

Der Verkäufer soll künftig sich selbst und sein Verhalten viel bewusster und selbstständiger steuern als bisher. Den augenblicklichen Stand dieser Persönlichkeitsentwicklung und die Ausprägung der einzelnen Selbstfaktoren können Sie bei jedem Verkäufer durch ganz spezielle Fragen und Antworten erkennen.

Immer gilt dabei die Regel:

Nicht Sie geben die Antworten, sondern der Verkäufer muss sie geben. Und wenn er sie nicht weiß, dann geben Sie ihm „Bedenkzeit", damit er sich um eine Antwort bemüht. Denn in dem Augenblick, in dem Sie ihm bei der Antwort „helfen", stoppen Sie automatisch den Prozess der Selbstentwicklung. Dann führen und motivieren Sie – wie bisher.

Um den Stand des Selbstbewusstseins festzustellen und zu fördern, können Sie dem Verkäufer folgende Fragen stellen:

1. **„Wo sehen Sie Ihre besonderen Stärken und Schwächen?"**
   Je allgemeiner die Antworten ausfallen, desto weniger kennt sich der Verkäufer. Auf diese Weise kann er weder seine Stärken gezielt und wiederholt einsetzen noch an seinen Schwächen arbeiten. Im ersten Fall hofft er auf Zufälle, im zweiten ist er ein Wiederholungstäter. Fordern Sie deshalb Ihre Verkäufer auf, in den nächsten Tagen einmal ganz gezielt auf ihre Stärken und Schwächen zu achten und sie sich anhand konkreter Beispiele bewusst zu machen (und aufzuschreiben).

2. **„Worauf führen Sie jetzt Ihren Erfolg bzw. Misserfolg zurück?"**
   Je präziser und genauer die Antworten ausfallen, desto stärker ist das Selbstbewusstsein ausgeprägt und desto größer ist die Wahrscheinlichkeit, dass dieser Erfolg oder Misserfolg auch einen ganz bewussten Lerneffekt nach sich zieht. Veranlassen Sie bei einem „Ich weiß es nicht!" den Verkäufer, am Abend darüber nachzudenken und Ihnen morgen seine Erkenntnisse zu schildern. Warum? **Er muss lernen, sich selbst zu analysieren.** Andernfalls macht er draußen „an der Front" immer wieder die gleichen Fehler, die immer wieder zu den gleichen Misserfolgen führen.

3. **„Was würden Sie das nächste Mal besser oder anders machen?"**
Der Sinn der Frage ist: Ein guter Verkäufer ist bewusst oder unbewusst in der Lage, nach Misserfolgen seine bisherige Strategie infrage zu stellen und eine neue Strategie oder eine neue Vorgehensweise zu entwickeln. Entweder durch eigene Beobachtungen oder durch eigene Erkenntnisse. Nur das allein verschafft ihm das Gefühl, Kontrolle über seinen Beruf, seinen Erfolg und sein Leben zu haben.

4. **„Was haben Sie in letzter Zeit persönlich für Ihre Weiterbildung/Fachkompetenz getan?"**
Ein Verkäufer, der noch nicht begriffen hat, dass er selbst, und zwar auf eigene Kosten und auf eigene Initiative hin, etwas für seine persönliche Weiterbildung unternehmen muss und stattdessen nur auf die Initiativen seines Verkaufsleiters wartet (bzw. die sogar noch ablehnt), hat sich nicht nur von der wichtigsten Quelle seiner Entwicklung abgeschnitten, sondern zeigt in der Ablehnung der Weiterbildung auch eine ausgesprochen unreife Haltung.

Stufe 2: Die Selbstdisziplin der Verkäufer

Niemals wird ein Verkäufer überdurchschnittliche Erfolge erreichen, dem es an Selbstdisziplin fehlt. Verkäufer hängen in ganz besonderer Weise von dem Gesetz der Wahrscheinlichkeit ab. Es besagt, dass ein Verkäufer pro Tag x Kontakte haben muss, um zu y Terminen zu kommen. Und dass er x Gesprächstermine wahrnehmen muss, um zu y Abschlüssen zu kommen. Und dass er x Abschlüsse machen muss, um zu einem bestimmten Umsatz bzw. Einkommen zu gelangen.

Dieses **Gesetz der Wahrscheinlichkeit** kann von den Profis verfeinert werden, aber es wird niemals seine grundlegende Gültigkeit verlieren. Nur die einzelnen Erfolgsquoten mögen sich ändern. Ein Verkäufer, dem dieses Gesetz noch nicht bewusst ist bzw. der dagegen verstößt, dem fehlt ganz eindeutig die Basis seines Verkaufserfolgs.

Mit folgenden Fragen können Sie die Ausprägung seiner Selbstdisziplin feststellen und fördern:

1. **„Wie viele Kontakte brauchen Sie für einen Gesprächstermin? Und wie viele Gesprächstermine brauchen Sie für einen Abschluss?"**
Ein Topverkäufer kennt seine Erfolgsquoten. Er beantwortet sie nicht nur prompt, sondern er spricht sogleich davon, wie er sie verbessern könnte.

Nur der „disziplinlose" Verkäufer kennt sie nicht so genau (weil in seinem Bezirk die Dinge ja sowieso ganz anders liegen!) und verrät damit, dass er in Wirklichkeit vom Zufall, der plötzlichen Glückssträhne oder vom ganz großen Abschluss träumt. Seine Illusion ist aber nichts anderes als eine Flucht aus der Realität.

2. **„Wann und wie planen Sie Ihre Arbeitswoche?"**
Der gute Verkäufer plant sie vielleicht am Donnerstag- oder Freitagabend oder am Wochenende und nimmt sich dafür oft mehrere Stunden Zeit.

Nur der „disziplinlose" Verkäufer, der Verlierer, der weiß, dass er ja seinen Erfolg ohnehin nicht unter Kontrolle hat, also nicht durch seine Arbeit bestimmen kann, verzichtet auf eine exakte Wochenplanung, „weil doch jeder Kunde und jedes Verkaufsgespräch ganz anders ist". Eine Aussage, die beweist, dass er seinen Erfolg in Wirklichkeit vom Zufall abhängig sieht.

Stufe 3: Die Selbstkontrolle der Verkäufer

Selbstkontrolle bedeutet, dass der Verkäufer in der Lage ist, sowohl vor schwierigen Verkaufsgesprächen als auch nach mehreren Misserfolgen seine Gedanken und Gefühle, also seine Stimmung, unter Kontrolle zu halten.

Das ist wichtig, denn die Leistungskonstanz ist von der Stimmungskonstanz abhängig. Jeder Abfall einer Stimmung bewirkt durch negative Gedanken der Angst, des Zweifels, des Ärgers oder der Frustration auch einen sofortigen Leistungsabfall. In schwierigen Fällen bewirken dann Serien von Misserfolgen einen so (unkontrollierten) negativen Eigendialog, dass der Verkäufer sich geradezu in die Resignation hineinredet.

Darüber hinaus gilt: Nie wird ein Verkäufer die nächste Stufe des echten Selbstvertrauens erreichen, wenn er nicht einmal die Selbstdisziplin hat, seine täglichen Besuchszahlen einzuhalten, und wenn er nicht in der Lage ist, nach Misserfolgen seine Gedanken unter Kontrolle zu halten.

Mit folgenden Fragen können Sie z. B. nach einem Misserfolg den Grad seiner Selbstkontrolle feststellen und fördern:

1. **„Was denken Sie jetzt? Was fühlen Sie jetzt?"**
   Wenn jetzt nur Aussagen kommen, die seine schlechte Stimmung ausdrücken, die irgendwelchen Umständen die Schuld geben oder die in wilde Anklagen gegen sich selbst ausarten, dann ist dieser Verkäufer noch weit von einer dauerhaften Spitzenleistung entfernt.

   Warum? – Je stärker der Stimmungsabfall nach einem Misserfolg ist, desto größer ist auch der Leistungsabfall und desto länger dauert es für ihn, sich wieder in eine positive Stimmung zu bringen. Mit einer negativen Stimmung und mit der Ausstrahlung eines Verlierers aber kann er Kunden nicht überzeugen. Im Gegenteil: Die kommenden Misserfolge in Serie sind schon vorprogrammiert.

Gute Verkäufer fallen aber nach Misserfolgen in ihrer Stimmung nicht wesentlich ab. Sie wissen, dass sie letztlich durch ihre Kompetenz, ihren Einsatz und das Gesetz der Wahrscheinlichkeit bald wieder Land sehen. Sie machen sich auch selbst nicht fertig, sondern bauen sich eher durch gezielt positive Gedanken wieder auf. Sie zeigen gegenüber Misserfolgen entweder eine gewisse Gleichgültigkeit oder eine bewusste Trotzhaltung. Nach dem Motto: Jetzt erst recht!

2. „Was wollen Sie jetzt tun?"
Der Verkäufer ohne Selbstkontrolle zeigt jetzt Spuren der Resignation oder eine absolut übertriebenen Euphorie („Den nächsten Kunden schließe ich dafür hundertprozentig ab!"). Der gute Verkäufer macht einfach weiter, bleibt bei seinem Konzept. Seine einzige Änderung: Er nimmt sich noch weniger Zeit als üblich für das Mittagessen, um so schnell wie möglich wieder in den Tritt zu kommen. Ganz anders sein schwächerer Kollege: Er gönnt sich nach Misserfolgen ein besonders üppiges Mahl, sodass ihm die Schwere seiner Misserfolge erst so recht bewusst wird.

Stufe 4: Das Selbstvertrauen der Verkäufer

Ohne großes Selbstvertrauen gibt es keine großen Erfolge. Denn das Selbstvertrauen beeinflusst nicht nur die Ausstrahlung, sondern auch die Stärke des Kampfgeistes. **Je stärker das Selbstvertrauen ist, desto ausgeprägter ist auch der Kampfgeist.** Eine klare Logik. Denn ein ausgeprägtes Selbstvertrauen kommt ja nur durch bewusst erkämpfte und erlebte Erfolge zustande und große

Erfolge wiederum kommen nur durch einen starken Kampfgeist zustande.

Mit folgenden Fragen können Sie den Grad des Selbstvertrauens ausloten:

1. **„Was tun Sie, wenn Sie trotz der üblichen Kontaktzahl an diesem Tag noch keinen Abschluss gemacht haben?"**
Gute Verkäufer zeichnen sich dadurch aus, dass sie resultatsorientiert arbeiten. Das bedeutet: Wenn sie pro Tag zehn Kunden ansprechen sollen, aber trotz einer normalen Quote von fünf Kontakten pro Abschluss an diesem Tag noch keinen Vertrag geschrieben haben, dann pfeifen sie auf ihr tägliches Besuchssoll und besuchen an diesem Tag noch so lange Kunden, bis sie einen Abschluss erreicht haben. Dann erst hören sie auf.

   Verkäufer ohne großes Selbstvertrauen gehen dagegen handlungsorientiert vor. Sie sollen zwölf Kunden besuchen, also besuchen sie zwölf – aber dann ist Schluss.

2. **„Wie oft sprechen Sie einen potenziellen Kunden nach einer ersten Absage noch an?"**
Verkäufer ohne großes Selbstvertrauen (sprich: Kampfgeist) sprechen einen Kunden einmal, bestenfalls zweimal an, und wenn er dann noch immer „keine Zeit" hat oder Nein sagt, geben sie – unabhängig von der Qualifikation des Kunden – für immer auf.

3. **„Was tun Sie persönlich, um Ihre Verkaufserfolge zu erreichen?"**
Verkäufer mit Selbstvertrauen investieren selbst in ihren Erfolg, weil sie glauben, dass es sich für sie bezahlt macht. Sie lassen sich auf eigene Kosten in ihr Auto eine Klimaanlage

einbauen, weil sie glauben, dass es keinen guten Eindruck macht, den Kunden mit nassen Händen oder Schwitzflecken zu begrüßen. Verkäufer ohne Selbstvertrauen erfinden stattdessen Ausflüchte, warum diese Investition für sie auf keinen Fall infrage kommt. In Wirklichkeit beweisen sie damit ihren fehlenden Glauben an sich selbst und an ihren Erfolg.

Stufe 5: Die Selbstverwirklichung der Verkäufer

Sie wird dann erreicht, wenn der Verkäufer die anderen vier Stufen bewältigt hat und wenn er seinen Beruf auf eine ganz bestimmte Art und Weise betrachtet. Für ihn ist Verkaufen dann kein Job mehr, sondern eine Berufung. Er ist gern Verkäufer.

Er möchte nichts anderes sein als Verkäufer. Verkaufen ist sein Leben. Und in dem Prozess der täglichen Herausforderungen steckt nicht nur sein Verstand, sondern auch sein Herz! Er hat sich mit seinem Beruf hundertprozentig identifiziert.

Das heißt: Er weiß genau, welche Vorteile ihm dieser Beruf bietet, und er weiß ebenso genau, welche Nachteile bzw. Konsequenzen er dafür in Kauf nehmen muss. Er weiß, wie hoch der Preis für seinen Erfolg ist, und er ist auch ganz bewusst bereit, den Preis dafür zu zahlen.

Erfolge sind für ihn dann nicht nur Zahlenergebnisse. Etwa der Platz Nummer eins auf der Rennliste oder ein hohes Provisionseinkommen. Nein. **Ein großer Verkaufserfolg ist für ihn dann das Gefühl, sein Bestes gegeben zu haben, um der Beste zu werden, der er werden kann.** Das ist auch die Definition seiner Selbstverwirklichung. Dieses Gefühl ist es, das er anstrebt und das ihn zufrieden macht.

Fragen, mit denen Sie diesen Status feststellen können, sind:

1. **„Was machen Sie am liebsten?"**
   Der gute Verkäufer macht nur eines am liebsten: erfolgreich verkaufen.

2. **„Was bedeutet für Sie Erfolg?"**
   Für den guten Verkäufer bedeutet es Selbstbestätigung; das Gefühl, aus sich und seinen Fähigkeiten das Beste gemacht zu haben.

Auch der schwächere Verkäufer, der noch nicht einmal in der Lage ist, seine tägliche Besuchsquote zu erfüllen, träumt von der Selbstverwirklichung. Aber die besteht nach seiner Meinung nicht darin, ein kompetenter und anerkannter Spitzenverkäufer zu werden, sondern möglichst schnell so viel Geld zu verdienen, dass er mit 50 Jahren aufhören und auf einer schönen Insel ein Luxusleben führen kann.

So malt er – statt die Realitäten anzuerkennen, zu akzeptieren und daran zu wachsen – weiter an seinen Illusionen, die nur zu neuen Enttäuschungen führen.

Power-Strategie Nr. 7

Die Strategie des Erfolgs

Wie Sie durch ein gekonntes „Erinnerungsmanagement" Ihre Verkäufer für neue Herausforderungen motivieren

Ein Grundsatz der Verhaltenspsychologie lautet: **Motivierend wirken nur die Erkenntnisse, die man selbst macht!**

Dazu ein praktisches Beispiel:

Der Erfolg kam durch ein Schlüsselerlebnis

Als ich einmal den Verkaufsdirektor einer großen deutschen Anlageberatung danach fragte, ob es bei seinem erfolgreichsten Verkäufer so etwas wie ein persönliches Schlüsselerlebnis gegeben habe, da meinte er:

„Das war der Augenblick, als dieser Verkäufer erkannte, dass die Höhe seiner Umsätze genau von der Anzahl seiner täglichen Kontakte abhing. Als er sah, dass er durch die Intensivierung seiner Kundenkontakte automatisch auch höhere Abschlüsse erreichen konnte. Jetzt begriff er zum ersten Mal, dass sein Verkaufserfolg nicht von den Umständen, sondern allein von ihm selbst abhängt!"

Das Erkennen solcher Zusammenhänge ist die Voraussetzung für jede langfristige Erfolgsstrategie. Hier gilt:

> **Ein Erfolg, von dem ich nicht weiß, warum es ein Erfolg ist, ist ein Zufall! Denn ich kann ihn nicht wiederholen!**

Das allein ist schon bedauerlich genug, aber für die Motivation ist das Nichtkennen der Erfolgsursachen geradezu tödlich. Warum? Weil nur bewusst erlebte Erfolge, deren Ursache ich kenne und die ich deshalb bewusst wiederholen kann, auch das Selbstvertrauen und die Motivation stärken!

Zufallserfolge bewirken nur, dass sich der Verkäufer noch mehr als bisher vom Zufall, von der Gunst der Stunde oder von der Konstellation der Umstände (Sterne) abhängig fühlt.

Fragen Sie deshalb Ihre Verkäufer immer wieder:

- Warum waren Sie diesmal erfolgreich?
- Was haben Sie diesmal anders gemacht als beim letzten Mal?
- Welche Methoden oder Argumente haben Sie diesmal verwendet?
- Welches Gefühl hatten Sie diesmal vor und während des Gesprächs?
- Warum hat der Kunde diesmal unterschrieben?

Der Verkäufer muss die Erfolgsursachen erkennen! Denn nur so kann er seine Erfolge wiederholen. Und nur so kann er seine künftigen Umsatzziele auch wirklich planen! Erst dieser bewusste Wiederholungseffekt gibt ihm das Gefühl, die Kontrolle über sein Geschäft zu haben!

Und dieses Gefühl der Kontrolle, also dieses Gefühl, den Erfolg durch seinen Einsatz und seine Vorgehensweise beeinflussen und bestimmen zu können, ist wiederum die wichtigste Voraussetzung für seine Motivation. Nur dann ist er bereit, sich noch mehr einzusetzen.

Kein Verkäufer strengt sich mehr an, wenn er nicht die Gewissheit spürt, dass sich sein Mehr-Einsatz auch auszahlt! Mit der Erkenntnis der Erfolgsursachen hat er diese Gewissheit.

Die bewusste Auseinandersetzung des Verkaufsleiters mit den Erfolgen seiner Verkäufer bewirkt darüber hinaus noch einen zusätzlichen Motivationsschub. Denn sie signalisiert dem Verkäufer, dass der Verkaufsleiter wirklich an ihm interessiert ist, dass er sich für seinen Erfolg, seine Zielerreichung, seine Wunscherfüllung und sein Wohlergehen verantwortlich fühlt.

Diesen Motivationseffekt können Sie auch noch durch ein gezieltes Erinnerungsmanagement verstärken:

Zehn Vorschläge, wie Sie die Erfolge Ihrer Verkäufer zur dauerhaften Verstärkung ihrer Motivation einsetzen können

1. **Nehmen Sie die besonderen Erfolge Ihrer Verkäufer sofort wahr.** Sagen Sie auf keinen Fall: „Legen Sie den Auftrag dorthin, ich schaue ihn mir später an." Enttäuschen Sie Ihren Verkäufer nicht, wenn er mit freudiger Erwartungshaltung Ihr Büro betritt. Nein, loben und erkennen Sie ihn und seinen Erfolg sofort an!

2. **Lassen Sie Ihre Verkäufer ihre Erfolge analysieren.** Denn nur wenn sie die Ursachen ihrer Erfolge erkannt haben, können sie sie auch wiederholen. Erfolge, deren Ursachen sie nicht kennen, sind für sie nur Zufälle. Sie stärken weder ihr Selbstvertrauen noch das Gefühl, ihr Geschäft unter Kontrolle zu haben.

3. **Verstärken Sie die Erfolgsgefühle Ihrer Verkäufer.** Fördern Sie diese Gefühle der Freude, des Stolzes oder der Bestätigung. Ihre Verkäufer müssen diese Gefühle ganz bewusst erleben und ausleben. Denn je stärker sie diese Erfolgsgefühle spüren, desto lebendiger ist die Erinnerung daran – und desto motivierender ist später der erneute Antrieb. Achten Sie also darauf, dass Ihre Verkäufer nach großen Erfolgen diese Erfolgsgefühle auch bewusst genießen – statt einfach weiterzumachen!

4. **Analysieren Sie auch die Strategien (Methoden), mit denen Ihre Verkäufer den Erfolg erreicht haben.** Gehen Sie den Erfolg Punkt für Punkt mit ihnen durch, bis Sie das Gefühl haben, dass sie die besprochenen Methoden erfolgreich wiederholen können. Darüber hinaus haben Strategien, die mit einem positiven Gefühl abgespeichert werden, den größten Behaltens- und Erinnerungswert. Nutzen Sie diesen Vorteil für einen zusätzlichen Lernerfolg!

5. **Machen Sie ihre Erfolge zu Erfolgserlebnissen.** Zum Beispiel durch Feiern, Ehrungen, Auszeichnungen oder persönliche Einladungen. Der Verkäufer muss emotional „bewegt" sein. Er muss erkennen, dass sich sein Einsatz mitsamt seinen Opfern und Enttäuschungen gelohnt hat. Woher soll er sonst künftig die Kraft dafür beziehen? Vergessene oder lustlose Siegesfeiern wirken dagegen nicht nur deprimierend, sondern auch zutiefst demotivierend!

6. **Verstärken Sie ihre Erfolge durch Symbole.** Vor allem durch Symbole, die sichtbar sind und die täglich benützt werden, z. B. Anstecknadeln, Krawatten, Kugelschreiber, Visitenkarten, Aktentaschen. Andere Möglichkeiten sind Fotos, Anerkennungsbriefe oder Urkunden. All diese Symbole haben nur einen Zweck: den Mitarbeiter an seinen Erfolg und an seine

Fähigkeiten zu erinnern und ihn so (unbewusst) zu weiteren Erfolgen zu motivieren. Darüber hinaus bestätigen all diese Symbole ihn in seiner Kompetenz. Und auf dieses Gefühl der Kompetenz kommt es in kritischen Situationen an, wenn er erfolgreich sein will.

7. **Merken Sie sich die Erfolge Ihrer Verkäufer.** Notieren Sie sie in Ihrem Notizbuch, damit sie nicht in Vergessenheit geraten. Sie sind das „lebende Gedächtnis" für die Erfolge Ihrer Mitarbeiter. Darüber hinaus wirkt es auf alle Verkäufer ungemein motivierend, wenn ihr Chef sie – scheinbar aus dem Gedächtnis! – an ihre früheren Erfolge erinnern kann. Dann wissen sie, dass er sie sich gemerkt hat, dass sie für ihn wichtig sind und dass sie beachtet werden – und genau das spornt sie erneut an.

8. **Erinnern Sie Ihre Verkäufer vor neuen Herausforderungen wieder an ihre früheren Erfolge.** „Zukunft braucht Vergangenheit!", lautet ein Philosophenwort unserer Tage. Das heißt: Je stärker Ihre Verkäufer auf vergangene Erfolge und Erfolgserlebnisse zurückgreifen können, desto besser sind sie für die Herausforderungen der Zukunft gerüstet. Denn mit der Erinnerung an die früheren Erfolge kehren auch die früheren Erfolgsgefühle und mit ihnen die stärksten Antriebe für neue Leistungen wieder zurück.

9. **Provozieren Sie Ihre Verkäufer mit den früheren Erfolgen.** Am besten über eine Provokation ihrer Selbstachtung. Denn jeder größere Erfolg wird zum Teil des Selbstbildes und damit der Selbstachtung. Und ein Verkäufer, der nicht bereit ist, frühere Erfolge zu wiederholen und neue Erfolgschancen wahrzunehmen, verliert einen Teil seiner Selbstachtung. Sagen Sie also zu Ihrem Mitarbeiter: „Für diesen Auftrag brauche ich einen Verkäufer mit Biss und Erfahrung. Trauen Sie sich das

zu oder soll ich nicht lieber Ihren Kollegen Y ansprechen?" Erfolge werden so nicht nur zur Messlatte der eigenen Ansprüche, sondern auch zum Gradmesser für neue Herausforderungen.

10. **Vermitteln Sie nach besonderen Erfolgen Ihren Verkäufern den festen Glauben an sie.** Vor allem wenn sie um den Erfolg gekämpft haben und dabei ihr Bestes gegeben haben. Bestätigen Sie ihr Können, sprechen Sie von ihrer positiven Zukunft und ermutigen Sie sie mit dem Satz: „Ich weiß, dass Sie das jederzeit wieder machen können ... Und ich weiß jetzt, was Sie können und wozu Sie fähig sind, wenn Sie Ihr Bestes geben!"

Power-Strategie Nr. 8

Die Strategie der Misserfolgsüberwindung

Wie Sie die Misserfolge Ihrer Verkäufer zum motivierenden Auslöser für Erfolge machen

Wer heute erfolgreich neue Kunden akquirieren oder größere Herausforderungen, also potentere Kunden, ansprechen will, der muss in der Lage sein, mit den unvermeidlichen Misserfolgen zurechtzukommen. **Denn je erfolgreicher einer werden will, desto mehr Misserfolge muss er verkraften können!**

Entscheidend ist dabei, wie jemand die Misserfolge interpretiert: ob er sie als Niederlage, als Lernschritte oder als statistische Gegebenheiten empfindet.

Über den richtigen Umgang mit Misserfolgen

Erste Voraussetzung für eine positive Interpretation der Misserfolge ist die Fähigkeit, die Ursachen für Misserfolge zu erkennen und entsprechende Korrekturen vorzunehmen.

Schon der berühmte römische Redner Cicero sagte: „Einmal über einen Stein zu stolpern ist ein Versehen, zweimal über denselben Stein zu stolpern ist eine Schande!" Deshalb lautet der wichtigste Erfolgsgrundsatz für den richtigen Umgang mit Misserfolgen:

> **Ein Misserfolg, von dem ich nicht weiß, warum es ein Misserfolg ist, ist ein mehrfacher Misserfolg, denn er kann sich jederzeit wiederholen!**

Aber das ist nicht das einzige Problem. Mit jedem unnötigen und überflüssigen Misserfolg verschwindet ein Stück Motivation und damit auch ein Teil des Selbstvertrauens!

Also genau die beiden Voraussetzungen, die notwendig sind, um sich von Misserfolgen zu erholen und einen neuen Anlauf zu unternehmen. Es ist ein echter Teufelskreis!

Nicht umsonst nannten in einer Untersuchung 350 Verkaufsleiter und Verkäufer, denen die Frage gestellt wurde „Warum scheitern Verkäufer?", an erster Stelle die „mangelnde Initiative".[34] Erst dann folgten „zu wenig Enthusiasmus" und ein „unzureichendes Produktwissen".

Mangelnde Initiative aber heißt doch nur, dass ein Verkäufer nicht in der Lage ist, aus seinen Misserfolgen zu lernen, deshalb immer wieder dieselben Fehler macht und schließlich zu resignieren beginnt. Aus diesem Grund lautet ein zweiter Erfolgsgrundsatz:

> **Ein Verkäufer, der sich nach Misserfolgen nicht selbst motivieren kann, wird nie ein guter Verkäufer werden!**

Und wir können diesen Satz sogar noch ergänzen: Ein Verkäufer, der nicht in der Lage ist, sich immer wieder neu und hundertprozentig zu motivieren, der wird auch nie in der Lage sein, konsequent neue Kunden zu gewinnen. Denn die Neukundenakquisition erfordert von jedem Verkäufer eine Topmotivation!

Auch bei der Misserfolgsanalyse sollten Sie dem Verkäufer helfen und ihn fragen:

- Welche Methoden wendeten Sie diesmal an?
- Warum hat es diesmal nicht geklappt?
- Was machten Sie diesmal anders als beim letzten Mal?
- Welche Methoden oder Argumente verwendeten Sie diesmal?
- Wie fühlten Sie sich diesmal vor und während des Gesprächs?

Entscheidend ist bei diesen Analysegesprächen, dass Sie immer über bestimmte Misserfolge sprechen und dem Verkäufer nicht das Gefühl geben, ein Versager zu sein. Generelle Vergangenheitsbewältigung hat nichts mit motivierender Analyse zu tun!

Das größte Problem bei der Misserfolgsanalyse besteht jedoch darin, dass manche Verkäufer ihre eigenen Fehler nicht sehen können oder nicht sehen wollen!

Das bedeutet in Wirklichkeit das Ende ihrer Lernfähigkeit und damit oft auch ihrer Verkäuferkarriere. Denn wer keine Fehler mehr sieht, der kann sich auch nicht verbessern! Der erreicht auch keinen Fortschritt mehr!

Nicht umsonst haben die Chinesen ein Schriftzeichen, das gleich zwei Bedeutungen hat: das Wort „Krise". Es bedeutet sowohl „Gefahr" als auch „Chance". Damit meinen die Chinesen: Mit der richtigen Einstellung kann man in jeder Krise auch eine Chance erkennen.

Lernen durch Beobachten und Nachahmen

Falls Ihr Verkäufer am Anfang noch zu wenig Bewusstsein für sein Verhalten, seine Vorgehensweise und die erlebten Kundenreaktionen hat, empfehle ich Ihnen folgende praktische Methode: Veranlassen Sie Ihre Verkäufer, jeden Monat einmal einen Tag lang einen anderen Kollegen bei seinen Kundenbesuchen zu begleiten.

Dann sehen sie vielleicht eher, was die anderen gut oder weniger gut machen, welche Tricks sie anwenden, wie sie zum Erfolg kommen und welche Fehler sie eventuell machen. Vielleicht kommen sie so dazu, auch ihre eigenen Fehler im Spiegelbild der anderen zu erkennen.

Hier gilt: **Man sieht nur, was man weiß!**

Für die Fähigkeit, mit Misserfolgen richtig umzugehen, gelten folgende Voraussetzungen:

Die drei wichtigsten mentalen Gesetze für die Verwandlung von Misserfolgen in Erfolge

Gesetz Nr. 1: Lassen Sie nicht zu, dass Ihr Verkäufer nach Misserfolgen mit sich hadert!

Mit sich hadern heißt, dass der Verkäufer sofort anfängt, sich in Selbstmitleid, Schuldvorwürfen und in Selbstbeschimpfungen zu ergehen. Lassen Sie das genauso wenig zu wie eine sofortige Kritik an irgendwelchen Personen oder Umständen. All das lähmt nur seine Antriebskraft, also sein Bemühen, sich aus eigener Kraft wieder aus dem Sumpf zu ziehen. Denn es beschädigt sein Selbstbild!

Auch die heftige Selbstanklage ist keineswegs ein Zeichen der Einsicht oder der Veränderungsbereitschaft, sondern in der Regel nur das Symptom einer psychischen Entlastung. In Wirklichkeit sogar einer totalen Entlastung, denn der Verkäufer tut dann so, als ob irgendein unbekanntes Wesen in ihm selbst der Verursacher wäre und nicht er selbst. Und dieses absolut unfassbare Wesen, das ihm jetzt schon wieder einen Streich gespielt hat, kann man doch nicht ernstlich zur Verantwortung ziehen.

Lassen Sie sich auf dieses Spiel nicht ein!

Lenken Sie in solchen Fällen seine Gedanken sofort von seiner Ich-Bezogenheit ab und fragen Sie ihn: „Was wollen Sie jetzt anders machen?" Oder: „Was wollen Sie jetzt unternehmen?"

Denn Misserfolge zu überwinden heißt in Wirklichkeit nur eines: bereit zu sein, erneut zu handeln. Einen neuen Versuch zu wagen. Hier gilt: **Jede Motivation muss zum Handeln führen!**

Gesetz Nr. 2: Veranlassen Sie jeden Verkäufer, seine Misserfolge zu akzeptieren!

Bei einer Motivationsveranstaltung fragte ich einmal **Udo Jürgens**, wie er denn im Bereich der Motivation den Unterschied zwischen Topsängern und durchschnittlichen Sängern sehe. Seine Antwort war verblüffend. Er meinte: „Durchschnittliche Sänger glauben, sie müssten immer Erfolg haben und dürften sich nie einen Misserfolg erlauben!"

Genau das Gleiche gilt für Verkäufer! Gute Verkäufer wissen, dass Misserfolge so untrennbar mit Erfolgen verbunden sind wie der Tag mit der Nacht. Sie sind bereit, Misserfolge zu akzeptieren. Und sie nehmen sie nicht tragisch!

Da sie vom Leben mehr Gutes als Schlechtes, mehr Erfolg als Niederlagen erwarten, stecken gute Verkäufer die Niederlagen entweder gelassen weg oder verwandeln sie – je nach Situation – in eine kämpferische Trotzreaktion. Nach dem Motto: Jetzt erst recht!

Sie wissen, dass Niederlagen in Wirklichkeit die eigentlichen Sprungbretter zum Erfolg, die wahren Ursachen ihrer Verbesserung sind! Dazu zwei Beispiele:

Die schlechte Erfolgsquote des weltbesten Verkäufers

Der weltbeste Verkäufer, Joe Girards, der einzige, der im Guiness-Rekordbuch steht, verkaufte in seinem besten Jahr 1.500 Autos. Stück für Stück.[35)]

Um diese gewaltige Summe zu erreichen, mussten pro Tag mindestens zehn potenzielle Kunden in seinen Laden kommen, von denen er dann fünf abschloss. Die anderen fünf sagten trotz allen Bemühens und aller großzügigen Preisnachlässe ab. Der weltbeste Verkäufer erreichte also eine Erfolgsrate von 2:1. Das heißt, er erlebte mindestens ebenso viele Misserfolge wie Erfolge. Trotzdem wurde er der weltbeste Verkäufer!

Es kommt also für jedes ehrgeizige Verkaufsziel nicht darauf an, wie viele Erfolge oder Misserfolge man gelegentlich hat, sondern wie viele Erfolge und Misserfolge man jeden Tag hat. Noch ein Beispiel, das uns lehren kann, Misserfolge zu akzeptieren:

Warum Reinhold Messmer trotz vieler Misserfolge der erfolgreichste Bergsteiger aller Zeiten wurde

Eine ähnliche Erfahrung machte auch der berühmteste Bergsteiger unserer Zeit, der erste, der alle Achttausender im Himalaya bestieg: Reinhold Messmer.

In einem Vortrag antwortete er auf die Frage, worauf er es denn zurückführe, dass er bisher alle Expeditionen heil überstand: „Die Frage kann ich sehr einfach beantworten. Weil ich mindestens ebenso viele Expeditionen abgebrochen habe, wie ich Gipfelsiege errungen habe. Und hätte ich das nicht gemacht, würde ich heute nicht mehr vor Ihnen stehen. Erst kürzlich musste ich meine letzte Expedition, die Durchquerung der Wüste von Takla Mahan, abbrechen, weil Sandstürme ein Weiterkommen zu einem unabsehbaren Risiko gemacht hatten. Mir kommt es darauf an, meine Grenzen zu erleben bzw. immer weiter hinauszuschieben, aber nicht, mein Leben aufs Spiel zu setzen."

Ein letztes Beispiel, das mich ebenfalls fasziniert:

Sieger müssen keinesfalls immer gewinnen!

Einer der bekanntesten Verkaufstrainer in den USA – Zig Ziglar – schrieb in einem seiner Bücher, dass es ihm während seiner aktiven Verkaufszeit – er war Verkäufer für Haushaltsgeräte – nie gelang, unter den ersten 20 der Woche oder des Monats zu sein. Das war für seinen Ehrgeiz damals ein harter Schlag. Aber am Ende des Jahres stellte sich heraus, dass er aufgrund seiner kontinuierlichen Arbeit der zweitbeste Verkäufer der gesamten Gesellschaft geworden war. Und die beschäftigte immerhin 7.000 Verkäufer.[36] Fazit:

> **Nicht der Erfolg heute oder der Misserfolg morgen bestimmt unser Endergebnis, sondern die tagtägliche kontinuierliche Arbeit!**

Gesetz Nr. 3: Erlauben Sie Ihren Verkäufern auch schwere Niederlagen!

Sie haben richtig gehört. – Viele Verkäufer glauben (und viele Verkaufsleiter stimmen ihnen zu), dass sie es auf keinen Fall akzeptieren können, wenn sie eine Woche, einen Monat oder gar mehrere Monate lang keinen Auftrag mehr schreiben. Einen solchen Misserfolg glauben sie um jeden Preis vermeiden zu müssen. Mit dieser Einstellung bewirken sie jedoch in Wirklichkeit nur eine mentale Sperre bei ihrer oberen Leistungsgrenze.

Das bedeutet: Nur der Verkäufer, der es sich „erlaubt", auch einmal seine unterste Leistungsgrenze zu durchbrechen, also zum Beispiel mehrere Wochen lang überhaupt nichts zu verkaufen, hat auch die Chance, seine oberste Leistungsgrenze zu durchbrechen. Das bedeutet entweder viel höhere oder viel häufiger Abschlüsse zu erzielen. Das klingt absolut unlogisch – ist aber eine „psychologische" Tatsache.

Solange nämlich das Unterbewusstsein dermaßen unter Druck gesetzt wird, auf keinen Fall Misserfolge unter einer bestimmten Leistungsgrenze zuzulassen (also glaubt, man müsse jeden Tag oder jede Woche wenigstens einen Auftrag schreiben), entsteht eine innere Verkrampfung.

Sie führt regelmäßig dazu, dass der Verkäufer nur noch die Stammkunden besucht, die sichere Abschlüsse versprechen, und auch nur noch die Abschlusssummen anspricht, die vom Kunden sicher akzeptiert werden.

Er geht dann aus Angst vor solchen Misserfolgen künftig jedem Risiko aus dem Weg. Somit verspielt er jede Chance, besser zu werden. Er „mauert" sich auf seinem Niveau ein. Hätte er dagegen größere Risiken ausprobiert und auch größere Misserfolge akzeptiert, hätte er die beste Chance, die Schwungkraft seiner Psyche zu nutzen.

Denn je stärker der Misserfolg ist und je tiefer der Schmerz geht, desto intensiver ist auch die psychische Gegenreaktion! Umso größer ist dann der Schwung, also der Anlauf, den die Psyche für den nächsten Aufschwung, für das nächsthöhere Ziel nehmen kann. Es ist dasselbe physikalische Prinzip, das auch beim Jo-Jo-Spiel funktioniert: Je tiefer der Fall, desto höher der Aufschwung!

Alle Spitzenkönner wissen aus eigener Erfahrung: **Nur wer sich schwere Misserfolge erlaubt, hat auch die Chance auf große Erfolge!** Dazu ein konkretes Beispiel:

Wie aus einem Verkäufer in der Krise plötzlich ein Verkaufsstar wurde

Vor einiger Zeit erzählte mir ein Verkaufsleiter, der vor ein paar Jahren noch als Verkäufer Kopierer verkauft hatte, folgende Geschichte:

„Ich war bei OCE gut ausgebildet worden, hatte einen Bombenstart, erzielte gleich Spitzenergebnisse ... doch plötzlich nach zwei Monaten verkaufte ich – von einem Tag auf den anderen – überhaupt nichts mehr. Absolut nichts mehr! Und diese Misserfolgsserie dauerte nicht etwa eine Woche oder einen Monat, sondern sage und schreibe vier Monate. Dann war es wieder so weit und meine Umsätze schossen geradezu raketenartig in die Höhe. Mit der Folge, dass ich am Ende des Jahres auf Platz zwei der bundesweiten Rennliste stand."

Als ich den Verkäufer dann fragte, woher er denn die Motivation bezog, um diese vier schweren Monate durchzuhalten, nannte er mir drei Gründe:

1. „Mein Verkaufsleiter entzog mir zu keinem Moment das Vertrauen. Im Gegenteil, er bestätigte mich! Er sagte mir immer wieder, dass ich es eines Tages doch wieder schaffen würde."
Dahinter steckt die uralte Regel: Solange noch ein anderer Mensch an uns glaubt, sind wir nicht verloren!

2. „Ich hatte den festen Glauben in mir, dass eines Tages auch wieder der Knoten platzen würde."
Genau das ist die echte Zuversicht eines wahren Optimisten, der trotz aller Misserfolge weiter an seinen Erfolg glaubt.

3. „Ich führte meine täglichen Kontakt- und Besuchszahlen weiter konsequent durch."
Das war wahrscheinlich auch der Grund, warum ihm der Verkaufsleiter nicht das Vertrauen entzog. Denn jede Entwicklung, jede Leistung und jeder Fortschritt eines Menschen fängt mit seiner Selbstdisziplin an! Sie ist die erste Grundlage für den Erfolg. Mit ihr kann viel, ohne sie kaum etwas gelingen.

Die drei Merkmale echter Sieger

Gleichzeitig können wir hier erkennen, was Siegertypen ausmacht, wie ihre Charaktereigenschaften aussehen und wann es sinnvoll ist, trotz einer Krise weiter an sie zu glauben. Denn Sieger zeichnen sich durch folgende drei Voraussetzungen aus:

1. Durch eine große **Selbstdisziplin**. Sieger machen jeden Tag gewissenhaft die vorgeschriebene Anzahl von Anrufen und Besuchen, egal ob sie gerade Erfolg haben oder nicht.

2. Durch eine starke **Selbstkontrolle**. Sieger haben ihre Stimmung unter Kontrolle und lassen sich von Misserfolgen nicht aus der Bahn werfen, sondern machen unbeirrt weiter.

3. Durch ein ausgeprägtes **Selbstvertrauen**. Sieger wissen, was sie können, und sie wissen auch, dass sie Erfolg haben werden. Und deshalb vertrauen sie darauf, dass sie schnellstmöglich wieder zu Erfolg kommen. Darüber hinaus tragen auch ihre Selbstdisziplin und ihre Selbstkontrolle zu ihrem Selbstvertrauen bei.

Auch die Reihenfolge dieser drei Erfolgsvoraussetzungen ist wichtig. Denn wie soll ein Verkäufer ein großes Selbstvertrauen haben, wenn er nicht die Selbstdisziplin hat, jeden Tag zehn neue Interessenten anzurufen, und nicht in der Lage ist, trotz mancher Misserfolge seine Stimmung unter Kontrolle zu bringen?

Zehn Praxis-Tipps, wie Sie die Motivation und Willensstärke Ihrer Verkäufer trainieren können, um Misserfolge zu überwinden

1. **Bestehen Sie auf einem Vorrat an Optionen.** Verlangen Sie von Ihren Verkäufern, dass sie am Ende der Woche immer eine ganz bestimmte Anzahl von Optionen, also von qualifizierten Terminen, auf Vorrat haben. Das gibt Sicherheit.

2. **Lassen Sie Ihre Verkäufer nicht aufgeben.** Erlauben Sie Ihren Verkäufern nach einer Serie von Misserfolgen nicht, aufzugeben, sondern beharren Sie weiter auf der Durchführung ihres normalen Besuchssolls.

3. **Verlangen Sie dabei statt Ergebniszielen lieber Aktivitätsziele.** Verlangen Sie also in einer Schwächephase von Ihren Verkäufern nicht eine bestimmte Anzahl von Abschlüssen, sondern lieber eine bestimmte Anzahl von Kontakten, die sie ansprechen.

4. **Fordern Sie Ihre Verkäufer nach bestimmten Misserfolgen zu Zweitbesuchen bei diesen Kunden auf.** Sie sollen die Ursachen für ihre Misserfolge erfahren und lernen, mögliche Negativstimmungen zu überwinden. Sie dürfen sich nicht ohne Grund mit Neins zufrieden geben.

5. **Akzeptieren Sie nach Misserfolgen kein Selbstmitleid.** Akzeptieren Sie auch keine Opferrolle, keine Selbstvorwürfe, keine Fremdkritik und keine Schuldvorwürfe Ihrer Verkäufer. Sie dürfen nicht mit sich und mit anderen hadern. Sie müssen lernen, sich selbst für ihre Erfolge und Misserfolge verantwortlich zu fühlen.

6. **Fordern Sie Ihre Verkäufer nach Misserfolgen auf, neue Initiativen zu ergreifen.** Also weiter zu handeln. Fragen Sie sie: „Was schlagen Sie als nächsten Schritt vor? Was wollen Sie jetzt unternehmen?" – Passivität ist der Totengräber jeder Motivation.

7. **Provozieren Sie sie in ihrer Selbstachtung bzw. in ihrem Selbstwertgefühl.** Fragen Sie z. B. Ihren Verkäufer: „Spreche ich jetzt mit einem wehleidigen Pessimisten oder mit einem Optimisten, der schon großartige Abschlüsse erreicht hat?"

8. **Akzeptieren Sie Ihre Verkäufer trotz ihrer Misserfolge.** Sagen Sie jedem Verkäufer, dass Sie ihn trotz aller Misserfolge genauso wie bisher akzeptieren – wenn er weiterhin sein Bestes gibt.

9. **Zeigen Sie Ihrem Verkäufer, dass Sie fest daran glauben, dass er bald wieder in den richtigen Tritt kommen wird.** Bestätigen Sie ihn darin, dass er bald wieder an seine früheren Erfolge anknüpfen wird – sofern er seine vorgesehenen Kontakte und Besuche korrekt durchführt.

10. **Machen Sie Ihren Verkäufern das Gesetz der großen Zahl bewusst.** Sagen Sie ihnen, dass (je nach Branche) selbst mehrere Wochen des Misserfolgs keine Bedeutung für das Jahresergebnis haben, sofern sie ihre tägliche Kontakt- und Besuchszahl korrekt einhalten.

Power-Strategie Nr. 9

Die Strategie der Herausforderung

Wie Sie die Neukundenakquisition so motivierend gestalten, dass Ihre Verkäufer ihr Bestes geben

Wir sprechen oft von Herausforderungen und glauben, dass neue Herausforderungen auch automatisch motivieren. Zum Beispiel, wenn wir gerade in Zeiten härteren Wettbewerbs unsere Verkäufer auffordern, mehr Termine zu machen oder gezielter nachzufassen.

Aber wenn wir uns dann ihre Gesichter anschauen, haben wir eher den Eindruck, dass sie sich lieber die Pest an den Hals als den Telefonhörer ans Ohr wünschen.

Das kann also nicht so motivierend sein! Deshalb lautet ein ganz wichtiges, fundamentales Motivationsgesetz:

> **Nur die Herausforderungen motivieren, die man gewinnen kann.**

Das bedeutet, der Verkäufer ist nur dann bei einer neuen Herausforderung motiviert, wenn er weiß, wie er

- das Interesse des Kunden gewinnen kann,
- sich gegenüber dem Wettbewerb profilieren kann,
- dem Kunden ein neues Problem bewusst machen kann,

- ihn von seiner Problemlösung überzeugen kann und
- den Preis – auch gegenüber Wettbewerbsangeboten – rechtfertigen kann.

So sollten auch die Inhalte eines modernen, zukunftsweisenden Trainings aussehen!

Machen wir doch gleich einmal die Probe aufs Exempel: Wie könnten Sie z. B. die Neukundengewinnung, also die Terminvereinbarung per Telefon, für Ihre Verkäufer so gestalten, dass sie keine stressige Höchstbelastung, sondern eine motivierende Herausforderung ist?

Das ist nicht leicht! Kürzlich las ich im Buch eines amerikanischen Telefontrainers folgende Widmung: „Ich widme dieses Buch all den tausenden Verkäufern, die sich lieber eine halbe Stunde unter die kalte Dusche stellen, als neue Kunden anzurufen!"

Mit den folgenden Empfehlungen möchte ich Ihnen zeigen, dass gerade jetzt, in diesen schwierigen Zeiten, **die echte Motivation auch aus der Aufgabe selbst**, also aus der motivierenden Gestaltung der Aufgabe, kommen muss.[37)]

Zehn-Punkte-Programm, wie Sie die Neukundenakquisition per Telefon zu einer motivierenden Herausforderung machen

1. **Stellen Sie zuerst das ganze mögliche Marktpotenzial des Verkäufers fest!** Ich erinnere mich an einen Verkaufsleiter aus der Büromaschinenbranche, der seinem neuen Verkäufer zuerst einmal klar machte, dass sich in seinem Gebiet zirka 400 potenzielle Kunden befänden, die einen Kopierer im Wert von zirka 50.000 Euro benötigten. Das waren also 400 aktuelle

Chancen und bei einer vierjährigen Abschreibung rund 100 Verkaufschancen pro Jahr.

2. **Sammeln Sie gemeinsam mit dem Verkäufer eine große Anzahl von Adressen!** Je nach Branche zwischen 100 und 500 Adressen. Telefonaktionen ohne großen Adressenvorrat bewirken geradezu Stress, Nervosität und Demotivation, weil man um jede Adresse kämpft, als ginge es um sein Leben. Das stimmt auch, denn ein Verkäufer, der keine Neukunden gewinnen kann, verliert in der Regel seinen Job. Aber ein großer Vorrat an Adressen beruhigt. Denn Gelassenheit und Sicherheit hängen letztlich von der Anzahl der Optionen ab.

3. **Überlegen Sie sich ein bis zwei attraktive Vorteile Ihres Angebots, mit dem der Verkäufer das Interesse des Kunden gewinnen kann!** Lassen Sie dabei den Verkäufer in einer ersten Serie testen, welche Vorteile für welche Zielgruppen am attraktivsten sind. Beispiel: Für den Mann bedeutet eine Eigentumswohnung in erster Linie Steuerersparnis, für die Frau vor allem Sicherheit.

4. **Formulieren Sie die drei Qualifikationsfragen, mit denen der Verkäufer in ein bis zwei Minuten mögliche Kunden qualifizieren kann!** Die wichtigsten Qualifikationsmerkmale sind der Bedarf, das Interesse, das Budget und die Entscheidungsfähigkeit des angerufenen Interessenten.

   Jede überflüssige Demotivation, die Sie vermeiden, ist eine Stärkung der Motivation. Sinnlose Gespräche mit nicht qualifizierten Kunden schaffen nur unnötigen Frust.

5. **Setzen Sie für den Erstanruf bescheidene, realistische Ziele an!** Für Anlageberater bedeutet das z. B., den Kunden nach der Qualifikation dazu zu bewegen, sich eine Information zusenden zu lassen und sie bis zum Tag X durchzulesen. Überfrach-

ten Sie das Erstgespräch nicht mit zu hohen und zu unrealistischen Erwartungen, z. B. einem Sofortabschluss oder einem Gesprächstermin. Zu hohe und unrealistische Ziele rufen immer Frust und Demotivation hervor.

6. **Lassen Sie den Verkäufer das Erstgespräch eher wie ein Interview und nicht wie ein Verkaufsgespräch führen!** So lernt er am schnellsten die Bedürfnisse und Vorstellungen des Kunden kennen. Und auch der Kunde ist dabei viel aussagefreudiger, denn er fühlt sich weniger unter Druck! Der Verkäufer soll den Kunden nach seinen Erfahrungen und Vorstellungen fragen und danach, wie er mit seiner jetzigen Situation zufrieden ist, wo er unzufrieden ist, ob er sich gerade mit einem bestimmten Problem beschäftigt, ob er für ein Problem eine bestimmte Lösung braucht.

Immer geht es darum, was für den Verkäufer wie für den Kunden am leichtesten ist. Denn das Leichte tut man, das Schwierige meidet man.

7. **Veranlassen Sie Ihre Verkäufer, sich nach zwei Minuten höflich zu verabschieden, wenn der Kunde (absolut) kein Interesse hat!** Zwingen Sie Ihre Verkäufer nicht dazu, die Einwände ihrer Kunden zu ignorieren, ihre Ablehnung nicht ernst zu nehmen und mit ihnen am Telefon auf Biegen und Brechen zu kämpfen. Alles nach dem Motto: „We shall overcome!"

Vergessen Sie die unseligen Sätze: „Jedes Nein bringt einen Verkäufer dem Abschluss näher!" Oder: „Je länger man mit dem Kunden spricht, desto wahrscheinlicher ist der Erfolg!" Im Zeitalter des Cocooning, also des Einigelns des Kunden, und seines zunehmenden Misstrauens sind solche Drückermethoden passé.

Nicht gemeint ist damit, dass man einen qualifizierten Kunden über einen längeren Zeitraum nicht mehrmals anrufen oder besuchen kann. Hier gilt: Verkäufer, die ihre Kunden höflich behandeln, haben viel mehr Chancen, später wieder anrufen zu dürfen und angehört zu werden!

8. **Veranlassen Sie Ihre Verkäufer, lieber 20 schnelle Gespräche als zwei mühsame Ringkämpfe zu führen!** 20 Gespräche, die man relativ schnell durchführen und abhaken kann, kosten viel weniger physische und emotionale Kraft als halbstündige Ringkämpfe, bei denen es zuletzt nur noch um das Prestige oder das Ego geht.

Verliert der Verkäufer zuletzt doch noch, so hat er gleich dreimal verloren: den Auftrag, den Kunden und ein Stück Selbstwertgefühl! Hier gilt die Schmerzregel: Je länger der verlorene Kampf um den Kunden dauert, desto größer ist der Schmerz über den Misserfolg.

9. **Geben Sie Ihren Verkäufern lieber bestimmte Aktivitätsziele als genaue Ergebnisziele vor!** Legen Sie also viel eher Wert darauf, dass sie jeden Tag eine bestimmte Anzahl von Anrufen machen, statt dass sie (sofort) eine Anzahl von Abschlüssen erreichen. Die Verkäufer sollen sich lieber darauf konzentrieren, 30 Kunden anzurufen und zu qualifizieren, als unbedingt einen Abschluss machen zu müssen. Mit der kontinuierlichen Terminierung kommt der Erfolg ganz von selbst.

10. **Lassen Sie Ihre Verkäufer anhand einer „getesteten Erfolgsquote" vorgehen!** Sie sollen wissen, nach wie vielen Anrufen ein Termin fällig ist und wie viele Termine sie für einen Abschluss brauchen. Dann wissen sie, dass sie bei einem zuverlässigen Tagessoll von x Anrufen eines Tages auch y Abschlüsse machen und damit z Euro Provision verdienen

werden. Das gilt natürlich nicht nur für die Telefonakquise, sondern auch für den Direktvertrieb.

Machen Sie außerdem Ihren Verkäufern bewusst, was sie pro Anruf oder Ansprache – selbst wenn nichts dabei herauskommt – verdienen. Teilen Sie dazu die durchschnittliche Provision pro Auftrag durch die durchschnittliche Anzahl von Kontakten bzw. Terminen für einen Auftrag.

Vielleicht hält Ihr Verkäufer länger durch, wenn er weiß, dass er z. B. pro Anruf fünf oder zehn Euro verdient?

Weitere Praxis-Tipps und eine Fülle von Anregungen für einen attraktiven und erfolgreichen Telefon-Leitfaden finden Sie in meinem Buch **„Mut zu neuen Kunden"** (Redline Wirtschaft).

Gehen wir jetzt noch einen Schritt weiter:

Die Quote allein motiviert noch nicht

Als mich der Trainer einer Rechtsschutzversicherung aus den neuen Bundesländern anrief und mich um ein paar Tipps bat, wie er seinen Verkäufern helfen könnte, sich nach Misserfolgen neu zu motivieren, statt aufzugeben, fragte ich ihn zuerst nach seiner Quote.

Sie lautete: 50:10:1. Das bedeutet konkret: Wer 50 Kunden ansprach, kam zu zehn Terminen, aus denen sich dann ein Abschluss ergab.

Danach fragte ich ihn: „Wie oft treffen Sie sich mit all Ihren Verkäufern zu einem Meeting?" Seine Antwort: „Einmal pro Woche."

Dritte Frage: „Handelt es sich um Profis oder um Neulinge?" Seine Antwort: „Um Neulinge." – Meine abschließende Antwort: „Wenn Sie Ihre Verkäufer dreimal am Tag treffen würden, dann hätten sie eine echte Chance!"

Ein Kontakt pro Woche bei der härtesten Verkaufsaufgabe, die es gibt – dem Direktvertrieb –, und das mit Neulingen, das kann nicht gut gehen. Dafür gibt es keine Motivationslösung außer dem altbekannten (und entwürdigenden) Hire-and-fire-Prinzip.

Natürlich gelten diese zehn Punkte nicht für alle Verkäufer und für alle Branchen. Aber Sie erkennen doch das Prinzip dahinter und können es entsprechend auf ihre Branche übertragen. Entscheidend ist, dass Sie als Verkaufsleiter die Aufgaben der Verkäufer als echte, realistische, erfolgversprechende und motivierende Herausforderungen gestalten.

Nächste Stufe:

Wie Sie Ihre Verkäufer motivieren können, neue und noch größere Herausforderungen anzunehmen

Der beste Weg dazu ist, dem Verkäufer zuerst eine neue, aber erreichbare Herausforderung vorzugeben. Und wenn er sie schafft, ihn dann zu motivieren, gleich eine noch größere Herausforderung anzunehmen. Alles mit dem Ziel, seine Entwicklung zu fördern und ihm gleichzeitig zu helfen, seine Grenzen zu überwinden. Zwei Möglichkeiten bieten sich dafür an:

Erstens, den Mitarbeiter zu einem **Wettbewerb** aufzufordern, und zweitens, ihn in seiner Selbstachtung zu **provozieren**!

Wie man das mit Erfolg macht, möchte ich Ihnen an einem historischen Beispiel aufzeigen. Es stammt von dem berühmtesten Admiral der englischen Marine – von Admiral Nelson.

Seinen Führungsnachwuchs nannte er seine Kinder. Und wenn eines von ihnen noch ängstlich war, dann fasste er es nicht hart an, sondern versuchte es viel eher durch sein persönliches Vorbildverhalten zu erziehen, wie das folgende Beispiel beweist.[39)]

Wie Admiral Nelson den Mut eines jungen Kadetten herausforderte

Als einmal einer seiner jungen und noch furchtsamen Kadetten sich anschickte, mehr zögernd als geschwind zum Reffen der Segel hochzuklettern, da stupste ihn der Admiral – er, der nur noch ein Auge und einen Arm hatte – in die Seite und forderte ihn belustigt zu einem Wettkampf auf: „Ich sause jetzt wie der Blitz in den Topp hinauf – wie wär's, wenn wir uns dort oben träfen?"

Welcher Kadett würde sich von einem solchen Admiral nicht herausgefordert fühlen und seine ganze Angst dabei vergessen? Oben angekommen achtete Nelson nie darauf, ob einer schneller oder langsamer, geschickter oder unbeholfener war. Er sprach ihn vielmehr freundlich an und meinte, ihm könnte jeder leidtun, der das Entern für gefährlich oder auch nur für unangenehm halte.

So einfach das Ganze aussieht, so wirkungsvoll war der Motivationseffekt.

Statt durch Zwang und Härte für immer eine Angstblockade zu schaffen, übertrug er das soeben erlebte positive Gefühl der bestandenen Herausforderung gleich auf die nächste, noch schwierigere Herausforderung – das Entern.

Und der Erfolg gab ihm Recht. Kopfschüttelnd meinte einer seiner Kapitäne, der diesen Vorfall beobachtet hatte, später zu einem Kollegen: „Sie werden es nicht glauben, aber ich habe erlebt, dass so ein Angsthase nach dieser ausgezeichneten Unterweisung seinerseits anderen ein Beispiel gab und dabei genau die gleichen Worte gebrauchte wie der Admiral."

Haben Sie die beiden psychologischen Tricks dabei bemerkt?

Der erste Trick bestand darin: Die Herausforderung wurde als „Wettkampf" verpackt, sodass die Gefühle des Siegen-Wollens stärker waren als die des Angst-Habens. Die Angstgefühle wurden also regelrecht überlistet.

Und der zweite Trick? Durch die Aufforderung des Admirals, der nur noch ein Auge und einen Arm hatte, **wurde diese Herausforderung zu einer persönlichen Provokation für die Selbstachtung des jungen Kadetten.** Sie abzulehnen hätte bedeutet, seine Selbstachtung zu verlieren!

Sie sehen: Auch das – die gezielte Provokation der Selbstachtung oder des Selbstverständnisses eines Menschen – ist eine hervorragende Methode, um jemanden aus der Reserve zu locken und ihn zu motivieren, seine Grenzen zu überwinden. Das erinnert mich an eine Fernsehsendung über das Fasten.

Wie eine einzige Frage dazu führte, dass ein Mann nie wieder eine Zigarette anrührte

Da wollte ein schwergewichtiger Mann in der berühmten Buchinger-Klinik eine Fastenkur machen. Bei der ersten Besprechung sagte ihm der Arzt ganz unmissverständlich: „Sie müssen aber sofort mit dem Rauchen aufhören!" Daraufhin sagte der Mann:

„Das kann ich nicht. Ich rauche seit 15 Jahren jeden Tag eine Packung."

Da schaute ihn der Arzt nur kurz an und sagte zu ihm: „Sind Sie ein Mann oder nicht?"

Von dieser Stunde an rührte dieser Mann niemals wieder eine Zigarette an.

Warum? Weil diese Frage eine Provokation seiner Selbstachtung gewesen war. Und für die war er sogar bereit, das Rauchen aufzugeben. Denn die war ihm noch wichtiger als sein geliebter Glimmstängel.

Genau dasselbe machte auch Napoleon. Als er bei seinen Soldaten vor einem Sturmangriff eine gewisse Bangigkeit feststellte, fragte er sie nur kurz: „Spreche ich mit Feiglingen oder mit den Siegern von Lodi?"

Zehn Praxisempfehlungen, wie Sie einen Verkäufer motivieren können, neue und größere Herausforderungen anzunehmen

1. **Fragen Sie ihn nach einem Erfolg um seine Meinung.** Fragen Sie ihn: „Worauf führen Sie Ihren Erfolg zurück?", „Was haben Sie diesmal anders gemacht als das letzte Mal?", „Was haben Sie aus diesem Erfolg gelernt?" Damit regen Sie sein Bewusstsein und zugleich sein Gefühl für seine Stärken an.

2. **Führen Sie ein Feed-back-Gespräch mit ihm.** Stellen Sie ihm nach Verkaufsgesprächen (aus denen mehr herauszuholen gewesen wäre) die Frage: „Was wollen Sie beim nächsten Mal

anders machen?" Beantworten Sie auf keinen Fall diese Frage selbst. Machen Sie mehrere Anläufe. Geben Sie dem Verkäufer zu verstehen, dass Sie auf einer Antwort bestehen. Er muss selbst auf bessere Lösungen kommen.

3. **Beauftragen Sie ihn, einen Profi zu begleiten.** Dabei soll er feststellen, warum dieser so erfolgreich ist und was er anders als die Kollegen macht. Auf diese Weise bekommt er nicht nur einen Eindruck von erfolgreicheren Abschlüssen, sondern auch von erfolgreicheren Verkaufsmethoden.

4. **Fragen Sie ihn nach neuen Ideen und Verbesserungsvorschlägen.** Tun Sie das immer wieder und geben Sie ihm Zeit zum Nachdenken. Machen Sie ihm bewusst, dass Sie auf seine Ideen großen Wert legen. Erkennen Sie auch 50-prozentige Ideen mit einem Lob und ihrer praktischen Umsetzung an. So spürt er, dass Sie ihn ernst nehmen.

5. **Ermuntern Sie ihn zu einer neuen Herausforderung.** Oder zu einer Verhaltensänderung. Helfen Sie ihm dabei, indem Sie gleichzeitig die volle Verantwortung dafür übernehmen. Das verringert den Erfolgsdruck und stärkt gleichzeitig den Mut für Veränderungen.

6. **Geben Sie ihm Herausforderungen vor, bei denen er eine echte Siegeschance hat.** Der Verkäufer muss sie bewältigen können. Nur dann wirken sie motivierend. Nur die echte Erfolgschance veranlasst ihn, aus seiner Bequemlichkeitszone auszubrechen.

7. **Provozieren Sie seine Selbstachtung.** Greifen Sie seine (Verhaltens-)Schwäche an, indem Sie ganz bewusst sein Ego angreifen. Zum Beispiel: „Trauen Sie sich diesen Auftrag zu oder soll ich ihn nicht doch lieber Ihrem Kollegen X geben?"

Aber: Jede Provokation muss in etwa dem augenblicklichen Selbstvertrauen entsprechen.

8. **Verpacken Sie die neue Herausforderung in einen Wettkampf.** Oder in eine Wette. Auf diese Weise lenken Sie ihn von seinen Angstgefühlen ab und mobilisieren gleichzeitig seine Angriffsgefühle. Besonders motivierend wirkt die Wette, wenn Sie dabei auf ihn setzen: „Ich wette um..., dass Sie den Auftrag schaffen! Nehmen Sie die Wette an?"

9. **Verwenden Sie die neuen Erfolgsgefühle gleich für eine noch größere Herausforderung.** Denn nichts mobilisiert mehr zu einer neuen Herausforderung als ein soeben erlebter Erfolg. Sprechen Sie also nach einer bestandenen Herausforderung sogleich die nächstschwierigere Herausforderung an.

10. **Reißen Sie den Mitarbeiter durch Ihr persönliches Vorbildverhalten mit.** Provozieren Sie so seine Selbstachtung. Und stecken Sie ihn gleichzeitig mit Ihrem Wettbewerbsgeist an: „Wie wär's, wenn wir morgen gemeinsam neue Kunden akquirieren würden?" Doch Vorsicht! Das Vorbildverhalten darf dabei niemals zum Vorwurfsverhalten werden.

Jetzt bleibt nur noch eine entscheidende Frage:

Wie erreichen Sie es, dass Ihre Verkäufer eine neue Herausforderung so positiv interpretieren, dass sie sich darauf freuen und dafür all ihre Energien mobilisieren?

Ich stellte mir als Trainer – vor allem wenn ich Verkäufer auf ihren Touren begleitete – oft die Frage: Warum ist der eine Verkäufer vor einer schwierigen Aufgabe so zögerlich und so gehemmt? Und warum wirkt ein anderer in dieser Situation so viel stärker und energischer?

Warum tritt der eine auf, als hätte er den Misserfolg unmittelbar vor sich, und warum tritt der andere so auf, als käme für ihn nur ein Erfolg, ein Abschluss infrage? Worin liegt der Unterschied?

Die beste Antwort stammt von einem der bekanntesten Sportpsychologen der USA, Dr. James Loehr. Er weist nach, dass der Hauptunterschied von der unterschiedlichen Interpretation einer Situation abhängt.[39)] Genau das zeigt das folgende Schaubild.

Woher kommt die Energie für Spitzenleistungen?

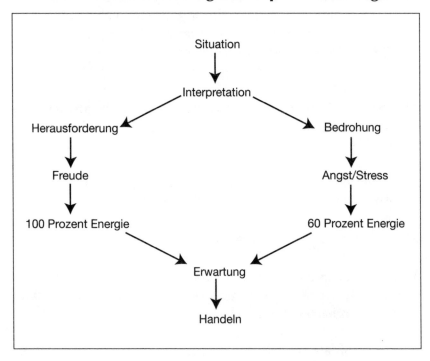

Was bedeutet dieses Bild für die Praxis?

Der Vorteil der Topverkäufer

Topverkäufer interpretieren jede Situation als Herausforderung, auf die sie sich freuen. Dadurch mobilisieren sie nicht nur 100 Prozent Energie für ihre Aufgabe, sondern erreichen auch eine hohe, positive Erwartungshaltung, die wiederum ein hoch motiviertes Handeln auslöst. Sie schaffen das, indem sie alle negativen Aspekte einfach ausblenden und sich nur auf die positiven Möglichkeiten konzentrieren.

Der Nachteil der schwächeren Verkäufer

Sie interpretieren die Situation (Aufgabe) als Bedrohung, vor der sie Angst haben. Dadurch können sie nur 60 Prozent ihrer möglichen Energie aktivieren, die zusammen mit einer geringeren Erwartungshaltung auch nur ein halbherziges Handeln auslöst. Ihre oft viel zu voreiligen negativen Interpretationen und Reaktionen hängen mit ihrer Komfortzone, also ihrem emotionalen Gedächtnis, zusammen.

Das Fazit daraus: Alles hängt davon ab, wie der Verkäufer die nächste Aufgabe, den nächsten Kundenbesuch, den nächsten Telefonanruf interpretiert. Je positiver die Interpretation ausfällt, desto mehr Energie hat er, desto hoffnungsvoller ist seine Erwartungshaltung und desto motivierter geht er vor! Genau aus diesem Grund sagen wir heute:

> **Der Erfolg findet im Kopf statt!**

Darüber hinaus sind Verkäufer, die eine Situation als Herausforderung interpretieren,

- gelassener,

- schlagfertiger und
- kämpferischer.

Im Gegensatz dazu sind die Verkäufer, die eine Situation als Bedrohung interpretieren,

- ängstlicher,
- durchsetzungsschwächer und
- energieloser.

Der entscheidende Unterschied zwischen positiv und negativ denkenden Verkäufern

Wenn ein Kunde auf ihr Angebot hin sagt: „Ihr Angebot interessiert mich nicht!", dann hören die negativ denkenden und sich bedroht fühlenden Verkäufer nur eins heraus: „Ihr Angebot interessiert mich auf keinen Fall!"

Im Gegensatz dazu hören die positiv denkenden Verkäufer, die diesen Einwand als Herausforderung empfinden, Folgendes heraus: „Ihr Angebot interessiert mich jetzt noch nicht oder so noch nicht!"

Die Konsequenzen: Die ängstlichen Verkäufer werden danach aufgeben, die herausgeforderten Verkäufer werden weiterkämpfen – und so zu einer neuen Chance kommen! Ja, sie gehen sogar noch einen Schritt weiter: Sie freuen sich sogar auf diese Herausforderung!

- Ein Kunde, der zu ihrem Angebot Nein gesagt hat, weckt erst recht ihren Kampfgeist und spontan setzen sie alles daran, den Kunden doch noch zu überzeugen.

- Ein Wettbewerbsverkäufer, der ihre eigenen Stammkunden angegangen ist, weckt in ihnen geradezu räuberische Instinkte, nun ihrerseits seine Stammkunden anzugreifen.
- Und ein besonders erfolgreicher Tag mobilisiert in ihnen die letzten Kräfte, um diese Erfolgs- und Glückssträhne auch wirklich bis zur letzten Neige auszukosten.

Was machen im Gegensatz dazu die bedrohten Verkäufer?

- Eine harte Absage nehmen sie als persönlichen Schicksalsschlag – und resignieren.
- Einen Wettbewerber, der ihre Stammkunden angeht, beschimpfen sie als unfair – ohne selbst aktiv zu werden.
- Und ein erfolgreicher Tag erfüllt sie mit solcher Zufriedenheit, dass sie dieses Glück möglichst schnell begießen, also beenden müssen.

Alles hängt also für den Verkäufer und seine Eigenmotivation davon ab, wie sehr er jede schwierige Situation als Herausforderung ansieht und dabei gleichzeitig ein Gefühl der Freude oder der Angriffslust entwickeln kann. Denn ohne das freudige Gefühl der Herausforderung gibt es keine hundertprozentige Energie – und ohne hundertprozentige Energie gibt es keine Spitzenleistungen!

Fordern Sie also Ihre Verkäufer immer wieder auf, schwierige Aufgaben als Herausforderungen anzusehen, auf die sie sich freuen.

Genau zu diesem Punkt gibt es ein beeindruckendes historisches Beispiel:[40)]

Wie Galilei das Fernrohr erfand – nachdem er schon aufgegeben hatte

An einem Nachmittag des Jahres 1609 stürzte ein junger Mann in das Studierzimmer des berühmten Gelehrten Galileo Galilei und schreckte ihn durch eine überraschende Nachricht auf:

„Galilei", stieß er hervor, „stell dir vor, ein Holländer hat in Amsterdam ein neues, fantastisches Fernrohr erfunden." Galilei zuckte leicht zusammen. Jahrelang hatte er selbst bereits daran gearbeitet, ein besseres Fernrohr zu erfinden, aber der entscheidende Durchbruch war und war ihm nicht gelungen. Es schien wie verhext. Schließlich hatte er resigniert und aufgegeben.

Doch jetzt war er keineswegs enttäuscht oder entmutigt. Entschlossen packte er seine Studien weg und machte sich erneut an die Erfindung eines besseren Fernrohrs. „Was der kann, das kann ich auch!", sprach er sich Mut zu.

Kurze Zeit später kam ihm plötzlich die entscheidende Idee: eine konkave Linse mit einer konvexen zu verbinden. Auf diese Idee war er bisher nie gekommen. Denn die eine Linse vergrößert die Dinge, die andere verkleinert sie. Wie sollte das zusammenpassen? Jetzt aber durchbrach er die geistige Barriere – und der Versuch gelang.

Doch der eigentliche Clou kam erst einige Monate später: Eines Tages stürmte der junge Mann von einst wieder in sein Studierzimmer und sagte zu Galilei: „Tut mir leid, Galilei, ich habe dir einen Bären aufgebunden. Es gibt gar keinen holländischen Erfinder und es gibt auch kein neues Fernrohr." – „Doch", sagte Galilei, „hier ist es!" Und er zeigte ihm sein neues Fernrohr.

Haben Sie die fünf entscheidenden Schritte der Eigenmotivation bei Galilei erkannt?

1. **Galilei hatte eine Vision.** Er wollte den Beweis für die Richtigkeit des kopernikanischen Weltbildes antreten, dass sich die Erde um die Sonne drehe und nicht umgekehrt. Dafür brauchte er ein besseres Fernrohr. Die Vision wurde also von der absoluten Notwendigkeit einer neuen Erfindung unterstützt.

2. **Galilei geriet in eine negative Erwartungshaltung und gab auf.** Die vielen Misserfolge hatten Galilei zu der Erkenntnis geführt, dass es wohl unmöglich sei, ein besseres Fernrohr zu erfinden. Diese negative Erwartungshaltung lähmte seinen Antrieb, sodass er schließlich aufgab.

3. **Galilei schöpfte durch die plötzliche Botschaft neue Hoffnung.** Hoffnung ist der Kernpunkt jedes Optimismus, diesmal war Galilei absolut zuversichtlich, ein neues, besseres Fernrohr erfinden zu können.

4. **Galilei sah die neue Situation als Herausforderung an.** „Was der kann, kann ich auch!", sagte er zu sich. Er sah also diese Erfindung nicht als Bedrohung, das heißt mit den Augen des Neides, der Missgunst und des Ärgers an, sondern er freute sich auf die neue Herausforderung und mobilisierte damit seine gesamten kreativen und wissenschaftlichen Fähigkeiten.

5. **Galilei konnte sich durch den neuen Optimismus von seinen gedanklichen Blockaden lösen.** Die Hoffnung, dass es gelingen würde, befreite Galilei aus der Enge seiner bisherigen Betrachtungsweise und ermöglichte ihm so eine neue, revolutionäre Erfindung: die Verbindung einer konkaven mit einer konvexen Linse.

Alle diese Punkte gelten auch für eine Herausforderung, die den Verkäufer motivieren soll:

Die zehn wichtigsten Voraussetzungen für eine motivierende Herausforderung

1. Die Herausforderung sollte für den Verkäufer im Rahmen einer **Vision** erfolgen (z. B., mit seiner Firma Marktführer zu werden).

2. Diese Vision muss für den Verkäufer von einer bestimmten **Notwendigkeit** diktiert sein (z. B., sich dadurch eine Existenz aufbauen zu können).

3. Der Verkäufer muss eine echte **Erfolgschance** sehen (z. B. durch Testverkäufe, die bereits erfolgreich gelaufen sind).

4. Der Verkäufer braucht die **Hoffnung**, das erwünschte Endergebnis auch zu erreichen (z. B. durch Kollegen, die das Ziel der Existenzsicherung bereits erreicht haben).

5. Der Verkäufer muss durch seinen **Optimismus** von vornherein auf die Überwindung möglicher Hindernisse und Misserfolge vorbereitet sein (z. B. durch gute Gründe, warum sich ein Durchhalten auszahlt).

6. Der Verkäufer braucht überdies das Gefühl, dass sich sein hundertprozentiger Einsatz auch **lohnt** (und das hat er, wenn er weiß, was er an jedem Kontakt verdient).

7. Der Verkäufer ist umso leistungsfähiger, je mehr er sich an bewusst gemeisterte Herausforderungen in der Vergangenheit **erinnern** kann (z. B. durch ein gezieltes Erinnerungsmanagement).

8. Der Verkäufer muss die Herausforderung nicht nur mit seinem Verstand, sondern auch mit seinem **Herzen** annehmen (z. B.,

indem er seine Aufgabe liebt und sich für sie voll verantwortlich fühlt).

9. Der Verkäufer muss sich auf diese Herausforderung freuen, um einen hundertprozentigen **Energieschub** zu erreichen (z. B. durch das Gefühl, mit dieser Aufgabe auch in seiner persönlichen Entwicklung weiter voranzukommen).

10. Der Verkäufer wird dann seine bisherigen **Grenzen überwinden**, wenn er sich völlig mit der neuen Herausforderung identifiziert (z. B. durch das Gefühl, dadurch seinen Horizont zu erweitern und neue Strategien kennen zu lernen).

Power-Strategie Nr. 10

Die Strategie der Einarbeitung

Wie Sie neue Verkäufer vom ersten Tag an an ein hohes Leistungsniveau gewöhnen

Die Basis jedes Siegerteams sind die richtigen Mitarbeiter

Wenden wir uns jetzt den Verkäufern zu, welche die Motivation am meisten brauchen: den neuen, jungen Verkäufern. Mit „neu" meine ich: neu im Verkauf, neu in der Branche oder neu in der Firma. Mit „jung" meine ich junge Menschen, die zum ersten Mal als Verkäufer beginnen.

Gerade für sie ist in diesen Zeiten der Wechsel und damit der Einstieg besonders schwer. Diese Schwierigkeit wird noch durch einen ganz besonderen Umstand verstärkt: Kurz nachdem sie z. B. im Finanzdienstleistungsbereich alle Freunde und Bekannten abgeklappert haben, müssen sie mit der schwierigsten Aufgabe überhaupt beginnen: der Gewinnung von Neukunden.

Dabei gehen viele Chefs nach der Kaltwassermethode vor: Die Schlechten gehen unter, die Guten bleiben oben! Ein ebenso inhumanes wie kostspieliges Verfahren. Das ist in vielen Fällen so, als würde man einen jungen Boxer schon im dritten Kampf gegen den Club-Champion antreten lassen, nur um einmal zu sehen, wie er sich hält!

Bei neuen Verkäufern sollte auf jeden Fall folgende Motivationsregel beachtet werden:

> **Neue, unerfahrene Verkäufer brauchen je nach Branche im Durchschnitt siebenmal mehr Motivationsimpulse als „gestandene Verkäufer".**

Das Problem dabei ist: Viele Verkaufsleiter unterschätzen sowohl den Zeit- und Arbeitsaufwand als auch das persönliche Engagement, die notwendig sind, um einen neuen Verkäufer erfolgreich einzuarbeiten. Einarbeitung nach Schema F genügt heute nicht mehr. Richtige Einarbeitung bedeutet mehr: Es bedeutet, dass sich der Verkäufer den Herausforderungen gewachsen fühlen muss. Dass er also bei jedem Kunden eine echte Erfolgschance verspürt.

Leider ist oft das Gegenteil der Fall. Frust ist angesagt. Und dann genügt meiner Erfahrung nach einer der folgenden sieben Fehler, um selbst leistungswillige Neu-Verkäufer relativ schnell zu demotivieren:

Die sieben Fehler bei der Einarbeitung neuer Verkäufer – und was Sie dagegen tun können

Fehler Nr. 1: Mehr als drei Tage Schulung hintereinander
Die meisten Verkäufer sind überfordert, wenn eine theoretische Ausbildung mehr als drei Tage dauert. Sie sind das Lernen nicht mehr gewöhnt. Statt durch das neue Wissen mehr Selbstsicherheit und Zuversicht zu gewinnen, schafft diese Überforderung mehr Angst und Minderwertigkeitsgefühle.

Tipp: Begrenzen Sie alle theoretischen Schulungseinheiten auf maximal drei Tage. Lassen Sie dann wieder einen praktischen Teil folgen.

Fehler Nr. 2: Zu späte praktische Erfahrungen
Ohne rasche eigene Verkaufserfahrungen (am besten schon vor oder nach der ersten Ausbildungseinheit) erkennen die neuen Verkäufer weder ihre Defizite noch wissen sie, worauf es bei ihrer künftigen Tätigkeit besonders ankommt. Auf diese Weise sind sie auch für die Schulung nicht besonders motiviert.

Tipp: Ermöglichen Sie neuen Verkäufern so schnell wie möglich eigene Verkaufserfahrungen, damit sie sowohl die eigenen Defizite und Herausforderungen besser erkennen als auch für die Schulung stärker motiviert sind.

Fehler Nr. 3: Vernachlässigte Fähigkeit zur Selbstmotivation
Bei den meisten Ausbildungen steht die Fach- und Verkaufskompetenz an erster Stelle, aber die Fähigkeit des Verkäufers, sich dauerhaft zu motivieren und Misserfolge zu überwinden, wird nicht gelehrt. Doch die meisten Verkäufer geben später nicht wegen mangelnder Produktkenntnisse, sondern wegen „mangelnder Initiativen" auf, wie Untersuchungen ergaben. Sie resignieren nach einer Serie von Misserfolgen und sind dann nicht mehr fähig, sich für weitere Versuche zu motivieren.

Tipp: Setzen Sie bei der Schulung neuer Verkäufer auch die Selbstmotivation aufs Programm, also wie sie

- sich motivieren,
- Misserfolge überwinden und
- neue Strategien entwickeln können.

Fehler Nr. 4: Keine Überprüfung des persönlichen Könnens
Bei den meisten Ausbildungen wird davon ausgegangen, dass am Ende der Verkäufer reif für den Verkaufsalltag ist. Doch diesen Beweis kann nur die Praxis selbst liefern. Denn mangelnde

Kompetenz auf irgendeinem Gebiet führt sofort zu einem geringeren Selbstvertrauen.

Tipp: Überzeugen Sie sich persönlich in der Praxis, ob der neue Verkäufer hinsichtlich Kompetenz, Motivation und Selbstorganisation auch wirklich den Herausforderungen des Verkaufs gewachsen ist.

Fehler Nr. 5: Zu schwierige Aufgaben am Anfang
In bestimmten Branchen müssen die neuen Verkäufer ausgerechnet sofort mit der schwierigsten Aufgabe – der Neukundenakquisition – anfangen, während es die Altverkäufer durch ihre Stammkunden immer leichter haben. Die Folge: eine hohe Fluktuation bei den neuen Verkäufern.

Tipp: Teilen Sie die neuen Verkäufer anfangs Ihren guten und erfahrenen Verkäufern als Assistenten zu, sodass sie nicht nur alle Aufgaben und Methoden, sondern auch die Werte und Einstellungen dieser Profis mitbekommen.

Fehler Nr. 6: Eine zu hohe Erwartungshaltung
Viele Verkaufsleiter erwarten von ihren „Neuen" möglichst schnell neue Abschlüsse, und wenn sie diese nicht vorweisen können, stempeln sie sie (unbewusst) zu Verlierern ab. Das ist nicht nur unrealistisch, sondern erhöht auch den Druck auf die neuen Verkäufer, der wiederum ihre Freude und Lernbereitschaft untergräbt.

Tipp: Vereinbaren Sie anfangs mit den neuen Verkäufern nur Aktivitätsziele (z. B. eine bestimmte Anzahl von Kontakten pro Tag) – und keine Ergebnisziele (z. B. eine Anzahl von Abschlüssen). Erkennen Sie auch das Erreichen solcher Aktivitätsziele an und belohnen Sie es.

Fehler Nr. 7: Unregelmäßige oder zu wenige Motivationsimpulse

Ein Meeting pro Woche oder ein gelegentliches „Na, wie läuft's?" ist viel zu wenig für neue Verkäufer. Sie brauchen nicht nur ein permanentes Feed-back und eine ständige Ermunterung, sondern auch eine kontinuierliche Bestätigung ihrer neuen Identität.

Tipp: Vereinbaren Sie mit den neuen Verkäufern von Beginn an festgelegte Termine für Feed-back, Begleittage, Beurteilungen, Zielgespräche, Meetings sowie Gespräche zusammen mit dem Ehepartner.

Kurzum: **Interessieren Sie sich für den Erfolg Ihrer neuen Verkäufer! Lassen Sie es nicht zu, dass sie wochenlang ohne Erfolge sind!**

Neuen Verkäufern die Freiheit zu geben, selbst zu bestimmen, was sie erreichen und wie sie es erreichen wollen, ist in 90 Prozent aller Fälle, die ich beobachtet habe, nicht Ausdruck eines kooperativen Führungsstils, sondern ein Zeichen von Bequemlichkeit oder Inkompetenz der Führungskraft.

Laxe Führung signalisiert nichts anderes, als dass der Verkaufsleiter nicht wirklich am Erfolg des neuen Mitarbeiters interessiert ist. Dass er nicht den echten Wunsch hat, ihn so schnell wie möglich zum Laufen, also zum Erfolg, zu bringen!

Ein Verkäufer darf nicht acht Monate lang ohne Verkaufserfolg sein

Wenn ich z. B. vom Chef einer Vermögensberatung höre, dass es da noch einen Verkäufer gibt, der bereits acht Monate da ist und noch keinen einzigen Auftrag geschrieben hat, dann ist das nicht nur eine Tragödie für diesen Verkäufer (und seine Familie), sondern in Wirklichkeit bereits der totale Autoritätsverlust des Managements. Denn ein Vorgesetzter, der nicht in der Lage ist, seine Mitarbeiter zum Erfolg zu führen, hat seine wichtigste Legitimation verloren.

Und er hat auch gegen das Verantwortungsprinzip verstoßen. Denn wenn er einen Verkäufer einstellt, dessen fachliche, verkäuferische oder psychische Qualifikation einfach für diesen Beruf nicht ausreicht, dann ist es ein Gebot der Fairness und der Verantwortung, dass er sich von ihm trennt. Lieber ein Ende mit Schrecken als ein Schrecken ohne Ende.

Deshalb gilt gerade am Anfang:

Tägliche Zielsetzung, tägliche Kontrolle und tägliche Verbesserung sind ein Muss, um den Mitarbeiter kennen zu lernen und entsprechend reagieren zu können.

Ganz besonders gilt hier der Grundsatz:

> **Wer sofort motiviert, motiviert doppelt!**

Das ist ganz klar, denn je größer der zeitliche Abstand zwischen dem Misserfolg des Verkäufers und dem nächsten Kontakt zu seinem Verkaufsleiter ist, desto demotivierender ist die Wirkung der Misserfolge.

Wöchentliche Meetings sind für die erfahrenen, guten Verkäufer ausreichend. Für die neuen Verkäufer sind sie zum Aufgeben zu viel und zum Erfolg zu wenig. Die guten Verkäufer brauchen die Motivation für ihre gute Laune und für den Ansporn. Die neuen Verkäufer brauchen sie, um zu überleben.

Denn in diesem „Allein-gelassen-Werden", in diesem Mangel an Kontakten und Aussprachemöglichkeiten, an Hilfen und Anregungen, an Ermutigungen und Tröstungen liegt einer der Hauptgründe für das Scheitern vieler neuer Verkäufer. Dieser Kontakt-, Zeit- und Sorgeaufwand wird von vielen Verkaufsleitern sträflich vernachlässigt. Anders gesagt:

Neue Verkäufer brauchen jeden Tag Motivationsimpulse

Und nur durch diese täglichen Kontakte erkennen Sie, ob

- der Verkäufer den Herausforderungen gewachsen ist,
- er für sich eine echte Erfolgschance sieht,
- er die gelernten Verkaufsmethoden richtig einsetzt,
- er seine Erfolge und Misserfolge bewusst analysieren kann,
- er mit Misserfolgen richtig umgehen kann,
- er seine Organisation und Verwaltung richtig beherrscht,
- er sich noch voll mit seinem Beruf und seinem Angebot identifiziert und
- seine Familie noch hinter ihm steht.

Erfahrene Verkaufsleiter wissen: **Je höher die Misserfolgsrate und je unerfahrener der Verkäufer ist, desto größer muss die Anzahl der Motivationsimpulse sein!**

Dazu drei Beispiele aus der Praxis:

1. **Fünf Kontakte am Tag!**
   Der Chef eines Telemarketing-Unternehmens schaut sich seine Leute am Tag fünfmal an, um sofort die demotivierenden Einflüsse von Misserfolgen oder sonstigen Problemen zu

erkennen. Denn er weiß: Nur wenn die Stimmung stimmt, stimmt auch die Leistung seiner Verkäufer!

2. **Drei Treffen pro Tag!**
Die Verkäufer von Vorwerk treffen sich am Tag dreimal: morgens, mittags und abends, um sich auszusprechen, um die unvermeidlichen Misserfolge richtig zu verarbeiten und sich z. B. durch lustige Geschichten oder Erfolgsstorys wieder in eine positive Stimmung zu bringen.

3. **Jeden zweiten Tag ein Begleittag!**
Der Verkaufsleiter eines Herstellers von Großkopierern begleitet während der ersten drei Monate einen neuen Verkäufer fast jeden zweiten Tag, um ihn für seine Aufgabe hundertprozentig fit zu machen. Er lässt ihn erst dann allein arbeiten, wenn er sich persönlich davon überzeugt hat, dass der Verkäufer fachlich und psychisch den Belastungen der Neukundenakquisition gewachsen ist.

Der psychologische Hintergrund dieser permanenten Betreuung:

Nur wenn der Verkäufer den Kopf frei von privaten Sorgen und belastenden Misserfolgsgedanken hat, kann er sich voll auf den Verkauf konzentrieren. Und das ist das Geheimnis jedes Berufserfolgs: die volle Konzentration auf die Aufgabe.

Warum machen sich die guten Verkaufsleiter diese Mühe? Aus Spaß? Nein, sondern weil sie wissen: Jede Miss- und Verstimmung bei einem neuen Verkäufer, die nicht sofort aufgelöst wird,

- schadet in der nächsten Minute der Leistungsfähigkeit,
- nach einer Stunde der Motivation und
- nach einem Tag bereits der Identifikation mit seiner Aufgabe.

Hier gilt: Während positive Gedanken von sich aus die Tendenz haben, schwächer zu werden, haben negative Gedanken von sich aus die Tendenz, stärker zu werden. Diese Entwicklung wird auch noch durch folgende Tatsache verstärkt:

> **Je unsicherer der Verkäufer ist, desto geringer ist seine Belastbarkeit!**

Psychologen fanden heraus:

> **Menschen, die wenig von sich halten,**
> 1. fühlen sich in bestimmten Situationen stärker bedroht,
> 2. sind verwundbarer,
> 3. haben ein größeres Bedürfnis nach Ordnung,
> 4. wollen eigene Aggressionen verhindern oder unterdrücken,
> 5. sind leichter zu überzeugen (z. B. durch negative Kunden oder Kollegen) und
> 6. geben schneller einem Gruppendruck nach als Menschen, die selbst viel von sich halten.

Dabei wurde auch festgestellt: Siegreiche Manager versprechen ihren Leuten nie etwas, ohne ihnen einen Plan mitzugeben, mit dem es möglich ist, dieses Versprechen einzuhalten.

All diese Maßnahmen zur Einarbeitung wirken sich direkt auf die Verkaufsergebnisse der Mitarbeiter aus. Sehen wir uns dazu ein ganz besonderes **Beispiel** an:

Als ich die Verkaufsleiter der BMW-Niederlassungen und der Handelsorganisation trainierte, fiel mir auf, dass die Verkäufer der BMW-Niederlassungen im Durchschnitt um etwa 20 Prozent höhere Pro-Kopf-Umsätze erzielten als die Verkäufer der Händlerbetriebe.

Intensive Recherchen ergaben, dass die entscheidenden Ursachen im Wesentlichen mit der Führung und Motivation der Verkäufer zusammenhingen. Genauer gesagt mit der Art und Weise, wie die neuen Verkäufer ausgewählt, eingearbeitet, geführt und motiviert wurden.

Dabei ergaben sich im Vergleich beider Organisationen folgende interessante Unterschiede:

Die sechs Gründe, warum die Verkäufer der BMW-Niederlassungen erfolgreicher verkaufen als die Verkäufer der BMW-Händler

1. **Die Verkaufsleiter der Niederlassungen (NL) führten eine sehr sorgfältige Bewerberauswahl durch, während die Verkaufsleiter der Handelsorganisation (HO) eher aufgrund persönlicher Erfahrungen vorgingen.**

   Die Verkaufsleiter der NL gingen nach der Vorlage eines ganz spezifischen Verkäuferprofils vor, das getestet war und das die Kriterien der erfolgreichsten BMW-Verkäufer beinhaltete, wie z. B. das Alter, die Schulausbildung, die Fachkenntnisse, die Vereinskontakte, die Freizeitinteressen ..., während die Verkaufsleiter der HO eher nach individuellen Fragen oder dem persönlichen Eindruck vorgingen.

2. **Die Verkaufsleiter der NL forderten die Bewerber nicht zur raschen Stellenentscheidung auf, sondern veranlassten sie, in Ruhe eine echte Identitätsentscheidung durchzufüh-**

ren, während die HO-Verkaufsleiter gute Bewerber zur sofortigen Unterschrift drängten.

Die NL-Verkaufsleiter forderten die guten Bewerber auf, zu Hause mit ihrem Ehepartner die Vor- und Nachteile der neuen Stellung gemeinsam in Ruhe abzuwägen und sich erst nach dieser „Familienkonferenz" wieder zu melden. Im Gegensatz dazu drängten die HO-Verkaufsleiter die guten Bewerber durch möglichst positive Aussagen und große Versprechungen zu einer raschen Entscheidung.

Und die Folge: Aufgrund der klaren Identifikationsentscheidung der neuen NL-Verkäufer arbeiteten diese nicht nur mit wesentlich mehr Einsatz und Überzeugung, sondern sie waren auch gegenüber den unvermeidlichen Schwierigkeiten und Misserfolgen moralisch wesentlich besser gewappnet als die HO-Verkäufer, die nur im Vertrauen auf die verlockenden Vorteile und schönen Versprechungen zugesagt hatten.

3. Die NL-Verkaufsleiter bewiesen den neuen Bewerbern sowohl das hohe Leistungsniveau ihrer Verkäufer als auch die entsprechend hohen Provisionseinkommen, während die HO-Verkaufsleiter meistens nur von den optimalen Verkaufsergebnissen und Provisionseinkommen ihrer besten Verkäufer sprachen.

Die NL-Verkaufsleiter zeigten den neuen Bewerbern anhand der Renntabelle, dass fast all ihre Verkäufer die geforderten Sollzahlen zu dem augenblicklichen Zeitpunkt erreicht hatten und dass sie entsprechend der Provisionsstaffel dadurch auf ein Jahreseinkommen von x Euro kämen. Sie konnten den neuen Bewerbern aufgrund ihrer Erfahrungen sogar versprechen, dass sie bereits im ersten Jahr ein Einkommen von x Euro erreichen würden, wenn sie bereit wären, jeden Tag mit

Disziplin und Engagement folgende Aufgaben durchzuführen:
x Kontakte, x Termine ...

Auch die HO-Verkaufsleiter erzählten den neuen Bewerbern, was sie verdienen könnten. Aber sie berichteten nur von den Einkommen der besten Verkäufer und sie vermieden es in der Regel, auf die besonderen Anforderungen und Schwierigkeiten einzugehen. Sie konnten ihnen diese Einkommenschancen auch weder beweisen noch aufgrund bestimmter Vorleistungen zusagen.

Während die NL-Verkäufer ganz genau wussten, was auf sie zukam, kannten die HO-Verkäufer in der Regel nur die optimalen Einkommenschancen ohne die entsprechenden Voraussetzungen.

4. **Die Verkaufsleiter der NL arbeiteten ihre neuen Verkäufer nach genauen Plänen ein, während die Verkaufsleiter der HO die Einarbeitung eher an die Notwendigkeiten des Betriebs anpassten.**

Die Verkaufsleiter der NL arbeiteten ihre Verkäufer nach zeitlich und aufgabenmäßig genau strukturierten Einarbeitungsplänen ein, in denen Schulungen und praktische Verkaufsarbeit regelmäßig abwechselten, bei denen es Prüfungen zu bestehen gab und bei denen jeder neue Verkäufer einen Paten bekam, der für ihn verantwortlich war.

Die Verkaufsleiter der HO gingen zwar auch nach Einarbeitungsplänen vor, bei denen bestimmte Schulungen in der Zentrale vorgesehen waren, aber im Betrieb wurden die Tagesaufgaben dann doch stark von den augenblicklichen Notwendigkeiten und Gegebenheiten des Betriebs diktiert.

Dadurch konnten die Ausbildungsfortschritte weder klar geplant noch systematisch überprüft werden.

5. **Die Verkaufsleiter der NL vereinbarten mit den neuen Verkäufern sofort klare Ziele mit Feed-back und Kontrollen, während die Verkaufsleiter der HO den neuen Verkäufern in der Einarbeitungszeit meistens keine Ziele und später eher allgemeine, unverbindliche Ziele vorgaben.**

Die Verkaufsleiter der NL vereinbarten schon während der Einarbeitungszeit bestimmte Aktivitätsziele (z. B. die Anzahl bestimmter Kontakte pro Tag) und klare Ergebnisziele (z. B. die Anzahl der Abschlüsse pro Monat). Sie nahmen sich aber vor allem die Zeit, fast jeden Tag, spätestens am Ende jeder Woche zu einer im Voraus festgelegten Zeit diese Ziele auch zu kontrollieren, Erfahrungen abzufragen und dem Verkäufer aufgrund ihrer Beobachtungen ein klares Feed-back zuteil werden zu lassen.

Die Verkaufsleiter der HO ließen dagegen die Verkäufer in der Einarbeitungszeit eher „an der langen Leine laufen" und sprachen nur sporadisch mit ihnen über ihre Probleme, Schwierigkeiten und Fortschritte. Nach der Einarbeitungszeit wurden zwar klare Ziele hinsichtlich der täglichen Arbeit (Kontaktzahlen) und der Abschlüsse pro Monat gesetzt, aber die Kontrolle der Tagesberichte und der Verkaufsergebnisse wurde – sofern der Verkäufer einen einigermaßen zufrieden stellenden Eindruck machte – eher salopp durchgeführt.

6. **Die Verkaufsleiter der NL kündigten bereits bei der ersten Zielvereinbarung die Kontrolle dieser Ziele und die Durchführung unvermeidlicher Konsequenzen bei einer schuldhaften Nichterreichung an, während die Verkaufsleiter der**

HO die nicht erreichten Ziele nur mit gelegentlicher Kritik und ohne echte Konsequenzen verfolgten.

Die Verkaufsleiter der NL machten die neuen Verkäufer bereits während der Einstellungsgespräche auf die unbedingte Einhaltung ihrer Ziele und auf mögliche Konsequenzen bei der Nichterreichung aufmerksam. Da die Bewerber sahen, dass fast alle Verkäufer ihre Limits erreicht hatten, wussten sie, dass der Verkaufsleiter es ernst meinte. Sie wussten also, was bei einer Nichterreichung der Ziele auf sie zukam: im ersten Monat eine intensive Ursachenforschung, im zweiten Monat eine Ermahnung und im dritten Monat bereits ein grundsätzliches Gespräch über ihre Qualifikation für diese Stellung.

Auch die Verkaufsleiter der HO vereinbarten meistens klare Ziele mit den neuen Verkäufern, aber die Kontrolle und Überwachung dieser Ziele sowie die entsprechenden Konsequenzen bei Nichterreichung wurden eher spontan als systematisch gehandhabt, sodass die Verkäufer relativ schnell merkten, dass die Konsequenzen des Verkaufsleiters eher von seiner Stimmung und seiner augenblicklichen Aufgabenbelastung als von ihrem Einsatz und ihren Verkaufsergebnissen abhingen.

Welche konkreten Schlussfolgerungen ergeben sich daraus für die Praxis?

Die zwölf wichtigsten Tipps für die optimale Einstellung und Einarbeitung neuer Verkäufer

1. **Verzichten Sie beim Einstellungsgespräch auf jede Schönfärberei.** Verzichten Sie auf gut klingende, aber unwahre Aussagen. Denn der Verkäufer glaubt immer das, was er gerne glauben möchte.

2. **Denken Sie daran, dass alle falschen Hoffnungen und Versprechungen früher oder später die Motivation schwächen.** Sie wirken sich geradezu lähmend auf die Antriebsstärke der Verkäufer aus.

3. **Berücksichtigen Sie auch, dass nicht erfüllte Hoffnungen das Vertrauen des Verkäufers zu seinem Verkaufsleiter untergraben.** Und dass nicht realisierte Versprechungen sowohl der persönlichen Glaubwürdigkeit als auch der Autorität eines Verkaufsleiters schaden.

4. **Sagen Sie dem Verkäufer klar, was ihn erwartet.** Sagen Sie ihm, welche großen Chancen und Vorteile Sie und Ihre Firma ihm bieten können. Sagen Sie ihm aber auch, welche Leistungen und welches Engagement Sie von ihm erwarten. Ein neuer Verkäufer muss wissen, welche Ziele er erreichen kann und wie hoch der Preis ist, den er dafür bezahlen muss.

5. **Fordern Sie jeden neuen Bewerber zu einer klaren Identitätsentscheidung auf.** Bitten Sie ihn, angesichts der zu erwartenden Vor- und Nachteile zusammen mit seinem Ehepartner eine klare Entscheidung dafür oder dagegen zu treffen.

6. **Bestehen Sie vom ersten Tag an auf hohen Leistungsanforderungen.** Denn der durchschnittliche Verkäufer passt sich in der Regel sofort dem geringstmöglichen Leistungsniveau an und verharrt – sofern er nicht auf Konsequenzen stößt – auf diesem Niveau.

7. **Machen Sie neuen Verkäufern vom ersten Tag an das hohe Leistungsniveau Ihres Teams bewusst.** Nicht die Harmonie in einem Team bestimmt das Leistungsniveau, sondern die tagtäglich praktizierte Einstellung der Teammitglieder zu Leistung und Erfolg bestimmt es. Das bedeutet: Nur das tagtäglich

erlebte hohe Leistungsniveau durch den Verkaufsleiter und die anderen Verkäuferkollegen wird den neuen Verkäufer zu ähnlichen Anstrengungen beflügeln.

8. **Geben Sie neuen Verkäufern von Anfang an klare, aber erreichbare Ziele vor!** Nur verbindliche Zielvorgaben vom ersten Tag an bewirken, dass ein neuer Mitarbeiter auch in seinem Unterbewusstsein sein Anspruchs- und Anforderungsprofil ebenso wie seine Ressourcen nach diesen Zielvorgaben ausrichtet.

9. **Sagen Sie einem neuen Verkäufer, womit er rechnen kann und muss!** Sagen Sie ihm bereits bei der Zielvereinbarung, wie Sie ihn unterstützen, informieren, beurteilen und anerkennen werden. Sagen Sie ihm aber auch, in welchen Abständen Sie seine Arbeit und seine Leistungen kontrollieren werden und mit welchen Konsequenzen er bei einem Verstoß gegen diese Zielvereinbarungen rechnen muss. Der Verkäufer hat das Recht, schon vorher zu wissen, womit er im Positiven wie im Negativen zu rechnen hat.

10. **Bringen Sie den neuen Verkäufer so schnell wie möglich zum Erfolg!** Lassen Sie es auf keinen Fall zu, dass er wochenlang ohne Erfolgserlebnisse bleibt und dass die Einarbeitungszeit zur Leidenszeit wird. Fühlen Sie sich persönlich für seinen Erfolg verantwortlich.

11. **Trennen Sie sich von unqualifizierten Verkäufern!** Machen Sie Schluss, wenn Sie nach sorgfältiger Einarbeitung feststellen, dass seine Fähigkeiten nicht mit Ihren Anforderungen übereinstimmen. Geben Sie damit auch Ihren Fehler bei der Einstellung zu. Es gehört zu Ihrer Verantwortung, einem ungeeigneten Verkäufer einen überflüssigen Leidensweg zu

ersparen und ihm klar seine Stärken und Schwächen aufzuzeigen.

12. **Behandeln Sie solche „schwachen" Mitarbeiter auf keinen Fall als Versager!** Sehen Sie sie als Verkäufer an, die aufgrund ihrer Fähigkeiten eben nicht zu Ihrer Firma oder zu Ihrer Branche passen. Gar mancher Verkäufer, der in der Firma A entlassen wurde, entwickelte sich in der Firma B zum Verkaufsstar. Respektieren Sie ihn daher trotz aller gegensätzlichen Auffassungen als Mensch.

Power-Strategie Nr. 11

Die Strategie des Führungsstils

Wie Sie mit einem konsequenten Führungsstil ein echtes Siegerteam schaffen

Welcher Führungsstil ist der erfolgreichste?

Es gibt Verkaufsleiter mit einem knochenharten, autoritären Führungsstil, die hervorragende Verkaufsergebnisse mit ihrem Team erreichen, und es gibt joviale Verkaufsleiter, die mit einem kooperativen Führungsstil selbst gute Verkäufer zu Versagern machen.

Bei der erfolgreichen Verkäufermotivation geht es nicht um Stile, sondern um die richtigen Maßnahmen. Sehen wir uns zuerst den kooperativen Führungsstil an.

Wie ein falsches Einstellungsgespräch einen erfolgreichen Verkäufer ruinierte

Ein Chef braucht die künftigen Aufgaben bei der Einstellung gar nicht in den schönsten Farben auszumalen. Es genügt schon, wenn er aus Sorglosigkeit oder Unbedachtsamkeit nur einige reizvolle Schlüsselwörter fallen lässt. Dann können schon zwei harmlose Sätze jede langfristige Motivation untergraben. Genau das erlebte ein erfolgreicher Versicherungsverkäufer, der in die Anlageberatung überwechselte und acht Monate später hoffnungslos gescheitert war.

Als ich ihn kurz vor seinem Ausscheiden nach seiner Motivation bei der Telefonakquise fragte, meinte er wortwörtlich: „Ich habe weder die Kraft, den Hörer abzunehmen, noch die Lust, mir weiter das Gesülze der Idioten anzuhören!" Mit „Idioten" meinte er natürlich seine Kunden.

Es war klar, dass er mit dieser lähmenden Antriebsschwäche nicht überleben konnte. Aber – und das ist das Dramatische – ausgelöst haben diesen rapiden Motivationsverfall zwei einfache Sätze bei der Einstellung.

Der eine lautete: „Bei uns brauchen Sie nicht Klinken zu putzen. Wir arbeiten wie Steuerberater, die Leute kommen zu uns!"

Und der andere: „Unser Geschäft basiert auf Empfehlungen. Das dauert zwar einige Zeit, aber dann läuft es fast von allein!"

Der Verkäufer hörte es gerne, weil er es gerne hören wollte. Und er glaubte es gerne, weil er es gerne glauben wollte. Und er scheiterte daran, weil er schließlich die Wunschvorstellung nicht mehr von der Realität unterscheiden konnte. Die Hoffnung, dass sich diese wunderschöne Prophezeiung doch noch einmal erfüllen würde, lähmte bis zuletzt seine Eigeninitiative.

Dazu kam noch ein ganz bestimmter Umstand: der Faktor Zeit. Im Einstellungsgespräch hatte es geheißen: „Wir leben von Empfehlungen. Das braucht zwar einige Zeit, aber dann läuft es wie von selbst." Wer hört das nicht gerne?

Es klang so schön, dass sogar der Chef daran glaubte und diesem neuen Verkäufer völlig freie Hand ließ, sodass er sich alsbald völlig allein gelassen fühlte. Das heißt: Der Chef kümmerte sich im Wesentlichen weder um seine Tagesaktivitäten, also um seine Kontakte, Termine und Abschlüsse, noch um seine Motivation.

Dafür tröstete er ihn mit dem Faktor Zeit. Und mit dem Prinzip Hoffnung, dass das alles schon noch kommen würde. Es kam aber leider nur die Rezession. Und mit ihr der Absturz in die Hoffnungslosigkeit, in die Resignation – und damit in die totale Lähmung. Die traurige Folge: Man trennte sich in beiderseitigem Einverständnis.

Wir aber können sagen: Führungsstil hin, Führungsstil her. Wenn die Verkaufsergebnisse der Verkäufer trotz objektiv akzeptabler Verhältnisse nicht stimmen, dann ist nie und nimmer die Art des Führungsstils daran schuld, sondern dann sind immer ganz bestimmte Führungsfehler daran schuld. In diesem Fall:

Die zehn Führungsfehler eines (zu) kooperativen Chefs

1. Der Chef machte dem neuen Verkäufer schon beim Einstellungsgespräch **falsche Hoffnungen**.

2. Er vereinbarte **kein klares Einarbeitungsprogramm**, sondern sprach nur von Zeit zu Zeit mit ihm.

3. Er vereinbarte **keine klaren Aktivitäts- und Ergebnisziele** mit ihm, sondern sprach nur von einem groben Jahresziel.

4. Er führte **keine Ergebniskontrollen** durch, sondern fragte höchstens nach, wie es denn „im Augenblick ausschaute".

5. **Er unterstützte ihn nicht**, damit er künftig zielbewusst und selbstständig arbeiten konnte, sondern glaubte, dass das mit der Zeit käme.

6. **Er kümmerte sich weder** um die fachliche und verkäuferische Kompetenz noch um die Motivation seines Verkäufers, sondern fragte ihn nur nach seinen Schulungswünschen und schickte ihn auf Seminare.

7. **Er ließ es zu**, dass der Verkäufer monatelang ohne jeden Verkaufserfolg vor sich „hinwerkelte", statt alles zu versuchen, um ihm zu motivierenden Erfolgserlebnissen zu verhelfen.

8. Er zog auch bei sichtlich nachlassender Leistungsbereitschaft des Verkäufers **keine Konsequenzen**, sondern tröstete sich selbst und ihn mit dem Faktor Zeit.

9. **Er interessierte sich nicht** wirklich dafür, dass sein Mitarbeiter so schnell wie möglich erfolgreich und selbstständig wurde. – Und schließlich der letzte Fehler:

10. Er trennte sich von diesem Mitarbeiter, **ohne ein Kündigungsinterview** mit ihm durchzuführen und dadurch seine eigenen Fehler zu erkennen.

Das war kein kooperativer Führungsstil, wie der Chef meinte, sondern eher ein „Laissez faire"- oder „unverantwortlicher" Führungsstil!

Warum führt ein laxer Führungsstil nicht zum Erfolg?

Aus drei Gründen:

1. Weil die Einstellung des Verkäufers auf einer Unwahrheit beruhte („Die Kunden kommen zu uns!") – und sich der Chef der Wirkung dieser Worte nicht bewusst war.

2. Weil der Verkäufer immer gerne das hört, was er hören möchte („Kein Klinkenputzen mehr"), und sich danach auch in seinem Tagesgeschäft richtet.

3. Weil der durchschnittliche Verkäufer, wenn er nicht vom ersten Tag an durch klare Ziele und klare Konsequenzen geführt wird, sein Verhalten in der Regel sofort nach dem geringstmöglichen Leistungsstandard ausrichtet – und ansonsten dem Prinzip Hoffnung huldigt.

Sehen wir uns jetzt den gegenteiligen Führungsstil an.

Ist der autoritäre Führungsstil automatisch besser?

Der besseren Vergleichbarkeit wegen wollen wir auch hier ein Beispiel aus dem Anlagenbereich nehmen. Auf den ersten Blick schien in diesem Unternehmen ein Zug von Ordnung, Zielstrebigkeit und straffer Führung zu herrschen. Die neuen Bewerber wurden im Einstellungsgespräch klar auf ihre Aufgabe, den Verkauf von West-Immobilien durch gezielte Neukundenakquisition, hingewiesen.

Sie wurden in die Materie eingearbeitet, konnten ihren Interessenten per Laptop eine computerunterstützte Verkaufspräsentation vorführen, einschließlich der sofortigen Berechnung individueller Steuervorteile, arbeiteten nach klaren Zielvorgaben, wurden von der Zentrale mit hervorragendem Prospektmaterial versorgt, kamen einmal pro Woche zu einem Ganztagsmeeting zusammen und erfreuten sich neben einer korrekten Verwaltung eines überdurchschnittlich motivierenden Chefs.

An sich ausgezeichnete Voraussetzungen. Und doch war die Fluktuation relativ hoch, waren die Verkaufserfolge alles andere als berauschend, endete eine Reihe von Kündigungen vor dem Arbeitsgericht, blieb der Großteil der Verkäufer weit unter der 50.000-Euro-Provisionsgrenze, waren einige Verkäufer oft wochenlang ohne Verkaufserfolg. Und ein Verkäufer hatte seit seiner Einstellung vor acht Monaten noch keinen einzigen Auftrag geschrieben.

Was war der Grund dafür? Auch hier sagt der Führungsstil nichts über den Erfolg einer Verkaufsmannschaft aus. Auch hier ging es im Prinzip um schwer wiegende Fehler.

Warum funktionierte auch der autoritäre Führungsstil nicht?

Fehler Nr. 1: Das falsche Angebot. Während den Beratern anderer Anlagegesellschaften Schiffs-, Medien- und Windparkfonds mit attraktiven Steuervergünstigungen und Renditen geradezu aus der Hand gerissen wurden, mussten diese Verkäufer geschlossene Immobilienfonds für neue Büros und Gewerbebauten verkaufen, die zum einen nicht mit den Konditionen der bereits genannten Fonds mithalten konnten und zum anderen auf einen gesättigten Markt stießen. Ein echter Managementfehler.

Fehler Nr. 2: Die fehlende Einarbeitung. Die neuen Verkäufer durchliefen zwar ein mehrtägiges Schulungsprogramm hinsichtlich Produktinformationen und Verkaufspsychologie, aber die Verkaufsleiter begleiteten sie keinen einzigen Tag draußen beim Kunden. Das heißt: Sie machten es weder ihren Verkäufern vor, wie man solche Immobilienfonds verkauft, noch überzeugten sie sich persönlich vor Ort von den Fähigkeiten und Defiziten ihrer Verkäufer. Da die meisten neuen Verkäufer sowohl bei diesem Produkt als auch bei der Neukundenakquisition Neulinge waren, war dies eine absolut falsche Strategie.

Fehler Nr. 3: Die falsche Unterstützung. Die Zentrale belieferte zwar die Verkäufer mit immer neuen und schöneren Prospekten, aber sie unterließ es, diese Verkaufshilfen zusammen mit den Verkäufern zu entwickeln und in der Praxis zu testen. Da aber der entscheidende Engpass bei der Terminvereinbarung lag, war dieser hohe Kostenaufwand im Wesentlichen umsonst, stapelten sich die schönen Prospekte im Keller der Verkäufer.

Fehler Nr. 4: Die falsche Problemlösung. Die Verkäufer bekamen zwar von ihren Verkaufsleitern genau vorgeschrieben, wie viele Kontakte sie pro Tag, wie viele Termine sie pro Woche und wie viele Abschlüsse sie pro Monat zu machen hatten. Diese Ergebnisse wurden auch genau registriert, kommentiert und meist kritisiert, aber die Lösung des eigentlichen Kernproblems, die Überprüfung der Stärken und Schwächen der Verkäufer vor Ort durch den Verkaufsleiter und die daraus resultierende konsequente Schulung für eine erfolgreiche Terminvereinbarung, wurde sträflich vernachlässigt. Der Kommentar dazu: „Das gehört nicht zum Stil unseres Hauses. Unsere Verkaufsleiter sollen nicht in der Gegend herumfahren, sondern ihre Arbeit erledigen und jederzeit erreichbar sein." – Eine tragische Fehleinschätzung der Aufgaben eines Verkaufsleiters.

Fehler Nr. 5: Die fehlende Konsequenz. Das war geradezu das Paradoxe: Obwohl der Führungsstil ziemlich autoritär war und die Anfeuerungen und Vorwürfe des Chefs und der Verkaufsleiter „mucksmäuschenstill" in Empfang genommen wurden und es nie zu einer echten Grundsatzdiskussion über diese Probleme kam (weil die Geschäftsleitung, statt das Kernproblem zu sehen, von der Qualität des Produkts und ihrer Führungsmethoden hundertprozentig überzeugt war), wurden doch nie klare einschneidende Konsequenzen gezogen, z. B. in Form von Sanktionen oder Kündigungen.

Fehler Nr. 6: Die falsche Akzeptanz. Sofern der Verkäufer höflich, korrekt und arbeitswillig erschien, wurde er monatelang weiter mitgeschleppt, auch wenn er keinen einzigen Auftrag schrieb. So hart und autoritär die Sprache und der Umgang waren, so zurückhaltend und nachlässig war man, wenn es um einschneidende Konsequenzen ging. Ja, der Gipfel war jener brave, nette Mitarbeiter, der seit seiner Einstellung vor acht (!) Monaten noch keinen einzigen Auftrag geschrieben hatte, aber nach wie vor wie ein vollgültiges Mitglied bei jedem Meeting und jeder Feier dabei war.

Fehler Nr. 7: Die falschen Gründe. Autoritäre Führungspersönlichkeiten sind in der Regel von dem, was sie tun (und dem, was sie verkaufen), hundertprozentig überzeugt. Deshalb gibt es darüber nichts zu diskutieren und daran auch nichts zu ändern. Wenn also Verkäufer nicht erfolgreich verkaufen, dann kann es weder am Produkt noch am Führungsstil liegen, sondern nur an bestimmten äußeren Umständen (wie z. B. der schwachen Konjunktur) oder an speziellen Blockaden des Verkäufers. Beides aber – so die offizielle Meinung – konnte mit der Zeit durch Zuspruch, Kritik oder Motivation gelöst werden.

Fehler Nr. 8: Die verdrängte Schuldfrage. Würde man allen Verkäufern konsequent kündigen, die seit mehreren Monaten nichts verkauft haben, dann müsste man sich ja eingestehen – und jetzt kommt das eigentliche Problem –, dass

- man seinerzeit die falschen Mitarbeiter einstellte,
- das Produkt doch nicht so erfolgversprechend ist, wie man angenommen hatte, und
- der Führungsstil weit weniger effektiv war, als man erwartet hatte.

Aber genau das ist das Hauptproblem jedes autoritären Führungsstils, das ihn früher oder später einholt: Er ist starr und unbeweglich. Er kann keine Veränderungen zulassen. Er kann vor allem keine Fehler zugeben und entsprechend flexibel reagieren. Jede Kündigung aber wäre auch das Eingeständnis eigener Fehler. Und das musste unter allen Umständen verhindert werden. Koste es, was es wolle.

Ein 15-Punkte-Programm, wie Sie neue Verkäufer vom ersten Tag an konsequent zum Erfolg führen

1. **Sagen Sie jedem Bewerber genau, was Sie von ihm erwarten und was er bei Ihnen erreichen kann.** Jede Unwahrheit führt früher oder später zu Enttäuschungen und Frustrationen sowie zu Demotivation.

2. **Sagen Sie dem neuen Verkäufer von Anfang an, wie seine Ziele (Aktivitäts- und Ergebnisziele) aussehen.** Sagen Sie ihm auch, wie die Ziele überwacht werden und welche (gestuften) Konsequenzen ihn bei einer Nichteinhaltung erwarten.

3. **Beweisen Sie dem neuen Verkäufer das hohe Leistungsniveau Ihrer Mannschaft.** Zeigen Sie ihm die aktuelle Rennliste und erklären Sie ihm den daraus resultierenden Leistungsstand sowie die entsprechenden Provisionen.

4. **Legen Sie mit dem neuen Verkäufer einen klaren Einarbeitungsplan fest.** Er soll einen ständigen Wechsel von Schulung und praktischer Verkaufsarbeit beinhalten.

5. **Vereinbaren Sie mit einem neuen Verkäufer von vornherein bestimmte Feed-back-Termine.** Zum Beispiel jeden Tag oder alle zwei oder drei Tage zu bestimmten Uhrzeiten, an denen

Sie mit ihm über seine Erfahrungen und Vorstellungen sowie über seine Probleme und Fragen sprechen. Er darf sich nicht allein gelassen fühlen.

6. **Stellen Sie jedem neuen Verkäufer einen Paten zur Seite.** Er soll ihn in seine Aufgaben sowie in die Organisation und die Kultur des Unternehmens einführen. Sie können den Paten für die Zielerreichung des Verkäufers mit verantwortlich machen. In diesem Fall sollten Sie die besondere Verantwortung und den zusätzlichen Einsatz dieses Paten aber auch besonders honorieren.

7. **Überzeugen Sie sich selbst durch einige Begleittage von den Stärken und Schwächen des neuen Verkäufers.** Erkennen Sie vor allem das Engpassproblem, das seine weitere Entwicklung überdurchschnittlich blockiert.

8. **Bleiben Sie konsequent.** Richten Sie sich von vornherein auf die üblichen Ausreden ein, wenn der neue Verkäufer nicht die abgesprochenen Zielvereinbarungen einhält. Machen Sie ihn von Anfang an auf die möglichen Konsequenzen aufmerksam. Lassen Sie sich im Ernstfall nicht auf überflüssige Diskussionen ein, sondern akzeptieren Sie nur wirkliche Gründe. Falsche Nachgiebigkeit untergräbt nicht nur bei diesem Verkäufer, sondern auch bei den anderen Ihre Autorität.

9. **Sorgen Sie dafür, dass der neue Verkäufer so schnell wie möglich zu seinen ersten Erfolgen kommt.** Dazu gehört auch, dass er so schnell wie möglich selbstständig und erfolgreich arbeiten kann. Jeder neue Verkäufer, der über Gebühr erfolglos ist, ist ein Angriff auf die Glaubwürdigkeit und auf die Autorität des Verkaufsleiters. Denn der Verkäufer braucht aufgrund der unwahren Versprechungen auch den anderen Aussagen des Verkaufsleiters nicht mehr zu glauben.

10. **Sorgen Sie dafür, dass gerade der neue Verkäufer nur die Herausforderungen bekommt, die er auch erreichen kann.** Verschleißen Sie ihn nicht durch unnötige Misserfolge. Setzen Sie die schwierigste Aufgabe, die Neukundenakquisition, erst dann für ihn fest, wenn Sie sich überzeugt haben, dass er dafür auch fit ist!

11. **Veranlassen Sie einen neuen Verkäufer von Anfang an, selbst seine Erfolge und Misserfolge zu analysieren.** Unterstützen Sie nicht seine Denkfaulheit, indem Sie selbst (immer) die Ursachen benennen. Er muss selbst darauf kommen. Nur dann kann er auch ein späteres Fehlverhalten selbst korrigieren.

12. **Geben Sie einem neuen Verkäufer von der ersten Minute an das Gefühl, dass Sie ihn gerne in Ihrer Mannschaft sehen.** Zeigen Sie ihm, dass Sie von ihm auch große Erfolge erwarten. Geben Sie ihm das Gefühl, dass er für Sie und das Unternehmen wichtig ist.

13. **Fragen Sie jeden neuen Verkäufer nach neuen Ideen und Vorschlägen.** Zum Beispiel, was ihm gegenüber seiner alten Firma aufgefallen ist, was er früher anders gemacht hat. Akzeptieren Sie neue Ideen, aber lassen Sie nicht zu, dass diese Gespräche die ernsthafte Verkaufsarbeit ersetzen.

14. **Geben Sie dem neuen Verkäufer klare Erfolgsquoten vor.** Rechnen Sie aufgrund Ihrer Erfahrung dem neuen Verkäufer genau vor, was er tagtäglich an Kontakten und Terminen machen muss, damit er den gewünschten Verkaufserfolg und das erhoffte Provisionseinkommen auch wirklich erreicht. Klare Erfolgsquoten liefern gerade neuen Verkäufern das unbedingt notwendige Durchhaltevermögen, das sie für ihre Arbeit brauchen.

15. **Schaffen Sie bei jedem neuen Verkäufer das Bewusstsein, dass seine Verkaufserfolge allein von ihm abhängen.** Beweisen Sie ihm, dass zwischen der Anzahl seiner Kontakte und Termine und seinen Abschlüssen eine geradezu mathematische Beziehung besteht. Der Verkäufer braucht das Gefühl, dass sich seine Arbeit und erst recht jede Mehrarbeit in unmittelbaren Erfolgen auszahlt.

Power-Strategie Nr. 12

Die Strategie des Vorbildverhaltens

Wie Sie durch ein mitreißendes Vorbildverhalten Ihre Verkäufer zum Nachahmen motivieren

Wir alle kennen den berühmten Satz des Hl. Augustinus: „Wer andere entzünden will, muss selbst brennen!" Konkret heißt das für jeden Verkaufsleiter:

> **Wer motivieren will, muss selbst motiviert sein!**

Es ist die älteste und wichtigste Führungsregel und sie basiert auf der Tatsache, dass für die Verkäufer der Verkaufsleiter die wichtigste Bezugsperson ist. Daher wird sein Verhalten, das heißt alles, was er denkt, sagt oder tut, bewusst oder unbewusst – entsprechend dem Prinzip „Lernen durch Nachahmung" – von den Verkäufern übernommen.

Das ist keine Erfindung von NLP! Das ist eine uralte Erfahrung! Und jeder Verkäufer, der sieht, dass sein Verkaufsleiter nicht das kann, was er ihm aufgetragen hat, hat unbewusst sofort eine Entschuldigung oder Ausrede dafür, dass er es auch nicht tun kann oder tun muss!

Ein Verkaufsleiter, der nicht bereit ist, das vorzumachen, was er fordert, kann niemals die Kompetenz und Fähigkeit seiner Verkäufer wirklich verstärken. Er ist nicht glaubwürdig!

Ich habe noch keine Vertriebsgruppe kennen gelernt, die überdurchschnittlich erfolgreich war, bei der der Verkaufsleiter z. B. nicht selbst (noch gelegentlich) die Neukundenakquisition durchführte. Auch dazu zwei Beispiele:

Beispiel Nr. 1:

Wie ein Verkaufsleiter aus der Büromaschinenbranche mit seinem Team das beste Neukundengeschäft schaffte

Auch die modernsten PCs und Laptops verkaufen sich heute nicht mehr von selbst. Der Wettbewerb durch Discounter wie Media-Markt oder andere Formen des Direktvertriebs hat für die eingesessenen Händler geradezu beängstigende Ausmaße angenommen. Umso mehr sind heute die Verkäufer gezwungen, direkt an ihre Kunden heranzugehen. Und weil es heute gerade bei kleinen und mittleren Firmen oft viel erfolgreicher ist, statt umständlicher Terminvereinbarungen die Kunden direkt – also ohne jede Voranmeldung – aufzusuchen, ist Kaltakquisition angesagt. Keine erfreuliche Botschaft für Verkäufer, die es gewohnt sind, in ihren Schauräumen auf „Kundschaft" zu warten.

Genau das weiß auch unser Verkaufsleiter. Und er weiß weiter, dass die Verkäufer nach jeder markigen Motivationsrede, wenn es draußen regnet oder schneit, nur eines denken: „Du hast gut reden, du sitzt im Warmen, aber ich soll mir draußen bei diesem Hundewetter die Hacken ablaufen ..." Und dann setzen sie sich in ein Café oder besuchen ein paar nette Stammkunden und füllen am Abend den Tagesbericht mit getürkten Adressen auf.

Der Verkaufsleiter, der im Warmen sitzt und nur schöne Reden hält, ist also bei diesen Verkäufern zum Symbol für gute Ausreden geworden.

Doch dieser Verkaufsleiter denkt anders. Er geht mit gutem Beispiel voran. Einen Tag vorher sagt er zu seinen Verkäufern: „Wir gehen morgen alle zur Neukundenakquisition raus – bis auf die zwei Junioren, die im Laden bleiben. Jeder arbeitet in seinem Gebiet. Ich selbst fahre ins Industriegebiet X (ein nicht besetztes Verkaufsgebiet) und werde dort Neukunden akquirieren."

Am nächsten Morgen, Punkt 8.30 Uhr, geht es los, der Verkaufsleiter schwärmt mit seinen 15 Verkäufern aus, egal ob es draußen Bimssteine regnet oder wattedick schneit.

Erst jetzt beginnen die Verkäufer umzudenken und sich zu sagen: „Unser Verkaufsleiter hat weiß Gott andere Aufgaben. Wenn der sich wirklich die Zeit dafür nimmt und mit uns loszieht, dann ist das ein echtes Zeichen dafür, wie viel ihm an dieser Sache liegt."

Erst jetzt gehen sie mit Feuereifer an die Sache. Denn am nächsten Morgen, wenn Bilanz gezogen wird, kann sich keiner auf Regen, Schnee oder unfreundliche Kunden herausreden. Denn all diese Probleme kennt der Verkaufsleiter aus eigener Erfahrung. Und mit welchem Recht könnte ein Verkäufer mit seiner täglichen Verkaufserfahrung hinter dem Ergebnis des Verkaufsleiters zurückbleiben, der das nur ein Mal pro Woche macht?

Kein Wunder, dass dieser Verkaufsleiter mit seinem Team drei Jahre hintereinander das beste Neukundengeschäft in seiner Firma schaffte.

Gerade bei so exponierten Aufgaben gilt in der Regel das, was auch schon Albert Schweitzer erfuhr. Er sagte: **„Als ich jung war, glaubte ich, man könne Mitarbeiter durch ein gutes Vorbild führen. Heute weiß ich, es ist die einzige Möglichkeit!"**

Beispiel Nr. 2, das wir bereits kurz vorgestellt haben.

Der Chef selbst geht auf Akquisition

Als Reinhold Würth noch aktiver Chef seines Unternehmens war, lautete einer seiner Grundsätze: Man kann von den Verkäufern nur das verlangen, was man auch selbst vormacht!

Er wusste genau, dass die persönliche Glaubwürdigkeit bei allen Führungs- und Motivationsmaßnahmen vom Vertrauen der Verkäufer abhängt und dass man sich dieses Vertrauen vor Ort verdienen muss.

Das heißt: Man kann einem Verkäufer nur dann zehn Termine pro Tag „aufs Auge drücken", wenn man aus eigener Erfahrung weiß, dass diese zehn Termine z. B. bei den aktuellen Verkehrs- und Parkplatzproblemen überhaupt noch möglich sind.

Man kann auch seinen Verkäufern nur dann vorschreiben, bei 25 Grad im Schatten noch korrekt mit Krawatte und Sakko aufzutreten, wenn man es selbst einmal ausprobiert hat und weiß, wie man sich dabei fühlt.

Genau das machte Reinhold Würth immer wieder. Wenn er zum Beispiel bei einer Auslandsniederlassung – etwa in Neapel – zu Besuch war, dann begleitete er spontan einen seiner Verkäufer bei seiner Tour. Dann wusste er sehr schnell, ob die Anzahl der Kontakte noch möglich und die Kleiderordnung noch angebracht war oder ob beides schleunigst geändert werden musste.

Nach einem solchen Begleittag tat Würth etwas, das für ein gutes Vorbildverhalten unverzichtbar ist: Er schrieb in seinem Monatsbrief an die Verkäufer über diesen Begleittag, sodass alle Verkäufer von dieser persönlichen Erfahrung ihres Chefs wussten.

Reinhold Würth lebte, inszenierte und dokumentierte sein Vorbildverhalten – das ist entscheidend! Denn es gibt fünf Regeln, die ein Vorbildverhalten erst wirklich überzeugend und motivierend machen.

Die fünf Regeln für ein motivierendes Vorbildverhalten

Würths Verhalten beweist, dass

1. ein gutes Vorbildverhalten immer wieder bewusst **inszeniert** werden muss,

2. es in einer Art **Symbolhandlung** ausgeführt werden muss,

3. es nicht in aller Stille, sondern **in aller Öffentlichkeit** durchgeführt werden muss,

4. es **dokumentiert**, also schriftlich festgehalten werden muss, und

5. es immer wieder **erwähnt** werden muss, damit daraus eine motivierende Legende, ja ein unternehmensspezifischer Mythos entsteht.

Gerade solche Legenden und Mythen haben den Vorteil, dass sie am kritischen Verstand vorbei direkt in das Unterbewusste des Menschen wirken. Denn wir Menschen sind mythische Wesen. Wir brauchen etwas, das wir frei von jeder kritischen Reflexion einfach glauben können.

Darüber hinaus bietet ein Chef, der sich selbst in einen mit 60 Grad aufgeheizten Fiat quetscht und seine Kunden besucht, nicht nur ein hervorragendes Vorbild, sondern auch eine ideale Identifikationsmöglichkeit. Die Verkäufer wissen dann, dass er dasselbe tut wie sie. Und sie wissen, dass er von ihnen nichts anderes verlangt als das, was er selbst tut.

Ganz allgemein gilt:

> **Jedes Vorbildverhalten, das eine Wertvorstellung zum Ausdruck bringen und motivieren soll, muss sichtbar vorgelebt werden!**

Damit sind wir bei einem entscheidenden Punkt:

Drei Beispiele, wie Sie Ihr Vorbildverhalten wirkungsvoll inszenieren können

Beispiel Nr. 1: Die Wertvorstellung – Wir beraten unsere Kunden immer fair!

Nehmen wir folgende Situation an: Sie sind Orga-Leiter einer Gruppe von Versicherungsvertretern. Jeder Abschluss wandert über Ihren Schreibtisch. Dabei entdecken Sie einen Vertrag, der nach Ihrer Meinung zu Ungunsten des Kunden mit zu hohen Prämienbeiträgen abgeschlossen wurde. Was tun Sie? Sie lassen sich den Verkäufer kommen, prüfen, ob Ihr Verdacht gerechtfertigt ist, und wenn ja, veranlassen Sie ihn, den Kunden nochmals zu besuchen und ihm „freudestrahlend" mitzuteilen, dass es ihm nach nochmaliger Durchsicht der Unterlagen gelungen sei, einen noch besseren, preisgünstigeren Tarif ausfindig zu machen.

Das heißt: Sie bestrafen den Verkäufer nicht, sondern Sie veranlassen ihn, diese Fairness sehr wohl als echten Bonus und als Chance für weitere Abschlüsse oder Referenzen einzusetzen. Über den Ausgang und die Folgewirkungen dieser positiven Aktion lassen Sie ihn beim nächsten Meeting berichten.

Beispiel Nr. 2: Die Wertvorstellung – Das wichtigste Ziel unserer Bemühungen sind zufriedene Kunden!

In diesem Fall verlangen Sie von Ihren Verkäufern, dass jede Kundenreklamation zusammen mit einer kurzen Stellungnahme des zuständigen Verkäufers (oder Sachbearbeiters bzw. Kundendienstmannes) über Ihren Schreibtisch geht. Sie machen es ferner in Ihrer Abteilung zum Gebot, dass innerhalb von x Stunden mit jedem reklamierenden Kunden Kontakt aufgenommen wird. Außerdem vereinbaren Sie klare Richtlinien für die Schadensregulierung bzw. kümmern sich in besonderen Fällen selbst um die Schadensregulierung. Auf Ihren Meetings tragen Sie dann vor, wie der Kunde zufrieden gestellt wurde und auf welche Weise sich die Zufriedenheit des Kunden ausgezahlt hat; z. B. in Form von spontanen Zusatzkäufen, Empfehlungen, Dankesbriefen oder Referenzen.

Beispiel Nr. 3: Die Wertvorstellung – Wir stehen loyal zu unserem Unternehmen!

In diesem Fall lassen Sie es nicht zu, dass Ihre Verkäufer bei privaten oder öffentlichen Besprechungen in negativer oder destruktiver Weise über die Entscheidungen der Geschäftsführung „herziehen". Das gilt auch dann, wenn Sie selbst nicht hundertprozentig von der Richtigkeit überzeugt sind. Ihre Inszenierung geht so vor sich, dass Sie konsequent jede Art destruktiver Kritik stoppen und ihr auf keinen Fall Ihr Ohr leihen.

Warum ist diese Wertvorstellung so wichtig? Ganz einfach: Wenn Sie zulassen, dass an den Entscheidungen der Geschäftsleitung abschätzige Kritik geübt wird, was hindert Ihre Verkäufer dann daran, eines Tages Ihre Entscheidungen genauso ablehnend und negativ zu beurteilen? Nichts! Absolut nichts!

Konzentrieren Sie also die Diskussion nicht auf die Frage: Warum hat uns jetzt die Geschäftsleitung dieses Ei ins Nest gelegt? Sondern einzig und allein auf die Frage: Wie können wir diese Entscheidung am besten in die Praxis umsetzen?

Und was ist, wenn Sie selbst diese Entscheidung für falsch halten? Dann haben Sie drei Möglichkeiten:

1. Sie suchen das Gespräch mit der Geschäftsführung, hören sich ihre Gründe an und versuchen sie, je nach Lage zu verstehen oder umzustimmen.

2. Sie konzentrieren sich trotz der unterschiedlichen Meinungen darauf, mit Ihrem Team das Beste daraus zu machen.

3. Sie sind der Meinung, dass Sie diese Entscheidung der Geschäftsführung nicht vertreten können, und bitten um Ihre Versetzung bzw. reichen Ihre Kündigung ein.

Dies sollte dann der Fall sein, wenn die Entscheidung der Geschäftsführung eindeutig gegen Treu und Glauben ist, wenn z. B. bereits gemachte Zusagen und Versprechungen ohne stichhaltige Gründe nicht eingehalten werden.

Eine Entscheidung innerlich abzulehnen, sich mit den Verkäufern zu solidarisieren und sie dennoch missmutig durchzusetzen ist jedenfalls der falsche Weg. Besser ist es in diesem Fall, den Verkäufern klar zu erklären, dass Sie selbst diese Entscheidung im Augenblick nicht nachvollziehen können, aber dass Sie selbst hundertprozentig darauf bestehen werden, dass sie korrekt vollzogen wird. Und das ohne Wenn und Aber. Und Sie können im Sinne der Corporate Identity hinzufügen: Auch der Mann am Band kann nicht jede Entscheidung der Geschäftsführung nachvollziehen und deshalb nicht das Band anhalten. Das wäre das Ende jeder menschlichen Organisation und Zusammenarbeit.

Fazit: Hüten Sie sich vor allem bei den lockeren Pausengesprächen oder informellen Gruppenmeetings davor, Ihrem inneren Wunsch nach Solidarisierung mit den Verkäufern nachzugeben und ebenfalls die Entscheidung der Geschäftsführung abzuwerten. Beziehen Sie klar Front dagegen, **denn Autorität ist unteilbar!** Und jede Beschädigung der obersten Autorität bewirkt mit zeitlicher Verschiebung auch eine Beeinträchtigung Ihrer persönlichen Autorität.

Noch etwas gehört zum Vorbildverhalten eines Verkaufsleiters:

Der geheime Vertrag zwischen Verkaufsleiter und Verkäufer

Das eigentliche Recht zur Führung und Motivation, zu Anordnungen und Weisungen, zu Belohnungen und Bestrafungen besteht in einer Art geheimen Vertrags zwischen Ihnen und den Verkäufern. Und dieser geheime Vertrag sieht aus Ihrer Sicht etwa so aus:

„Lieber Verkäufer, ich zeige dir genau, wie es geht, wie du erfolgreicher wirst, wie du deine Ziele erreichst, und wenn du es genau so machst, dann wirst du auch den erwünschten Erfolg erreichen."

Aus der Sicht des Verkäufers liest sich der geheime Vertrag dagegen so:

„Wenn Sie, verehrter Herr Verkaufsleiter, mir sagen oder zeigen, wie ich besser werden kann – also wie ich leichter, schneller und effizienter meine Verkaufsziele erreichen und damit mein Geld verdienen kann –, dann bin ich auch bereit, Ihren Anweisungen zu folgen."

Genau das ist die stärkste und wichtigste Legitimation jeder Führung. Es ist auch die älteste Führungsregel der Welt, denn niemals konnte man Mitarbeiter zu überdurchschnittlichem Einsatz motivieren, wenn man ihnen nicht gleichzeitig half, auch ihre persönlichen Ziele zu erreichen. Genau das drückt auch das nächste Beispiel aus.

Die wichtigste Führungsregel der Geschichte

In einem Buch, das vor rund 2.300 Jahren geschrieben wurde und das der Managementpapst Peter Drucker als das Beste bezeichnete, das je über Führung geschrieben wurde, fragte der Königssohn seinen weisen Vater, wie man am besten den Gehorsam seiner Soldaten erreiche.

„Nun, was meinst du?", fragte der König den Sohn und der antwortete: „Den wirkungsvollsten Antrieb zum Gehorsam sehe ich darin, dass man den, der gehorcht, lobt und ehrt, während man den, der den Gehorsam verweigert, verachtet und bestraft." – „Ja, mein Sohn", sagte der König, „das ist der Weg zum erzwungenen Gehorsam. Es gibt aber noch einen anderen, kürzeren Weg zum freiwilligen Gehorsam, der weit besser ist:

Denn die Menschen gehorchen sehr gerne jedem, von dem sie annehmen, dass er über alles, was ihnen nützlich ist, besser Bescheid weiß als sie selbst."[41)]

Sagen Sie also Ihren Verkäufern, wie sie zu ihrem eigenen Vorteil etwas besser machen können, und Sie werden nie mehr Schwierigkeiten mit Ihrer Autorität haben.

Der gleiche König gab aber auch die Antwort darauf, warum sich z. B. so viele Verkäufer weigern, am Telefon systematisch neue Kunden zu akquirieren. Er sagte: „Wenn man aber annehmen muss, dass man durch Gehorsam einen Nachteil erleidet, dann lässt man sich weder durch Strafen noch durch Belohnungen dazu bewegen. Denn niemand nimmt freiwillig Belohnungen zu seinem eigenen Nachteil an."[42)]

Dann hilft auch keine noch so harte Kritik. Im Gegenteil: Sie verhärtet die Positionen nur.

Vorbildverhalten heißt also zuerst einmal, besser Bescheid zu wissen, wie die Mitarbeiter ihre Ziele erreichen können – und es ihnen dann vorzumachen.

Power-Strategie Nr. 13

Die Strategie der Persönlichkeit

Wie Sie durch das Charisma Ihrer Persönlichkeit zum Leistungspromotor für Ihre Verkäufer werden

Wie erkennt man den Wert von Menschen und Diamanten? Ganz einfach: Indem man sie aus der Fassung bringt! Die Zeitschrift **Capital** führte bei den Führungskräften von Wirtschaft und Verwaltung eine Umfrage durch:[43]

1. „Was sehen Sie als Ihre wichtigste Aufgabe an?" 65 Prozent der Führungskräfte antworteten: „Die Motivation."

2. „Wie viel Zeit verwenden Sie pro Woche für die gezielte Motivation?" – Antwort der Führungskräfte: „Eineinhalb Stunden." Antwort der Unternehmer: „Zweieinhalb Stunden."

Hier liegt also der Hase im Pfeffer! Die Führungskräfte kümmern sich zu wenig um die Motivation ihrer Mitarbeiter.

Dabei weiß jede Führungskraft, wie wichtig es ist, den Leistungswillen der Mitarbeiter zu wecken. Gerade im Verkauf ist die Gefahr groß, dass die Mitarbeiter schon bei den kleinsten Schwierigkeiten ihre positive Stimmung verlieren und anfangen zu resignieren.

Deshalb gilt gerade hier der Satz: **Jede Leistungskrise ist in Wahrheit eine Motivationskrise!**

Die drei fundamentalen Voraussetzungen der Motivation durch Persönlichkeit

1. Motivation erfordert Nähe

Nähe bedeutet, das Gespräch mit den Mitarbeitern zu suchen! Denn der Schlüsselpunkt jeder erfolgreichen Motivation ist das persönliche Gespräch.

Ein bekannter Trainer der Fußballbundesliga sagte einmal: „Wozu muss ich Leute, die zwei Millionen Mark verdienen, auch noch motivieren?"

Die Folgen:

- Er bestrafte missliebige Spieler zuerst mit Nichtreden. Und als er dann redete, tat er es mit den Falschen, z. B. mit dem Torhüter, dem Quertreiber jeder Mannschaft.
- Drei Spieler verweigerten daraufhin die Arbeit.
- Diese drei Spieler wurden verliehen bzw. verkauft.
- Schließlich wurde der Trainer entlassen.

Hier gilt die Regel: Leistungsträger sind Künstler. Man muss mit ihnen reden!

> **Führung ist Kommunikation!**

Und Kommunikation bedeutet, miteinander zu reden. Man kann Mitarbeiter aus der Ferne verwalten, aber nicht motivieren. Nur in der Nähe können Sie als Führungskraft das rüberbringen, was Motivation auslöst: Ihre Persönlichkeit, Ihren Optimismus, Ihre Ausstrahlung und Ihr Charisma! Mit den Mitarbeitern nicht mehr zu reden ist deshalb nicht nur eine Bestrafung der Mitarbeiter, sondern auch das Ende jeder Motivationsfähigkeit!

Nähe heißt, seine Mitarbeiter zu kennen. Wer Mitarbeiter begeistern und motivieren will, braucht etwas, das sie persönlich anspricht. Er muss wissen, was sie ermutigt und was sie herausfordert!

2. Motivation erfordert Zeit

Erfahrene Führungskräfte wissen:

Man braucht oft Jahre für eine starke Motivation, aber nur Sekunden für die Demotivation!

Und diese Demotivation hat fast immer mit der Persönlichkeit der betreffenden Führungskraft zu tun. Dazu einige Beispiele:

Vier Beispiele dafür, wie schnell ein Verkaufsleiter einen Mitarbeiter demotivieren kann

1. **Wie ein Verkaufsleiter seinem Verkäufer mit einem Satz sein totales Misstrauen ausdrückte**
Ein Verkäufer steckte den Kopf ins Büro seines Verkaufsleiters und fragte: „Chef, kann ich noch Bestellscheine haben?" Daraufhin der Chef wie aus der Pistole geschossen: „Wozu brauchen Sie Bestellscheine? Sie schreiben doch sowieso keine Aufträge!" Deutlicher kann man seine negative Erwartungshaltung nicht aussprechen.

2. **Wie ein Verkaufsleiter blitzschnell die Hoffnung des Verkäufers auf eine Anerkennung zunichte machte**
Ein Verkäufer kommt am Abend mit stolzer Miene ins Büro des Verkaufsleiters und sagt: „Chef, ich habe hier einen

Auftrag!" Seine Stimme klingt voller Erwartung nach Lob und Anerkennung. Doch der Verkaufsleiter sagt nur: „Legen Sie ihn hierher. Ich sehe ihn mir später noch an!" Eine absolute Demotivation. Hier gilt: Vorenthaltene Anerkennung wirkt wie vorenthaltene Belohnung!

3. **Wie ein Verkaufsleiter seinem Verkäufer mit einer einzigen Antwort sein „persönliches" Desinteresse zeigte**
   Nach einem anstrengenden Begleittag lud der Verkäufer seinen Chef noch auf ein Glas Bier in seine Wohnung ein. Leicht erschöpft antwortete ihm dieser: „Tut mir leid, aber der Tag war sehr anstrengend und morgen früh muss ich schon um acht Uhr in Würzburg sein. Ein andermal vielleicht."

Im Klartext hieß das: Ich habe zwar acht Stunden Zeit, deine Leistung zu kontrollieren, aber keine halbe Stunde für ein (privates) Glas Bier. Ich sehe dich vor allem als Umsatzbringer, aber nicht als Mensch.

Sie sehen, wie schnell man demotivieren kann. Drei Sekunden genügen! Das Problem: Die meisten Demotivationen geschehen nicht böswillig, sondern nur unbedacht! Doch der Mitarbeiter versteht bei der Motivation keinen Spaß. Dazu ein weiteres Beispiel.

4. **Wie ein Verkaufsleiter mit einem Satz für alle Zeit die Motivation eines Verkäufers untergrub**
   Es war 19 Uhr. Der Verkäufer saß noch am Schreibtisch, um den morgigen Tag vorzubereiten, als plötzlich die Tür aufflog, der Chef im Raum stand und sagte: „Aha, am Abend werden die Faulen fleißig!"

Natürlich war das nicht böse gemeint. Natürlich entsprang dieser Satz eher einem impulsiven Reflex und nicht der

Absicht, zu demotivieren. Aber der Verkäufer erzählte mir diese (wahre) Begebenheit noch Jahre später mit einer solchen Emotionalität, dass ich wusste, wie sehr ihn dieser Satz getroffen haben musste. Und noch etwas anderes wurde mir bewusst, als er sagte: „Das war die letzte Überstunde, die ich in diesem Betrieb und unter diesem Verkaufsleiter gemacht habe!"

Das war das Ende jeder Motivation – und das nach einem Satz von zwei Sekunden! Hier gilt der eherne Grundsatz:

Die Grenze der Persönlichkeit ist auch die Grenze der Führungs- und Motivationsfähigkeit!

Der Verkaufsleiter, der sich in solchen Situationen nicht im Griff hat, der sich von seinen spontanen Gefühlen beherrschen lässt, der sich nicht mit dem richtigen Einfühlungsvermögen ausdrücken kann, wird früher oder später scheitern. In diesem Fall an seinen unkontrollierten Reflexen.

Das Fazit: Legen Sie bei jedem Lob und jeder Kritik, also bei jeder (möglichen) Motivation oder Demotivation Ihre Worte auf die Goldwaage! Denn bei Lob und Kritik versteht der Mitarbeiter absolut keinen Spaß! Auch dazu noch ein besonders drastisches Beispiel:

5. **Wie eine Führungskraft mit drei Wörtern die ganze Verkaufsmannschaft gegen sich aufbrachte!**
In einem Münchener Kaufhaus der Topklasse hatte eine Verkäuferin einen unglaublichen Tagesumsatz von über 12.500 Euro geschafft. Natürlich war das ein Anlass zum Feiern und folgerichtig erschien der Prokurist am Morgen des nächsten Tages mit einem großen Blumenstrauß und einem Scheck, um

die Verkäuferin vor ihren Kollegen und Kolleginnen zu ehren. Er fand schöne Worte des Lobes und der Anerkennung und schloss seine Rede mit einem, wie er meinte, ebenso aufmunternden wie witzigen Satz.

Doch dieser Satz schlug wie eine Bombe ein. Die Verkäuferin schmiss den Blumenstrauß zu Boden, machte auf dem Absatz kehrt, verließ das Haus und wurde an diesem Tag nicht mehr gesehen. Währenddessen brummte es bei den Mitarbeitern, die diesen Vorfall beobachtet und aufgeregt weitererzählt hatten, wie in einem Bienenstock, in den sich eine feindliche Hornisse verirrt hatte.

Was hatte der arme Prokurist nur gesagt? Welche Beleidigung hatte er vorgebracht? Nichts anderes als die folgenden drei Wörter: „Aber morgen genauso!"

Natürlich ist die Reaktion der Verkäuferin und der Mitarbeiter nicht logisch nachvollziehbar! Aber „psycho-logisch"! Der Satz bedeutete für sie: Die Geschäftsleitung ist nie mit ihnen zufrieden! Und wenn sie heute einen fantastischen Umsatz erreicht haben, dann erwartet sie morgen schon wieder den gleichen Erfolg und übermorgen noch einen größeren. Zum Teufel mit dieser Gier!

Und die Folge? Diese unscheinbaren Sätze werden zu Verletzungen, die sich in das Gedächtnis der Mitarbeiter wie die schlimmsten Beleidigungen ihres Lebens eingraben und künftig jeden weiteren Motivationserfolg blockieren. Denken Sie daran:

Bei Lob und Kritik verstehen die Mitarbeiter absolut keinen Spaß!

„Zeit" heißt auch, die Mitarbeiter zum richtigen Zeitpunkt zu motivieren. Sonst wird aus einem Misserfolg ganz schnell eine Krise, die mit einem Stimmungstief beginnt, in einer Leistungsschwäche fortwirkt und in einer Identitätskrise endet. Hier gilt:

> **Wer zum richtigen Zeitpunkt motiviert, motiviert doppelt!**

Warum ist der Zeitpunkt so wichtig? Weil Misserfolge unbewusst weiterwirken. Weil sie das Selbstvertrauen angreifen. Und weil ohne Selbstvertrauen kein Verkäufer auf Dauer erfolgreich verkaufen kann.

Zeit ist auch für den Aufbau des Vertrauens zwischen Ihnen und Ihrem Mitarbeiter notwendig. Diese Zeit kann man nicht abkürzen. Denn es gibt keine Schnellstraße zum Vertrauen. Und es ist eine Utopie, anzunehmen: Ich habe heute einen neuen Mitarbeiter bekommen und kann ihn morgen schon voll motivieren. Der Verkaufsleiter muss sich das Vertrauen seiner Mitarbeiter erst verdienen. Die beste Möglichkeit dazu ist, sich regelmäßig um sie zu kümmern.

> **Erfolgreiche Motivation erfordert das echte Interesse am Erfolg der Mitarbeiter!**

Der Verkaufsleiter muss also wissen,

- was in den Köpfen seiner Verkäufer vorgeht,
- was sie bedrückt und
- wie er sie schnellstmöglich wieder auf Erfolgskurs bringen kann.

Noch besser ist es, wenn er schon vorab ihre Erfolgschancen optimieren kann! Warum ist das so wichtig? Vor 2.500 Jahren erschien im alten China ein Buch mit dem Titel „Die Kunst des Krieges". Es wurde zum Bestseller für alle Könige und Feldherren. Denn die Hauptthese dieses Buches lautete: **„Eine Schlacht wird vorher gewonnen und vorher verloren!"** Genau dasselbe gilt für den Verkäufer:

> **Das Verkaufsgespräch wird schon vorher gewonnen oder vorher verloren!**

Denn Identifikation, Kompetenz und Motivation eines Verkäufers entscheiden schon vor dem Verkaufsgespräch über seine Abschlusschancen:

- Wer sich z. B. nicht voll mit seinem Angebot identifiziert, strahlt diese Disharmonie unweigerlich aus – und steckt damit seine Kunden an.
- Wer Angst vor den Fragen, den Einwänden oder den Einschüchterungsversuchen der Kunden hat, der strahlt diese Angst aus – und verunsichert seine Kunden oder ist ihnen hoffnungslos ausgeliefert.
- Wer den Kopf nicht frei hat, also sich nicht voll auf seine Kunden konzentrieren kann, weil er an seine Provision oder an seine Familienprobleme denkt, der strahlt das aus – und irritiert damit seine Kunden.

Die Auswirkungen sind deshalb für jeden Verkäufer so dramatisch, weil dahinter drei entscheidende psychologische Gesetzmäßigkeiten stehen:

Die drei wichtigsten Gesetze des positiven Denkens

1. **Der Verkäufer ist, was er denkt!**
   Jeder Verkäufer kleidet, benimmt und bewegt sich genau so,

wie seine Gedanken über sich selbst und seine Gesprächspartner sind. Wer sich selbst als Topverkäufer sieht, der wird sich auch so kleiden, benehmen und bewegen wie ein Topverkäufer. Wer sich dagegen als Verlierer sieht, der wird das auch durch sein äußeres Erscheinungsbild demonstrieren.

2. **Was der Verkäufer denkt, strahlt er aus!**

Wenn ein Verkäufer denkt, dass er bei dem nächsten Verkaufsgespräch eine echte Erfolgschance hat, dann strahlt er das auch durch seine Miene, seine Stimme und sein Auftreten aus! Dann tritt er wirklich wie ein Sieger auf, während der Chancenlose schon wie ein Verlierer „anklopft".

3. **Was der Verkäufer ausstrahlt, zieht er an!**

Der Verkäufer, der weiß, dass er erfolgreich ist, strahlt Selbstsicherheit, Glaubwürdigkeit und Begeisterung aus. Dadurch ermutigt und motiviert er den Kunden zu Abschlüssen, die ein unsicherer und pessimistischer Verkäufer nie erreichen würde.

Genau das muss der Verkaufsleiter wissen und entsprechend eingreifen. Er muss dem unerfahrenen, erfolglosen oder in der Krise steckenden Verkäufer helfen. Er muss ihn wieder auf die Erfolgsschiene bringen. Oder noch besser: Er muss ihn schon vorher vor allen unnötigen Misserfolgen bewahren! Voraussetzung dafür ist: **Er muss sich für seine Verkäufer wirklich interessieren!** Denn das ehrliche Interesse am anderen ist das Zauberwort für die Erziehung wie für die Führung.

Warum Joseph Kennedy trotz allem ein guter Vater war

Man kann über Joseph Kennedy, den Vater von John F. Kennedy, Robert Kennedy und Edward Kennedy, denken, was man will, aber eines muss man ihm zugestehen: Er wusste, wie man seine Kinder zu Führungspersönlichkeiten erzieht, und er wusste auch, welches die wichtigste Voraussetzung dafür ist: das echte Interesse an ihrem Leben und an ihren Fortschritten. Nur zwei Beispiele dazu:

- Auch wenn er tausende von Meilen von zu Hause weg war, rief er nach einer Rede seinen Sohn John sofort an, um zu erfahren, ob er erfolgreich gewesen war.
- Und er rief – wenn es sein musste – auch aus Europa an, um von seinem Sohn Robert zu hören, wie er bei der letzten Prüfung abgeschnitten hatte.

Er wusste, dass man ohne persönliche Beachtung und starke Anteilnahme niemanden zu außergewöhnlichen Leistungen motivieren kann.

Werden Sie zum Positiv-Mann für Ihre Verkäufer!

Aber Vorsicht! Konzentrieren Sie sich bei den Gesprächen mit den Mitarbeitern nicht unbewusst auf das Negative! Wer sich auf das Negative konzentriert, wird schnell zum „Minus-Mann" für seine Verkäufer.

Sie dürfen aber nicht in die Rolle des Minus-Mannes kommen, denn zu viel Kritik bewirkt Ablehnung. Das Problem dabei ist, dass man niemals in ein Antipathiefeld hinein überzeugen kann. Hier gilt:

> **Permanent negative Kritik zerstört, konstruktives Lob baut auf!**

Franz Beckenbauer, der „Kaiser", sagte dazu: „Noch nie ist ein Fußballer durch harte Kritik groß geworden, sondern viel eher durch anspornendes Lob!"

Der Mitarbeiter muss Ihr Erscheinen, Ihr Gespräch und Ihr Feed-back immer wertschätzen und nicht abschätzen!

Werden Sie zum Positiv-Mann für Ihre Verkäufer! Ein Kontakt ist für den Verkäufer dann positiv, wenn Sie ihm dabei helfen, seine wichtigsten Fragen zu beantworten:

- Wie werde ich besser?
- Wie komme ich schneller, leichter und effizienter zu meinen Verkaufsergebnissen?

3. Motivation erfordert Wiederholung

Die Motivation ist nichts Statisches, sondern etwas Dynamisches. Sie unterliegt wie unsere Leistungsfähigkeit permanenten Schwankungen. Sie ist ebenso abhängig von unserer körperlichen Fitness wie von unseren Erfolgserlebnissen, von unserer Identifikation wie von unserem Umfeld. Hier gelten die zwei Regeln:

- Je mehr Motivationsimpulse die Verkäufer bekommen, desto höher ist ihre Leistungsbereitschaft! Und:
- Jeder Mitarbeiter braucht eine andere Zahl von Motivationsimpulsen!

Braucht der erfahrene, erfolgreiche Verkäufer vielleicht nur einen Motivationsimpuls pro Monat von seinem Verkaufsleiter, so braucht der Neuling im Direktvertrieb bis zu drei Motivationsimpulse pro Tag! Hier gilt das Gesetz der Zahl:

- Je schwieriger das Geschäft ist (z. B. der Direktvertrieb oder die telefonische Neukundenakquisition),
- je größer die Misserfolgsquote ist (z. B. zwischen der Anzahl der Kontakte und der Anzahl der Abschlüsse) und

- je unerfahrener der Verkäufer ist (z. B. als Anfänger oder Neuling in der Branche),

desto mehr Motivationsimpulse braucht der Verkäufer!

Mein Motivationstipp: Reservieren Sie also eine zusätzliche Stunde pro Tag für die Motivation Ihrer Mitarbeiter – und Sie verdoppeln ihre Erfolgschancen!

Denn je mehr Kontakte Sie zu Ihren Mitarbeitern haben, desto mehr Kontrakte werden sie auch schreiben! Der psychologische Hintergrund dafür ist ganz einfach: Die Mitarbeiter sagen sich: „Wenn sich mein Verkaufsleiter für mich (und meinen Erfolg) interessiert, dann interessiere ich mich auch für ihn und seine Umsatzziele!"

Motivation funktioniert nicht wie ein Salzstreuer!

Also nach dem Motto: Wenn es nicht klappt, muss man wieder etwas nachhelfen. Nein!

Motivation muss permanent erfolgen!

Zum Beispiel:

- Heute durch ein ermutigendes Gespräch
- Morgen durch eine positive Zielvereinbarung
- Übermorgen durch einen inspirierenden Begleittag
- Am vierten Tag durch einen netten Brief
- Am fünften Tag durch eine interessante Information
- Am sechsten Tag durch einen aufmunternden Anruf
- Am siebten Tag durch eine Einladung zu einem Sportfest

Genau das ist ja das Schwierigste an Ihrer Aufgabe: diese permanente Verpflichtung, dieses tägliche Anschieben!

Daher ist es eine Illusion zu glauben, man müsste es doch einmal geschafft haben; man müsste sich doch einmal in Ruhe zurücklehnen können, weil die Dinge wie von selbst laufen.

Power-Strategie Nr. 14

Die Strategie der Leistungsmotivation

Wie Sie eine überdurchschnittliche Einsatzfreude Ihrer Verkäufer erreichen

An dieser Stelle müssen wir uns eine grundsätzliche Frage stellen, die immer wieder in Diskussionen auftaucht:

Kann man Verkäufer überhaupt motivieren?

Entsprechend dem Gesetz der Logik wissen wir: **Wenn man Mitarbeiter demotivieren kann, dann muss man sie auch motivieren können!**

Und nun die Beweisfrage: Kann man Verkäufer bewusst oder unbewusst demotivieren? Natürlich. Wir haben uns bereits fünf Beispiele dazu angesehen. Also muss man sie auch motivieren können.

Aber heißt das auch, dass man jeden Mitarbeiter motivieren kann? Nein! Wir müssen uns bei der Motivation sowohl vor Allmachtsfantasien als auch vor Ohnmachtsfantasien hüten. Die Motivation ist weder eine Wunderwaffe noch ein Allheilmittel!

Wen kann man dann überhaupt motivieren? Und welche Gesetzmäßigkeiten gelten dabei? Genau das ist das Thema dieses Kapitels.

Motivationsgesetz Nr. 1: Man kann nicht jeden Mitarbeiter auf die gleiche Weise motivieren

Aber eines kann man in jedem Fall versuchen: alle überflüssigen und unbedachten Demotivationen zu vermeiden!

Hier gilt: **Die sicherste Motivation kommt durch den Verzicht auf jede Demotivation!**

Die zweite Schlussfolgerung: Neben den vielen motivationswilligen Mitarbeitern gibt es **drei Gruppen von Problemverkäufern bei jeder Motivation:**

- die schwer motivierbaren Mitarbeiter
- die kaum motivierbaren Mitarbeiter
- die nicht motivierbaren Mitarbeiter

Sie würden – wenn man ihnen auf den Leim ginge – die meiste Zeit und die größte Kraft kosten und als Gegenleistung den geringsten Erfolg und die größte Enttäuschung bieten. Ein absolutes Minusgeschäft!

Sie sind Verlierer-Typen, und wer sich mit ihnen aufgrund falscher Hoffnungen und Illusionen zu lange abgibt, steht auf verlorenem Posten! Ihre Kraft, Ihre Zeit und Ihr Vertrauen sollten Sie den Hoffnungsträgern und nicht den Nervensägen widmen!

Ein chinesisches Sprichwort sagt:

> **Es gibt für jedes Ziel den richtigen Weg, aber nicht jeder Mann ist der richtige Mann für den richtigen Weg!**

Sehen wir uns nun diese drei Problemgruppen der Motivation einmal etwas näher an:

Die schwer motivierbaren Mitarbeiter

Zu ihnen gehören die „Bewusstlosen" – also die Verkäufer, die kein echtes Bewusstsein ihrer Stärken und Schwächen, ihrer Erfolge und Misserfolge, ihrer Ziele und Grenzen, ihrer Wünsche und Abneigungen haben. Es sind die Verkäufer, die in den Tag hineinleben.

Sie sind sich weder ihrer Werte und Einstellungen noch ihrer Programme und Verhaltensweisen bewusst. Und sie sind sich erst recht nicht der notwendigen Entwicklungsschritte zur Verbesserung ihrer Situation bewusst.

Solchen Verkäufern kann man sagen, was man will, und sie können Seminare besuchen, so viele sie wollen, sie kommen nicht weiter. Sie besitzen keine Lern- und Verbesserungsfähigkeit.

Aber ohne Lern- und Verbesserungsfähigkeit gibt es keinen Fortschritt!

Der beste Test für dieses „Bewusstsein" ist das **Feed-back-Gespräch**, das wir bereits besprochen haben. Fragen Sie also Ihren Mitarbeiter beim nächsten Begleitbesuch:

- Was haben Sie gut gemacht?
- Was wollen Sie beim nächsten Mal anders machen?

Wenn er keine klaren Antworten darauf weiß, gehört er zu den „Bewusstlosen". Lassen Sie sich nicht von seinen Aussagen wie „Das weiß ich nicht" oder „Ich verkaufe ganz spontan ..." täuschen. Gute Verkäufer wissen immer, was sie tun.

Die kaum motivierbaren Mitarbeiter

Zu ihnen gehören die „wunschlos Glücklichen", die keine besonderen Wünsche haben, die mit dem Ist-Zustand zufrieden sind, die keinen Grund für eine besondere Anstrengung sehen, die sich mit ihrer Mittelmäßigkeit begnügen – ja, die sich sogar trotz ihrer Mittelmäßigkeit als erfolgreich ansehen.

Sie spielen am liebsten das „Wenn-dann-Spiel". Sie sagen zu sich: „Wenn ich mich wirklich anstrengen würde, dann wäre ich auch ein Spitzenverkäufer." Aber sie strengen sich nie wirklich an, denn sonst müssten sie erkennen, dass sie in Wirklichkeit Versager bzw. Mittelmäßige sind. Sie hätten dann keine Ausrede mehr. Dazu kommt bei diesen Verkäufern oft noch ein ganz spezielles Problem: Sie haben keine Wünsche. Aber: **Ohne große Wünsche gibt es keine große Motivation!**

Wenn ein Verkäufer nicht weiß, warum er sich mehr anstrengen soll, dann wird er sich auch keine Mühe machen, zu erforschen, wie er ein größeres Ziel erreichen könnte.

Nietzsche:

> **Wer ein Warum weiß, erträgt jedes Wie!**

Das Unterbewusste braucht eine Antwort auf das Warum! Das gilt erst recht für die Neukundenakquisition. Denn ohne den Willen zum Erfolg gibt der Verkäufer spätestens nach dem dritten Misserfolg auf.

Machen Sie den Test! Fragen Sie Ihre Verkäufer: „Wie sehen Ihre Lebensziele, Ihre Wünsche und Ihre Träume aus?" An der Klarheit ihrer Antworten erkennen Sie sehr schnell ihren momentanen

Motivationszustand. Hoch motivierte Verkäufer wissen immer ganz genau, warum und wofür sie sich so hundertprozentig einsetzen!

Die nicht motivierbaren Mitarbeiter

Das sind in erster Linie die geborenen Pessimisten, denn ihre bisherigen Negativerfahrungen, die sie seit ihrer frühesten Kindheit gemacht haben, bewirken, dass sie neue Herausforderungen sofort als Bedrohungen interpretieren und negativ einfärben, mit der Folge: Statt Macht fühlen sie Ohnmacht. Statt auf neue Kunden zuzugehen, gehen sie ihnen aus dem Weg! Statt Herausforderungen anzupacken, flüchten sie in die Resignation.

Sie wissen bereits, woran Sie pessimistische Verkäufer erkennen: an der Qualität ihres inneren Dialogs. Pessimisten sagen nach einem Misserfolg zu sich: „Ich kann einfach nicht verkaufen!" Optimisten sagen in dieser Situation zu sich: „Der letzte Kunde war heute einfach schlecht gelaunt!"

Erinnern Sie sich noch an unser Kapitel „Optimisten verkaufen besser"? Dann wissen Sie auch, dass die wichtigste Optimismus-Regel lautet:

> **Die Qualität des inneren Dialogs entscheidet über die Qualität der Verkaufsergebnisse!**

Die Folge: Während sich die Optimisten nach Misserfolgen durch ihren positiven Eigendialog wieder aufbauen, reden sich die Pessimisten geradezu in die Resignation hinein!

Diese drei Arten von Problemverkäufern können Sie relativ rasch erkennen!

Vor allem wenn sie neu angefangen haben. Der **Test** dafür ist die Neukundenakquisition!

Die guten, die motivierten Verkäufer versuchen, so schnell wie möglich auf neue Kunden zuzugehen, um Geld zu verdienen. Hier gilt: **Hoch motivierte Verkäufer wollen so schnell wie möglich zu Erfolg und zu Geld kommen!**

Die schwer, kaum oder überhaupt nicht Motivierbaren flüchten sich dagegen in diesem Augenblick der Wahrheit in Ersatzhandlungen. Sie lassen sich Zeit.

Die drei Fluchtreaktionen schwach motivierter Verkäufer

- Da bastelt der eine an seinem Computer an den schönsten Unterlagen, ohne sie auch nur einem Kunden vorzulegen.
- Da besucht ein zweiter alle Seminarangebote von Stufe I bis IV, ohne in der Zwischenzeit auch nur eine einzige Methode in der Praxis auszuprobieren.
- Und da schickt der Dritte 1.000 Briefe auf einen Schlag heraus, ohne auch nur bei einem einzigen Kunden telefonisch nachzufassen.

Was sie beherrscht, ist Angst. Was ihnen fehlt, ist der echte Wille zum Erfolg. Der Wille zum Erfolg aber ist eine weitere wichtige Erfolgsvoraussetzung!

Da die „Bewusstlosen" nicht einmal das Problem erkennen, die „wunschlos Glücklichen" keine Veranlassung zu einer Veränderung sehen und die geborenen Pessimisten von vornherein alles negativ sehen, gibt es für sie – zumindest für absehbare Zeit – kaum eine Chance zur Weiterentwicklung! Natürlich gibt es Wunder, aber die sind relativ selten!

Das Fazit daraus: **Reservieren Sie Ihre Zeit für die guten, motivationsbereiten Mitarbeiter!**

Bleibt die Frage:

Was machen Sie mit den „Problemverkäufern"?

Drei Möglichkeiten bieten sich an:

1. **Sie starten einen neuen Versuch.** Wenn Sie dafür Zeit haben (und das ist entscheidend!), unternehmen Sie nochmals einen Versuch.

2. **Sie isolieren die Problemverkäufer.** Wenn Sie keine zusätzliche Zeit für die Förderung dieser Problemverkäufer haben, sie aber aufgrund bestimmter Umsatzergebnisse auch nicht entlassen wollen (oder können), isolieren Sie sie. Sie sagen ihnen dann, dass sie künftig keinen Anspruch mehr auf Ihre individuelle Förderung (z. B. auf Begleittage) haben, dass sie sich künftig auf Meetings mit ihrer (negativen) Meinung absolut zurückzuhalten haben, dass Sie ihnen bestimmte Privilegien entziehen (z. B. das Privileg von Wochenberichten statt von Tagesberichten) und dass ein Umsatz von x Euro die unterste Grenze der Akzeptanz darstellt. Darunter haben sie mit ihrer Kündigung zu rechnen.

Natürlich informieren Sie auch die anderen Verkäufer über diesen Schritt, damit auch sie wissen (und sehen), dass Verstöße gegen Zielvereinbarungen von Ihnen nicht ohne Konsequenzen hingenommen werden. (Das ist im Prinzip genau dasselbe, was ein Fußballtrainer mit formschwachen Spielern macht: Er setzt sie auf die Bank!)

3. **Sie kündigen ihnen.** Wenn Sie aufgrund einer klaren Beurteilung erkennen, dass neben der Leistungsschwäche auch die wichtigsten Selbstfaktoren dieser Problemverkäufer – wie z. B. ihre Selbstdisziplin, ihre Selbstkontrolle oder ihr Selbstvertrauen – keine Verbesserung mehr versprechen, dann trennen Sie sich von ihnen. Auf keinen Fall dürfen Sie im Interesse des Teamgeistes diesen Problemverkäufern zu viel Zeit widmen! Das wäre nicht nur unrationell, sondern auch gegenüber Ihren korrekten Mitarbeitern unfair!

Vielleicht erscheinen Ihnen diese Maßnahmen zu hart. Aber hier gilt:

Sie können nur dann ein Team zu Gewinnern machen, wenn auch alle gewinnen wollen; wenn alle den brennenden Wunsch haben, besser zu werden, und wenn alle bereit sind, ihr Bestes zu geben! Jede Halbherzigkeit verstärkt dagegen die Probleme! Darüber hinaus haben Sie in diesen Zeiten des Hyperwettbewerbs und der gnadenlosen Preis-Leistungs-Konkurrenz nicht viel Zeit, auf (mögliche) Veränderungen zu spekulieren.

Sie brauchen den Erfolg – und Sie brauchen ihn schnell! Für uns alle gilt eher das Motto aus dem berühmten Roman „Der Leopard" von Lampedusa:

Damit alles so bleibt, wie es ist, muss sich alles ändern!

Motivationsgesetz Nr. 2: Ein hohes Leistungsniveau muss gefordert werden, es entsteht nicht von selbst

Die Parole heißt:

Fordern statt verwöhnen!

Ein psychologisches Gesetz besagt: Man kann Mitarbeiter nur dann auf der Höhe ihrer Leistung halten, wenn man sie ständig vor neue Herausforderungen stellt, die ihre Fähigkeiten erproben und erweitern!

Deshalb kann es für einen Verkaufsleiter sogar sinnvoll sein, eine Aktion zu starten, obwohl es im Augenblick gar keine zwingende Notwendigkeit dafür gibt. Sehen wir uns dazu einige Beispiele an:

Fünf Ideen, wie Sie ein hohes Leistungsniveau herausfordern, erreichen und aufrechterhalten können

Idee Nr. 1: Verändern Sie die Vertriebsstruktur!
Die Änderung kann z. B. notwendig sein, um sich den Marktbedingungen besser anzupassen und die Flexibilität der Mannschaft zu gewährleisten. Folgende Maßnahmen bieten sich dafür an:

- **Teilen Sie die Verkaufsgebiete neu ein,** wenn die Marktbearbeitung in den verschiedenen Gebieten große Unterschiede aufweist. Sonst verlieren Sie unweigerlich Marktanteile an die Konkurrenz.
- **Verzichten Sie künftig auf den „Allround-Verkäufer"** und teilen Sie Ihre Verkaufsmannschaft in „Neukunden-Verkäufer" und „Stammkunden-Betreuer" ein. Das kann dann notwendig werden, wenn die Neukundenquote immer schlechter wird oder die Anforderungen an die Neukundenakquisition immer größer oder spezialisierter werden.

Warum? Ein Verkäufer, der ein oder zwei Jahre nur noch als Kundenbetreuer gearbeitet hat, ist nicht mehr in der Lage, eine erfolgreiche Neukundenakquisition zu betreiben. Ihm sind die „Zähne ausgefallen".

Er hat alle Eigenschaften für eine erfolgreiche Neukundengewinnung verloren: den Biss, die Ausdauer und die guten Argumente. Man kann aber solche Fähigkeiten nicht einfach auf- und zudrehen wie einen Wasserhahn! Sie müssen permanent geübt werden!

Idee Nr. 2: Streben Sie die Marktführerschaft an!
Auf diese Weise können Sie neue, begeisternde Ziele setzen. Hier gilt: Jährliche Fünf-Prozent-Umsatzsteigerungen motivieren nicht! Nur große Ziele lösen mehr Motivation und damit mehr Energie aus!

Wie sich Sieger Ziele setzen, die sie wirklich motivieren:

- Lothar Matthäus: „Ich wünsche mir als Trainer den Sieg in der Champions-League! Das wäre noch ein echte Herausforderung für mich!"
- Boris Becker: „Man muss sich als junger Spieler von vornherein das Ziel setzen, unter die Top Ten zu kommen und nicht unter die ersten 80, wenn man wirklich erfolgreich werden will."
- Kurt Dobitsch, Vice President eines weltweiten Computer-Herstellers: „Um Mitarbeiter erfolgreich zu motivieren, braucht man große, faszinierende Ziele. Wir wollen in den nächsten Jahren den Absatz verdreifachen, den Umsatz und Gewinn verdoppeln und wegen der sinkenden Gewinnmargen unsere Sach- und Personalkosten um 15 Prozent reduzieren."

Große Ziele liegen auch im Interesse der Mitarbeiter! Denn ihr Grundbedürfnis lautet:

- Wir möchten erfolgreich sein!
- Wir möchten bei der erfolgreichsten Firma arbeiten!
- Wir möchten im erfolgreichsten Team mitwirken!

Sie sagen nie: „Wir möchten heute in einem 50-Millionen-Euro-Unternehmen und morgen in einem 250-Millionen-Euro-Unternehmen arbeiten."

Sie sagen stattdessen: „Wir wollen heuer die Nummer zwei in unserem Markt und nächstes Jahr die Nummer eins, der Marktführer, werden!"

In einem 100-Millionen-Unternehmen zu arbeiten ist keine Motivation! Beim Marktführer zu arbeiten ist eine Motivation!

Idee Nr. 3: Greifen Sie die Stammkunden des Wettbewerbers an!
Auf diese Weise halten Sie den Angriffsgeist Ihrer Verkäufer in Schwung. Denn wer rastet, der rostet! Wettbewerber herauszufordern kann enorme Energien freisetzen. Und Sie erreichen damit noch einen weiteren Vorteil:

Wer motivieren will, braucht Bilder eines starken Gegners!

Denn starke Gegner lösen enorme Motivationskräfte aus. Sie bringen oft erst den richtigen Adrenalinstoß! Das zeigen auch viele Beispiele in der Geschichte:

- Rom wurde nur durch die Herausforderung Karthagos groß.
- Alexander wurde nur durch die Eroberung Persiens unsterblich.
- Und selbst BMW würde ohne Daimler Benz nicht dort stehen, wo es heute steht.

Wenn Sie das Wort „Gegner" abschreckt oder Ihnen zu kriegerisch erscheint, ist es für Sie vielleicht doch interessant zu erfahren, was Rolf Berth, Chef der Kienbaum-Akademie, bei seinen Untersuchungen über die wichtigsten Erfolgsursachen von Unternehmen feststellte.[44]

Er kam zu folgendem Ergebnis: Firmen, die ein eindeutig definiertes Bild ihres Hauptgegners haben, den zu übertrumpfen das Anliegen aller ist, arbeiten **um 209 Prozent besser (rentabler)** als Firmen ohne solche klaren Bilder eines starken Gegners.

Er stellte weiter fest, dass von den 27 entscheidenden Erfolgskriterien das Feindbild das fünftwichtigste Erfolgskriterium ist.

Nur Kriterien wie erstens das ergänzende Aufeinanderzugehen, zweitens die Vertrauensorganisation mit wenig Kontrolle, drittens die Einmaligkeit und viertens die visionäre Orientierung sind für den Unternehmenserfolg noch bedeutsamer.

Idee Nr. 4: Erhöhen Sie die Zahl der Neukunden!
Das ist eine der besten Methoden, um die verkäuferischen Fähigkeiten fit zu halten. Denn nur bei der Neukundenakquisition kann der Verkäufer beweisen, was er verkäuferisch wirklich draufhat.

Darüber hinaus hat die Neukundenakquisition einen weiteren Vorteil: Man muss sie täglich machen, sonst kommt man aus der Übung. Denn verkaufen heißt üben. Und erfolgreich verkaufen heißt sehr viel üben!

Idee Nr. 5: Forcieren Sie den Abverkauf „ausgereifter", aber nicht mehr ganz moderner Produkte!
Das gibt Ihnen die Chance, die Identifikation Ihrer Mitarbeiter mit ihrer Firma, ihrem Beruf und ihrer Tätigkeit zu testen und zu verstärken. Und es gibt Ihnen die Chance, auch Ihren eigenen Sympathiewert zu testen.

Denn bei den wettbewerbsschwächeren Produkten wissen die Mitarbeiter ganz genau, dass nicht so sehr sie selbst als vielmehr Sie diesen Umsatz brauchen!

Nehmen Sie sie doch einmal in die persönliche Verpflichtung und sagen Sie zu ihnen: „Ich brauche diesen Umsatz. Auch wenn er für euch nicht so interessant ist, so tut es für mich!" Und wenn sie es wirklich tun, dann wissen Sie, dass Sie ihr Vertrauen und ihre Sympathie gewonnen haben.

Wie man bei seinen Verkäufern Schulden eintreibt

Eine andere Methode, sein Ziel zu erreichen, verfolgte der ehemalige US-Präsident Lyndon B. Johnson. Brauchte er bei einer wichtigen Abstimmung noch Stimmen, dann pflegte er von bestimmten Abgeordneten für früher geleistete Gefälligkeiten am Tag X ihre Stimme als Gegenleistung einzufordern. Das nannte er dann „Schulden eintreiben".

Das Gleiche können auch Sie tun. Auch Sie haben sich das Vertrauen und die Sympathie Ihrer Mitarbeiter verdient, weil Sie in früheren Zeiten etwas für sie taten. Auch diese Leistungen sollten Sie in Ihrem „schwarzen Notizbüchlein" notieren, um Ihre Mitarbeiter am Tag X, wenn Sie zusätzliche Umsätze brauchen, ebenso sanft wie nachdrücklich daran zu erinnern.

Das ist moralisch einwandfrei! „Do ut des!" (Ich gebe, damit du gibst!) sagten schon die alten Römer dazu.

Viele Menschen verzeihen laut Voltaire eher Grobheiten als Gefälligkeiten! Also sollten Sie Ihren Mitarbeitern die Chance geben, sich zu revanchieren!

Als Kernthese für alle fünf Maßnahmen gilt: So wie die Muskeln müssen auch die geistigen und psychischen Fähigkeiten der Verkäufer immer wieder geübt und herausgefordert werden – der Kampfgeist genauso wie die Verkaufsargumentation. Sonst gilt bald für solche Verkäufer:

> **Zuerst brauchen sie nicht zu kämpfen, dann wollen sie nicht kämpfen und zuletzt können sie nicht mehr kämpfen!**

Darüber hinaus gilt: Die Leistungsfähigkeit einer Verkaufsmannschaft lässt sich letztlich nur an außerordentlichen Aufgaben messen! Wie wichtig dabei Ihre Rolle als Verkaufsleiter ist, beweist das nächste Motivationsgesetz.

Motivationsgesetz Nr. 3: Zu einer schöpferischen Spitzenleistung gehören (fast) immer zwei Personen

Sie können hunderte von Spitzenleistungen aus dem Bereich des Sports, der Kunst, der Kultur oder der Wirtschaft untersuchen – immer wieder werden Sie auf folgende Tatsache stoßen: Spitzenleistungen entstehen fast nie allein. Immer finden Sie hinter Spitzenleistungen einen Zweiten – einen Leistungspromotor: einen Mentor, Förderer, Mäzen oder Herausforderer.

Auch bei guten Verkäufern finden Sie hinter ihrer Leistung immer einen Zweiten: den Ehepartner, einen Kollegen, einen Trainer, einen Freund, einen Bekannten – oder einen guten Verkaufsleiter.

Hier gilt: **Jeder, der nach Spitzenleistungen strebt, braucht jemanden, der ihn immer wieder ermutigt und inspiriert, der ihn tröstet und aufbaut, der ihn ebenso fördert wie fordert, der von ihm Großes erwartet und der auch in Krisenzeiten fest an ihn glaubt!**

Denken Sie nur an die Geschichte des Bürokopierer-Verkäufers, der nach einem Raketenstart drei Monate lang nichts mehr verkaufte, dessen Verkaufsleiter aber weiter an ihn glaubte, sodass er am Ende des Jahres noch der zweitbeste Verkäufer wurde. Ohne die Unterstützung und Ermutigung seines Verkaufsleiters hätte er das niemals geschafft.

Genau das bestätigt auch eine alte psychologische Erfahrung:

> **Solange noch jemand an uns glaubt, sind wir nicht verloren!**

Darüber hinaus verhilft der gute Verkaufsleiter seinen Verkäufern zu ihrer Selbstverwirklichung. Und diese Selbstverwirklichung besteht – wie es der amerikanische Trainer John Wooden ausdrückte – in seinem „Seelenfrieden". Also in dem Gefühl, sein Bestes gegeben zu haben, um der Beste zu werden, der er werden kann!

Genau darin liegt auch Ihre persönliche Sinnaufgabe und Ihre größte Chance zur Selbstverwirklichung: dem Verkäufer zu helfen, der zu werden, der er werden kann!

Motivationsgesetz Nr. 4: Neue Verkäufer dürfen erst dann mit schwierigen Aufgaben betraut werden, wenn sie dafür wirklich fit sind

Das heißt: Der Verkäufer muss die Methoden und Argumente der Neukundenakquisition so **gut beherrschen**, dass er sich dabei sicher und wohl fühlt! Denn draußen an der Front kann er auch nicht immer per Telefon oder Fax die Meinung des Verkaufsleiters einholen. Doch nur dann, wenn er sich sicher fühlt, wird er sie auch konsequent betreiben. Hier gilt:

> **Nur die Herausforderungen motivieren, die man auch bewältigen kann!**

Warum? Mangelnde Fähigkeiten führen automatisch zu einem Mangel an Selbstvertrauen. Denn jede Inkompetenz schafft zwangsläufig auch Unsicherheit. Und sie schafft – in Form von Negativerinnerungen – auch Blockaden für zukünftige Herausforderungen. Deshalb muss der Verkäufer für seine Aufgaben fit sein! Das gehört zu der Verantwortung eines Verkaufsleiters.

Andererseits gilt: Jeder Mensch kämpft nur so lange um Anerkennung und Erfolg, bis er einsieht, dass er nicht mehr weiterkommt, egal, was er auch unternimmt.

Manche Verkäufer scheiden dann einfach aus; andere aber schalten ab und sagen sich: „Der Unterschied, ob ich mich weiterhin abrackere oder es mir leichter mache, beträgt 2.500 Euro im Jahr abzüglich der Steuern. Unter diesen Umständen lohnt sich die Mühe nicht."

Die Folge: Sie verschieben ihre Zielsetzung vom maximal Erreichbaren auf das gerade noch Entschuldbare!

Dazu kommt noch: Je mehr Vorschriften und kleinliche Verfügungen auf die Mitarbeiter treffen, desto schneller und häufiger wird eine solche Demotivation bewirkt. Dem Verkäufer fehlt dann die Luft zum Atmen.

Eine der wichtigsten Aufgaben des Verkaufsleiters besteht deshalb darin, den Verkäufern den Weg freizuschaufeln, damit sie so effizient wie möglich verkaufen können. Dazu zwei Anregungen, wie Sie Ihre Verkäufer als Teamcoach stärker motivieren können:

1. Schaffen Sie einen Informations- und Know-how-Pool!

In diesem Pool sollten alle praktischen Verkaufserfahrungen gesammelt werden! Er soll Ihren Verkäufern helfen, auf vorhandenen Erfahrungen aufzubauen, damit sie nicht bei jeder neuen Herausforderung das Rad neu erfinden müssen. Denn das größte Verkaufs-Know-how steckt in den Erfahrungen Ihrer Verkäufer.

Sie wissen am besten, wie man argumentiert, wenn

- die Verteidigung der Preise schwieriger wird,
- die Ansprache neuer Kunden auf immer größere Widerstände stößt,
- die Erstellung von Angeboten für neue Unternehmen immer komplizierter wird.

Doch wie sieht die Realität aus? In den meisten Fällen bastelt jeder Verkäufer allein an irgendwelchen Lösungen herum, die er dann auch noch mit viel Zeit- und Kostenaufwand in der Praxis testen muss! Eine absolute Verschwendung von Zeit, Geld und Kreativität! Hier gilt:

> **Teamerfahrung schlägt jedes Einzelkönnen!**

Wie man es besser machen kann, zeigt das folgende Beispiel:

Das motivierende Informationssystem einer großen Computerfirma

Das Mittel dazu heißt „**Mail-System**": Wenn ein Verkäufer dieser Firma z. B. von einem Wohlfahrtsinstitut, etwa der Caritas, den (seltenen) Auftrag bekommen hat, für ihre Verwaltung ein neues Software- und Hardwareprogramm anzubieten, dann kann er mit einem Knopfdruck weltweit das Know-how all seiner Kollegen zu diesem Problem abrufen. Und jeder Kollege, der schon einmal mit einem Wohlfahrtsinstitut Erfahrungen gemacht hat, wird sie ihm mitteilen.

Das ist angewandte Kreativität! Schaffen Sie also einen Knowhow- und Info-Pool für Ihre Verkäufer! Sammeln Sie die besten Verkaufslösungen in Ihrem Computer! Helfen Sie Ihren Mitarbeitern, schneller und leichter ans Ziel zu kommen.

Sorgen Sie zumindest für einen beständigen Informations- und Erfahrungsaustausch Ihrer Verkäufer untereinander! Allein die Tatsache, dass Ihre Mitarbeiter sich bei neuen unerwarteten Herausforderungen oder Problemen nicht allein gelassen fühlen, sorgt für eine stärkere Motivation und eine höhere Leistungsbereitschaft.

Sie erinnern sich: Wir tun das gerne, was uns leicht fällt und womit wir schnell zum Erfolg kommen. Jetzt die zweite Anregung:

2. Sorgen Sie für größtmögliche Abschlusschancen!

Hier gilt die Regel: Der Wille zum Abschluss steigt mit der Realisierungsmöglichkeit des Abschlusses! Das beweisen auch die folgenden Beispiele:

Beispiel Nr. 1: Die fehlende Preiskompetenz darf nicht den Abschlusswillen eines Verkäufers beeinträchtigen!

Wenn ein Fertighausverkäufer zum Kunden fährt und von vornherein weiß, dass er den Abschluss an diesem Tag nicht machen kann, wenn der Kunde das Wohnzimmer um fünf Quadratmeter größer haben will und er das weder technisch noch preislich kalkulieren kann, dann geht er von Anfang an mit einem reduzierten Abschlusswillen zum Kunden.

Beispiel Nr. 2: Ein Anlageberater muss seinem Kunden sofort die unterschiedlichen Steuervorteile ausrechnen können!

Wenn ein Anlageberater dem Kunden z. B. beim Verkauf eines geschlossenen Immobilienfonds nicht sofort per Computer sagen kann, wie sich die steuerlichen Verluste und möglichen Gewinne über eine Laufzeit von 15 Jahren entwickeln, wenn er einmal 25.000 und ein andermal 65.000 Euro anlegen will, dann wird auch dieses Abschlusshindernis für den Verkäufer zu einer geistigen Sperre!

Auch hier lässt sein Wille nach. Und das ist ein echtes Problem! Denn wir wissen, dass in den meisten Verkaufsverhandlungen die letzten 10 Prozent Überzeugungsarbeit nicht eine Sache der Argumente, sondern des Willens sind. Darüber hinaus droht noch eine andere Gefahr:

Die meisten Kunden haben heute jeden Tag eine andere Priorität!

Gerade in dieser Zeit der zurückgehenden Kundenloyalität und der sich von Tag zu Tag verändernden Prioritäten des Kunden hat der Verkäufer heute oft nur eine einzige Chance. Und die muss er nutzen! Außerdem wird das zweite Gespräch immer teurer!

Der Verkäufer muss heute das Eisen schmieden, solange es heiß ist, denn morgen interessieren den Kunden schon andere Prioritäten oder andere Alternativen!

Rüsten Sie also Ihre Verkäufer mit der technischen Ausstattung und dem Verhandlungsspielraum aus, die ihnen zu jedem Zeitpunkt des Verkaufsgespräches einen Abschluss ermöglichen!

Gerade das Durchhalten und konsequente Nachfassen ist heute für den Verkaufserfolg absolut ausschlaggebend! Woher aber kommt die notwendige Motivation dafür?

Genau darum geht es bei dem nächsten Motivationsgesetz.

Motivationsgesetz Nr. 5: Große Ziele erfordern große Wünsche

Wer wüsste das nicht besser als die alten Römer, die es verstanden, ihre Feldherren und Soldaten so fantastisch zu motivieren, dass sie den halben Erdkreis eroberten? Wie machten sie das?

Das Geheimnis römischer Motivationskunst

Sie wussten, dass sie sich angesichts der unsäglichen Strapazen, die diese Feldzüge erforderten, schon etwas Besonderes einfallen lassen mussten. Etwas, das bei ihren Truppen in der Stunde der Entscheidung auch noch die letzten Kraftreserven mobilisierte.

Die Idee, auf die sie kamen, war ebenso einfach wie genial!

Wann immer ihre Truppen einen bedeutenden Sieg errungen hatten, gestatteten sie dem Feldherrn und seinen Soldaten nach ihrer Rückkehr in Rom einen ungeheuer spektakulären Triumphzug. Der Tag wurde zum Feiertag erklärt. Tausende von jubelnden Zuschauern säumten die Straßen und bereiteten dem siegreichen Feldherrn und seinen Soldaten einen ebenso überschäumenden wie unvergesslichen Empfang.

Was muss in der Brust dieses Feldherrn vorgegangen sein, wenn er – vor sich die königlichen Gefangenen und hinter sich die Wagen mit der Siegesbeute – feierlich zu dem Triumphbogen fuhr, der ihm auf ewig gewidmet wurde, der ihn unsterblich machte?

So stürmisch, so jubelnd, so überwältigend muss dieser Triumphzug gewesen sein, dass neben dem Wagen des Feldherrn ein Sklave einherlief, der nichts anderes zu tun hatte, als dem Feldherrn alle paar Minuten zuzurufen: „Bedenke, dass du sterblich bist! ... Bedenke, dass du sterblich bist!" ... Und das bei den nüchternen Römern!

Gab es einen schöneren Lohn, eine größere Anerkennung, einen strahlenderen Triumph für eine große Tat? – Nein! Für einen römischen Feldherrn ganz bestimmt nicht!

Und die Folge: Wenn dann einmal in der libyschen Glut oder im germanischen Regen die Kräfte des Feldherrn zu erlahmen drohten, dann brauchte er nur für einen Augenblick die Augen zu schließen, sich die Huldigungen der begeisterten Menge vorzustellen, und schon fasste er augenblicklich wieder neuen Mut und neue Kräfte! **Dann wusste er: Er kämpfte nicht nur für Rom, sondern auch für seinen eigenen Ruhm und seine eigene Unsterblichkeit!**

Ganz anders ist die Situation heute: Das Verlangen nach öffentlichem Beifall wird in unserer modernen Gesellschaft längst nicht mehr genügend befriedigt. Aber die Gesellschaft braucht Helden, und auch jeder Mitarbeiter selbst möchte ein Held, ein strahlender Sieger sein.

Machen Sie also Ihre Verkäufer zu Siegern – wann immer sich die Möglichkeit dazu bietet! Das zahlt sich aus! **Denn auch die Kunden kaufen nur von Siegern!** Weil auch sie im Spiel des Lebens zu den Siegern gehören wollen.

Doch was geschieht, wenn Sie als Verkaufsleiter heute mit Ihrer Mannschaft den ersten Platz erreicht haben?

Dann gibt es normalerweise ein paar lobende Worte, einen freundlichen Händedruck, eine anerkennende Prämie und zuletzt die ernüchternden Worte: „Aber im nächsten Jahr genauso!" Oder die provozierende Frage: „Was dürfen wir denn im nächsten Jahr für eine Umsatzsteigerung erwarten?" – Demotivation in Reinkultur!

Fragen Sie Ihre Mitarbeiter daher dreierlei:

- **Welche Lebensziele haben Sie?**
- **Welche Wünsche haben Sie?**
- **Welche Träume haben Sie?**

Und dann prüfen Sie, ob diese Ziele und Wünsche Ihrer Mitarbeiter auch so faszinierend sind, dass sie einen echten Energie- und Motivationsschub auslösen. Woher soll sonst der Antrieb zu Spitzenleistungen bzw. zu einem hundertprozentigen Einsatz kommen?

Hier gilt die Regel: Wer sich mit Erdnüssen zufrieden gibt, der kämpft auch nur um Erdnüsse.

> **Große Ziele erfordern große Wünsche!**

Helfen Sie also Ihren Verkäufern, ihre Lebensziele, ihre Wünsche und ihre Träume zu formulieren und sie dann als Motivation gezielt einzusetzen!

Unterstützen Sie Ihre Verkäufer dabei! Denn viele Verkäufer können ihre wahren Wünsche gar nicht mehr erkennen, so sehr haben sie sie unterdrückt.

Fragen Sie Ihre Verkäufer: „Stellen Sie sich vor, Sie hätten Ihr größtes Verkaufsziel erreicht, was würden Sie dann tun? ... Was würden Sie sich dann gerne kaufen? ... Wohin würden Sie dann gerne reisen? ... Was würden Sie dann gerne unternehmen?"

Haben Sie keine Angst bei diesen Fragen. Denn in den meisten Fällen kommen dabei keineswegs utopische oder superteure Wünsche heraus – wie das folgende Beispiel beweist.

Der versteckte Wunsch eines Verkäufers

Bei einem Seminar fragte ich einmal einen Verkäufer nach seinem Lieblingswunsch. Zuerst fiel ihm gar nichts ein, dann sagte er: „Ich würde gerne einmal dem Michael Schumacher bei einem Formel-1-Rennen zuschauen." – „Wirklich nur zuschauen?", fragte ich skeptisch zurück. Daraufhin nahm der Verkäufer einen zweiten Anlauf und meinte: „Ich würde natürlich gerne einmal den Michael Schumacher in einem Trainingslager erleben."

Aber auch das schien mir noch nicht der letzte, der ehrlichste Wunsch zu sein. Also fragte ich erneut nach. Und jetzt, beim dritten Versuch, kam der richtige, der tiefste Wunsch zur Sprache: „Ich würde gerne einmal", so meinte er, „den Michael Schumacher auch persönlich sprechen."

Na bitte – drei Versuche brauchte es, bis sich ein Verkäufer seinen tiefsten Wunsch eingestand!

Fragen also auch Sie immer wieder nach! Denn erst der tiefste Wunsch ist der mit der größten Motivationskraft! – Jetzt können Sie einen Schritt weitergehen:

Wenn Sie den geheimen Wunsch eines Verkäufers erkannt haben, dann testen Sie die Ernsthaftigkeit seiner Träume und fragen ihn, was er dafür tun würde. Und wenn das realistisch ist, dann verbinden Sie Ihre Umsatzziele mit seinen Traumzielen. Hier gilt:

Die Verbindung der Lebensziele, Wünsche und Träume des Mitarbeiters mit seinen Verkaufszielen löst den stärksten Motivations- und Leistungsschub aus! Vorausgesetzt, der Mitarbeiter ist bereit, den Preis dafür zu bezahlen.

Genau aus diesem Grund motivieren so viele Incentives und Prämien nicht. Sie haben nichts mit den Lebenszielen und Träumen des Mitarbeiters zu tun.

Denn Incentives oder Prämien motivieren heute – im Zeichen der Erlebnisgesellschaft – nur dann, wenn sie für den Verkäufer zu einem individuellen Erlebnis werden bzw. wenn sie einen Bezug zu seinen persönlichen Wünschen haben. Auch dazu ein Beispiel:

Wie sich ein Verkäufer seine eigene Prämie aussuchte

Als der Verkaufsleiter einer großen Immobilienfirma einmal nach einer Möglichkeit suchte, einen seiner Mitarbeiter besonders zu motivieren, kam er auf folgende Idee: Statt sich selbst eine Prämie auszudenken, sagte er zu dem Mitarbeiter: „Sagen Sie mir einen Wunsch bis zu 500 Euro, den Sie sich selbst nicht erfüllen würden, und ich sage Ihnen, was Sie dafür tun müssen."

Daraufhin meinte der Mitarbeiter: „Ich hätte einen Wunsch: das Silver-Set von Cross mit einem silbernen Kugelschreiber und einem silbernen Drehbleistift im Wert von zirka 250 Euro. Das würde mich reizen."

Als ich mich später mit ihm über diese (erfolgreiche) Incentive-Maßnahme unterhielt, meinte er: „Ich persönlich würde für ein solches Schreibset niemals so viel Geld ausgeben. Dazu wurde ich viel zu sparsam erzogen und bin ich heute auch zu geizig! Aber es macht beim Kunden bestimmt einen guten Eindruck, wenn ich ein solches Set herausziehe und damit schreibe. Und das reizte mich!"

Das Fazit: Jeder bekam, was er sich wünschte. Der Verkaufsleiter einen zusätzlichen Umsatz und der Verkäufer ein imponierendes Schreibset. Für ein Wochenende in Berlin hätte er sich mit Sicherheit nicht so angestrengt. Es musste *sein* Wunsch sein.

Fragen Sie Ihre Verkäufer, was sie sich persönlich wünschen, und dann sagen Sie ihnen, was sie dafür tun müssen. Es kommt bei den Incentives auf das Einfühlungsvermögen an! Denn Incentives wie Prämien müssen heute zum individuellen Erlebnis für die Mitarbeiter werden. Wenn Sie das schaffen, dann haben Sie die besten Voraussetzungen für neue, noch größere Herausforderungen geschaffen. Dann wird das Motivationsgesetz Nr. 6 geradezu zu einem Sprungbrett für einen neuen Quantensprung!

Motivationsgesetz Nr. 6: Leistung entsteht nur durch wichtige und dringliche Anforderungen

Motivieren heißt führen, fördern – und fordern! Denn Mitarbeiter geben nicht ihr Bestes, wenn man zu ihnen sagt: „Nun verkauft mal schön!" Sie geben auch nicht ihr Bestes, wenn man sie auf den wöchentlichen Meetings auf neue Ziele einschwört und sich dann zufrieden in sein Büro zurückzieht. Nein! Leistungen, vor allem überdurchschnittliche Leistungen, müssen gefordert, müssen wirklich von den Mitarbeitern herausgefordert werden! Diese Regel gilt bereits seit Jahrhunderten, wie das folgende Beispiel beweist.

Wie Shakespeare zu seinen großen Dramen motiviert wurde

Shakespeare war ein ebenso kreativer wie produktiver Dichter. Das verdankte er nicht nur seiner ungewöhnlichen Begabung, sondern auch einer ebenso fruchtbaren Herausforderung. Denn als Chef einer Theatergruppe, die von Lord Chamberlain engagiert worden war, erwartete man einfach von ihm, dass er zu den verschiedensten Anlässen immer wieder neue Stücke schrieb und sie dann mit seiner Truppe glanzvoll aufführte. Von der ebenso zuverlässigen wie eindrucksvollen Aufführung eines neuen Stückes hing nicht nur sein Ruhm, sondern auch das Wohlergehen seiner ganzen Truppe ab. Ein Versagen, ein Reinfall – und die nächste Theatergruppe wäre an der Reihe gewesen.

Man sagte zu ihm also nicht: „Mister Shakespeare, es wäre schön, wenn Ihr gelegentlich wieder einmal ein neues Stück aufführen würdet", sondern man teilte ihm am 15. Juni mit, dass am 15. September die Prinzessin X den Lord Y heiraten würde und dass man bei diesem großen Fest ein neues, prächtiges Theaterstück erwartete! Und nun schauten der ganze Hof und alle Mitglieder der Theatertruppe voller Erwartung auf Shakespeare. Shakespeare wiederum wusste, was die Stunde geschlagen hatte – dass er weder den Hof noch seine Truppe enttäuschen durfte.

Es muss gerade diese Mischung aus Erwartung, Spannung, Aufforderung und Druck gewesen sein, die Shakespeare zu seinen ebenso grandiosen wie termingerechten Leistungen motivierte.[45)]

Für die Motivation unserer Verkäufer bedeutet das: Es gibt keine verkäuferischen Spitzenleistungen so nebenbei und gelegentlich. So ohne jede Verpflichtung und ohne jede Notwendigkeit.

> **Spitzenleistungen entstehen nur durch eine starke Erwartungshaltung mit wichtigen, terminierten und verbindlichen Anforderungen!**

Noch ein Wort zu dem damit verbundenen Druck. Alle Sieger müssen diesen Druck aushalten! Das qualifiziert sie erst zu wahren Siegern.

Lassen Sie mich es nochmals wiederholen: Druck ist nicht schlecht. Schlecht ist nur die falsche Richtung, nach unten statt nach oben. In Richtung Persönlichkeitsverletzung statt in Richtung Persönlichkeitsentwicklung! Gerade die erfolgreichsten Verkaufsleiter wissen:

Erfolg und Leistungsniveau einer Verkaufsmannschaft hängen nicht nur von den Fähigkeiten der einzelnen Verkäufer, sondern auch von den an sie gestellten Anforderungen ab.

Hohe Anforderungen fördern in der Regel auch gute Ideen und ein hohes Engagement. Wenn etwas dringend erledigt werden muss, wirkt sich das ebenso befreiend auf den schöpferischen Geist wie motivierend auf das persönliche Engagement aus.

Spitzenleistungen erfordern daher ein Gefühl der Nachdrücklichkeit und der Dringlichkeit. Jede Unverbindlichkeit wirkt dagegen leistungshemmend! Schauen wir uns dazu zwei Beispiele an:

Wie ein bestimmter Erfolgsdruck zu außergewöhnlichen Leistungen führte

1. **Thomas Alva Edison** sagte zu jedem neuen Ingenieur, den er einstellte: „Ich erwarte von meinen Mitarbeitern jede Woche eine kleinere und jeden Monat eine größere Erfindung!" Auf diese Weise kam er zu 1.119 neuen Patenten!

2. **Joseph Haydn** stand über 30 Jahre im Dienst der Fürsten von Esterhazy und man erwartete von ihm, dass er mindestens jeden Monat ein neu komponiertes Musikstück aufführte: ein Konzert, eine Symphonie oder einen Marsch ... Auf diese Weise schulte Haydn nicht nur seine Kompositionsfähigkeit, sondern schuf auch hunderte unsterblicher Meisterwerke.

Fazit: Nicht jeder Zwang ist demotivierend!

> **Sie bekommen als Verkaufsleiter von Ihren Mitarbeitern genau das, was Sie wirklich von ihnen erwarten!**

Dieses Gebot der Nachdrücklichkeit bedeutet auch: Wenn der 20. eines Monats gekommen ist und die Verkaufszahlen nicht dem Soll entsprechen, dann müssen Sie als Verkaufsleiter unruhig werden, dann müssen Sie den Verkäufern auf die Füße treten. Ihre Verkäufer müssen spüren, dass die vereinbarten Ziele nicht nur Sollzahlen, sondern auch Pflichtzahlen sind.

Dann kommt es entscheidend darauf an, dass Sie Ihrem Team zu verstehen geben, dass Sie auf seinen Umsatz Wert legen, dass Sie ihn erwarten, dass Sie ihn brauchen und dass Sie auf ihn nicht verzichten werden.

Die **Magie des Willens** ist gefragt und nicht Ruhe, Schweigen und höfliche Zurückhaltung! Erfahrene Verkaufsleiter wissen: Jede Schwächung der Zielvereinbarung führt auch zu einer Schwächung der Leistungsmoral. Das bedeutet:

> **Nur hohe Leistungsanforderungen stabilisieren auf Dauer auch ein hohes Leistungsniveau!**

Deshalb sollten Sie folgende Einflüsse unbedingt vermeiden:

Die vier schädlichsten Einflüsse für eine hohe Leistungsmoral!

Negativ-Einfluss Nr. 1: Die Opposition einzelner Mitarbeiter gegen hohe Leistungswerte. Sie bekommen als Verkaufsleiter Probleme, wenn ein Mitarbeiter Ihre hohen Leistungswerte ablehnt, weil er z. B. seine Selbstverwirklichung künftig eher auf seinem Mountainbike als bei der Jagd nach neuen Kunden erreichen will. Nicht umsonst sind Mitarbeiter mit einer solchen – wie die Psychologen sagen – „freizeitorientierten Schonhaltung" fast unmotivierbar. Solche Mitarbeiter müssen vor eine klare Entscheidung gestellt werden. Denn beides – Freizeitorientierung und Spitzenleistung – geht nicht. Wenn Sie aber den plötzlichen Leistungsabfall eines Mitarbeiters ohne Konsequenzen hinnehmen, dann geben Sie damit auch allen anderen Kollegen das Recht, kürzer zu treten.

Negativ-Einfluss Nr. 2: Das Ausbleiben von Konsequenzen. Wenn Sie faule Mitarbeiter ohne Konsequenzen im Team mitziehen, obwohl sie seit Monaten keine oder nur unterdurchschnittliche Verkaufsergebnisse gebracht haben und es keinen akzeptablen Grund für ihr Versagen gibt, untergraben Sie Ihre eigene Autorität. Denn jeder Mitarbeiter weiß nun, dass er Ihre Verkaufsziele einhalten kann, aber nicht muss.

Negativ-Einfluss Nr. 3: Das Versagen der Anerkennung. Wenn Sie als Verkaufsleiter Ihren Mitarbeitern die Anerkennung versagen, sie vergessen oder erst auf Anforderung erteilen, schwächen Sie sofort ihre Motivation. Denn jede Leistung lebt von der Anerkennung. Und eine vorenthaltene Anerkennung wirkt wie eine vorenthaltene Belohnung. Das lässt sich auf Dauer kein guter Verkäufer gefallen. Die Folge: Er erzwingt sich die vorenthaltene Anerkennung z. B. durch Aufsässigkeit, Kritiksucht oder Besserwisserei.

Aber Vorsicht: Nicht in jedem Fall ist Anerkennung angebracht!

Wann dürfen Sie keine Anerkennung geben?

Grundsätzlich gilt:

Vorschusslorbeeren senken die Leistungsbereitschaft!

Beispiel Nr 1: Ein Verkaufsleiter stellt ein hohes Ziel vor und bespricht danach mit seinen Verkäufern, wie man dieses Ziel am besten erreichen könnte. Er fragt nach guten Vorschlägen und bekommt auch gute Ideen und Initiativen genannt. Daraufhin lobt er die Mitarbeiter bereits für die bekundeten Absichtserklärungen.

Das ist falsch! Denn die Mitarbeiter fühlen sich auf diese Weise schon bestätigt und in der Folgezeit viel weniger veranlasst, den Worten auch Taten folgen zu lassen. **Geben Sie kein Lob für bloße Absichtserklärungen, auch wenn sie noch so positiv klingen!**

Beispiel Nr. 2: Ein mittelmäßiger Verkäufer erklärt, demnächst zwei besonders schwere Kunden knacken zu wollen. Auch für diese Absichtserklärung verdient er kein Lob, sondern nur eine Gegenfrage: „Wie wollen Sie dabei vorgehen?" Ende der Diskussion.

Beispiel Nr. 3: Ein schwächerer Verkäufer schlägt dem Verkaufsleiter von sich aus für das nächste Jahr ein übertrieben hohes Verkaufsziel vor. Auch dafür ist kein Lob fällig, sondern nur die Gegenfrage: „Wie wollen Sie das konkret erreichen?"

Beispiel Nr. 4: Ein durchschnittlicher Verkäufer, von dem man aber aufgrund seiner Fähigkeiten wesentlich bessere Verkaufsergebnisse erwarten könnte, hat nach einer intensiven Unterredung plötzlich einen besonders guten Verkaufsabschluss erreicht. Auch hier ist kein besonderes Lob angebracht. Der einzige Kommentar dazu: „Ich erwarte, dass Sie solche Ergebnisse jetzt auch bei anderen Kunden erreichen."

Wenn Sie diesen einzelnen Erfolg besonders anerkennen, dann müssen Sie künftig jeden Erfolg dieses Verkäufers als eine außergewöhnliche Sache ansehen. Oder er würde sich immer erst nach einer intensiven Unterredung mit Ihnen darum bemühen.

Andererseits: Lob und Anerkennung sind immer angebracht, wenn der Mitarbeiter sein Bestes gegeben hat!

Sehen wir uns jetzt den letzten schädlichen Einfluss an:

Negativ-Einfluss Nr. 4: Das Ausbleiben von Feed-back. Wenn Sie als Verkaufsleiter unterlassen, dem Verkäufer durch Begleittage sowie durch die Beobachtung seiner Tagesberichte und Verkaufsergebnisse ein permanentes Feed-back zu geben, verzichten Sie auf das wichtigste Führungsinstrument für einen permanenten Lern- und Verbesserungsprozess.

Jeder Verkäufer, der ehrgeizig ist und nach Zielen strebt, möchte wissen, wo er steht und wie gut er im Vergleich zu seinen Kollegen oder Wettbewerbern ist – kurzum: ob sich sein Einsatz auch gelohnt hat und ob man mit ihm zufrieden ist.

Wer Leistung bringt, erwartet Feed-back!

Leistungssteigerung ohne permanentes Feed-back ist nicht möglich.

Stellen Sie sich nur die Fußballbundesliga ohne Tabelle vor. Sie würde sofort einen Großteil ihrer Spannung verlieren.

Dabei interessiert den Verkäufer nicht nur seine eigene Leistung, sondern auch die Leistung des ganzen Teams. Hier taucht aber ein Problem auf: Es gibt zwar die interne Renntabelle: Schulze, Meier, Müller ...

Wo aber bleibt die externe Renntabelle? Der Vergleich mit den Wettbewerbern? Also BMW kontra Mercedes?

Erfahrene Verkaufsleiter wissen: Wer an die Spitze will, bezieht einen Großteil seiner Motivation aus der Reibung mit den direkten Wettbewerbern!

Außerdem: Für die Motivation braucht man Gegner, braucht man Feindbilder! Denn Feindbilder motivieren!

Sie erinnern sich sicher noch an die Untersuchung von Rolf Berth, dem Leiter der Kienbaum-Akademie. Nach seinen Aussagen gehört ein klares Feindbild zu den fünf wichtigsten Kriterien außergewöhnlich erfolgreicher Unternehmen.

> **Wer keinen Gegner hat, muss einen erfinden!**

Zum Beispiel Nord gegen Süd, Bayern gegen Baden-Württemberg, Österreich gegen die Schweiz.

Noch etwas muss dazukommen: Ein Weitspringer will nicht nur wissen, wie weit er gesprungen ist, sondern auch, wie gut er gesprungen ist, wie gut also der Anlauf, der Absprung und die Landung waren. Er braucht und erwartet sowohl ein Leistungs-Feed-back als auch ein Ursachen-Feed-back.

Besprechen Sie also mit Ihren Mitarbeitern die Ursachen ihrer Erfolge und Misserfolge. Denn nur wer seine Erfolgsursachen kennt, kann sie auch wiederholen. Und nur wer seine Misserfolgsursachen kennt, kann sie künftig vermeiden.

Zusammenfassend gilt: **Ein hohes Leistungsniveau erhält man nicht durch Verwöhnen, sondern nur durch Führen, Fördern – und Fordern!**

Nur auf diese Weise können Sie sehr schnell die Spreu vom Weizen trennen und ein echtes Gewinnerteam bilden. Sonst beherrschen die Verlierer das Feld und ziehen das Leistungsniveau automatisch nach unten! Genau das ist das Thema des nächsten Motivationsgesetzes.

Motivationsgesetz Nr. 7: Verlierer senken automatisch das Leistungsniveau

In der Volkswirtschaft kennt man das Gresham'sche Gesetz. Es besagt: Schlechtes Geld vertreibt stets das gute Geld! Was bedeutet dieses Gesetz für die Führung und Motivation der Mitarbeiter?

- Wenn schlechtere Mitarbeiter genauso gut bezahlt werden wie gute, sinkt sofort das allgemeine Leistungsniveau.
- Wenn schwächere Kollegen auch noch rascher befördert werden, verlieren die guten Mitarbeiter gänzlich die Lust an der Leistung und an der Arbeit.
- Wenn unzulängliche Mitarbeiter zu Führungskräften befördert werden, dann fördern sie auch nur durchschnittliche oder unzulängliche Mitarbeiter. Denn den starken Mitarbeitern gegenüber fühlen sie sich unterlegen.

Hier gilt die Regel: **Erstklassige Führungskräfte stellen erstklassige Mitarbeiter ein. Zweitklassige Führungskräfte stellen drittklassige Mitarbeiter ein.**

Fragen wir weiter: **Was bedeutet das Gresham'sche Gesetz für den Verkaufsleiter?**

Wenn undisziplinierte Mitarbeiter genauso gut behandelt werden wie zuverlässige Mitarbeiter und wenn unterdurchschnittliche Verkaufsergebnisse genauso akzeptiert werden wie überdurchschnittliche, dann wirkt sich das Gresham'sche Gesetz gleich mehrfach aus:

1. **Die guten Verkäufer fühlen sich benachteiligt**
   Sie sehen, dass der Verkaufsleiter diesen schwächeren Mitarbeitern eventuell mehr Zeit und Aufmerksamkeit widmet als ihnen. Die Folge: Sie sagen sich: Man muss erst schlecht sein, um die volle Aufmerksamkeit unseres Verkaufsleiters zu bekommen. Sie fühlen sich demotiviert und benachteiligt. Sie beginnen innerlich von dem Verkaufsleiter abzurücken und ihren Einsatz zu überdenken.

2. **Die guten Mitarbeiter zweifeln an der Leistungsmoral**
   Die guten Mitarbeiter, die sehen, dass die unterdurchschnittlichen Verkaufsergebnisse der schwächeren Mitarbeiter ohne einschneidende Konsequenzen bleiben, beginnen an der Notwendigkeit und Allgemeingültigkeit ihrer hohen Arbeits- und Leistungsmoral zu zweifeln. Sie fragen sich: Warum sollen wir uns jeden Tag so anstrengen und die geforderten Ziele hundertprozentig erreichen, wenn ein schwächerer Einsatz keine Konsequenzen nach sich zieht?

3. **Die schwächeren Verkäufer stecken die guten Verkäufer an**
   Die leistungsschwächeren Mitarbeiter werden zur moralischen Ansteckungsgefahr. Sie werden zum Negativvorbild für alle anderen. Hier gilt: Wenn man in einen Sack mit guten Äpfeln einen faulen Apfel hineintut, dann werden alle Äpfel faul. Wenn man aber in einen Sack mit lauter faulen Äpfeln einen guten hineinsteckt, dann wird auch der sofort faul.

4. **Die Autorität des Verkaufsleiters wird geschwächt**
Der Verkaufsleiter, der zulässt, dass bestimmte Mitarbeiter permanent unter dem geforderten Leistungssoll bleiben – und das ohne sichtbare Konsequenzen –, untergräbt seine eigene Autorität. In diesem Fall nehmen sich auch die anderen Mitarbeiter das Recht heraus, gegen seine Anweisungen zu verstoßen.

Power-Strategie Nr. 15

Die Strategie der Überwindung von Grenzen

Wie Sie Ihre Verkäufer motivieren, ihre Grenzen zu überwinden und neue Herausforderungen anzunehmen

Die Grenzen eines Verkäufers werden als Komfortzone bezeichnet. Die Komfortzone ist der Tätigkeitsbereich, in dem er sich wohl fühlt, in dem das, was er tut, ihm leicht fällt.

Ein Beispiel dazu:

Stammkunden zu betreuen gehört bei den meisten Verkäufern zum Bereich der Komfortzone. Dabei fühlen sie sich wohl.

Die Neukundenakquisition liegt dagegen außerhalb der Komfortzone – also in der Gefahrenzone. Wenn ein Verkäufer solche Aufgaben anpacken soll, dann spürt er plötzlich unangenehme Gefühle, z. B. Angst-, Schuld-, Minderwertigkeits- oder verletzte Gefühle.

Diese Gefühle kommen – wie das folgende Schaubild zeigt – von den „Wachposten" am Rande der Komfortzone. Es sind die Gefühle, die wir zusammen mit früheren schmerzlichen Erlebnissen in unserem Gedächtnis gespeichert haben. Sie schlagen Alarm, wenn der Verkäufer aus eigenem oder fremdem Willen diese Grenzen überschreiten will.

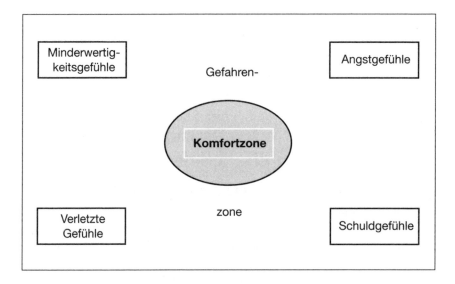

Aufgrund dieser Zusammenhänge gilt die Regel:

Die Grenzen der Komfortzone sind auch die Grenzen der Leistungsfähigkeit eines Verkäufers!

Wie die Komfortzone die Grenzen eines Verkäufers bestimmt

Nicht die Fremdmanipulation, sondern unsere eigene Komfortzone manipuliert am stärksten unser Verhalten.

Die Begründung: Jeder Mensch hat eine bestimmte Zone, in der er sich wohl fühlt. Geht er über diese Zone hinaus, entstehen sofort Stress, Angst oder Druck. Ein durchschnittlicher Skifahrer wird sich wohl fühlen, wenn er die „Familienabfahrt" wählt, er wird sich aber sehr schnell unsicher fühlen, wenn er aus Versehen auf die „Olympia-Abfahrt" geraten ist.

Ein Tennisspieler, der in seinem Club die Nummer 35 ist, wird sich relativ wohl fühlen, wenn er gegen die Nummer 40 antritt; er wird sich aber relativ unwohl fühlen, wenn ihn (aus Mangel an Gelegenheit) die Nummer 1 zu einem Spiel auffordert.

Dasselbe gilt für einen Verkäufer: Stammkunden zu betreuen, Zusatzverkäufe zu machen, neue Kunden aufgrund guter Empfehlungen anzusprechen, all diese Aufgaben gehören zur Komfortzone. Die telefonische Terminvereinbarung bei neuen Kunden, die Kaltakquisition in Form von Direktbesuchen oder das Ansprechen anspruchsvollerer Kundenzielgruppen gehören dagegen bei den meisten Verkäufern viel eher zu ihrer Gefahrenzone. Und deshalb gehen sie diesen Herausforderungen geradezu reflexhaft aus dem Weg.

Welches ist der tiefere Grund dafür?

1. **Das Prinzip von Lust und Unlust:** Entsprechend dem Lust- und Unlustprinzip, das wir bereits kennen, wird der Verkäufer nur die Tätigkeiten ausüben, die innerhalb seiner Komfortzone liegen, die er also mit einem gewissen Maß an Lust verbinden kann. Und er wird – soweit es irgendwie geht – alle Tätigkeiten, die außerhalb dieser Komfortzone liegen und die er mit Unlust, also mit Stress, Angst oder Schmerz, assoziiert, nach Möglichkeit vermeiden.

2. **Die Macht der Bilder:** Die Verkäufer scheuen vor unangenehmen Aufgaben, wie zum Beispiel der Neukundenakquisition, die außerhalb ihrer Komfortzone liegen, zurück, weil sie damit automatisch Bilder der Unlust, des Stresses, der Anstrengung und des Schmerzes verbinden. Und es sind letztlich diese

Bilder, die bei jeder Aufgabe und jeder Situation über ihr offensives oder defensives Verhalten entscheiden.

3. **Der Alarm der Gefühle:** Jedes Mal, wenn sich der Verkäufer der Grenze seiner Komfortzone nähert – sei es aus eigenem Antrieb oder durch fremden Druck (z. B. durch den Verkaufsleiter) –, schlagen bestimmte Wachposten in Form unangenehmer Gefühle Alarm.

4. **Die Kraft der Erinnerungen:** Diese Wachposten sind die Gefühle der Angst, der Schuld, der Minderwertigkeit und der zugefügten Verletzungen, welche die Verkäufer aufgrund ihrer Erfahrungen in ihrem Gedächtnis abgespeichert haben. Es sind ihre emotionalen Erinnerungen. Und sie sind alle aufgrund bestimmter, ganz besonders prägender Erlebnisse entstanden. Meist genügt später eine winzige Ähnlichkeit, die kleinste Assoziation, um diese Gefühle wieder lebendig zu machen. Der daraufhin einsetzende Gefühlsausstoß ist so stark und so intensiv, dass er den Verkäufer geradezu panikartig in seine Komfortzone zurücktreibt und die Sache aufgeben lässt.

5. **Die unterschiedlichen Komfortzonen:** Jeder Verkäufer hat eine andere Komfortzone. Während der Verkäufer A bereits bei der Aufforderung zur (telefonischen) Neukundenakquisition mit heftiger Abwehr reagiert („Das bringt doch nichts!") und der Verkäufer B erst nach zehn vergeblichen Kontaktversuchen die Sache aufgibt („Ich habe heute keine Lust mehr, weiterzumachen!"), zieht Verkäufer C problemlos seine Neukundenakquisition durch, unabhängig von der Zahl seiner Misserfolge.

Daraus folgt in der Praxis: **Die Komfortzone bestimmt letztlich die Leistungsfähigkeit jedes Verkäufers!** Sie bestimmt automatisch

- die **Bandbreite seiner Handlungsmöglichkeiten** (wie engagiert er z. B. sowohl die Stammkundenbetreuung als auch die Neukundenakquisition betreibt),
- die **Stärke seiner Ausdauer** (wie viele Misserfolge er durchhalten kann),
- die **Chance von Wiederholungen** (wie oft er bei schwierigen Kunden bereit ist nachzufassen),
- die **Höhe seines Durchschnittsumsatzes** (wie hoch die durchschnittliche Größe seiner Aufträge ist),
- die **Qualität seiner Kundenzielgruppe** (wie potent oder exklusiv die Kunden sind, die er anspricht),
- die **persönliche Einsatzbereitschaft** (wie lange oder intensiv er um seine Aufträge und Verkaufsziele kämpft).

Warum lehnen Neinsager selbst eine hervorragende Chance ab?

Die Sache hat sich tatsächlich in dieser Form zugetragen. Der Orga-Leiter einer Versicherung bot seinen Vertretern für das geplante Neukundengeschäft ein ausgezeichnetes Adressenmaterial an. Es handelte sich dabei um die Adressen eines Verbandes, zu dem ein sehr guter Kontakt bestand und für dessen Mitglieder man ein spezielles, beinahe unschlagbares Versicherungsangebot entwickelt hatte.

Trotzdem lehnten die Verkäufer offen oder stillschweigend auch dieses Angebot der Akquisition sofort ab.

„Warum nur?", fragte sich der Orga-Leiter seinerzeit verzweifelt. „Was muss ich denn noch alles tun, damit sie endlich angreifen?"

Des Rätsels Lösung: Beim Stichwort „neue Kunden" tauchte bei den Verkäufern sofort eine Ähnlichkeit mit früheren Akquisitionen auf und das setzte wiederum sofort die gespeicherten Erinnerungen und Reaktionen zum Thema „neue Kunden" frei.

Das heißt: Ihre Komfortzone reagierte bereits, bevor die Verkäufer überhaupt eine Chance hatten nachzudenken, also die neue Ausgangssituation vernünftig zu bewerten.

Ein Verkäufer sagt deshalb so schnell Nein, weil

- er bereits negative Erinnerungen und Reaktionen zu dem betreffenden Thema gespeichert hat,
- oft schon eine einzige Ähnlichkeit der neuen Situation mit einer alten zur sofortigen Ablehnung führt und
- er sich keine Chance gibt, die neue Situation vernünftig zu durchdenken und angemessene Reaktionen zu entwickeln.

Das Fazit daraus:

- Je häufiger die negativen Erfahrungen eines Verkäufers sind, desto schneller und heftiger wird er auch auf neue, ähnliche Situationen mit einer Ablehnung reagieren.
- Je stärker die schmerzlichen Erinnerungen sind, desto weniger ist er fähig, eine neue Situation vernünftig zu durchdenken und angemessene Reaktionen zu entwickeln.
- Je stärker diese Negativerfahrungen sind, desto schneller verbindet der Verkäufer auch die neuen Aufgaben sofort mit den Bildern von Unlust, Schmerz, Angst und Kränkung.
- Je geringer Selbstwertgefühl und Selbstvertrauen des Verkäufers sind, desto emotionaler und spontaner wird er reagieren.

Wie Sie dem Verkäufer helfen, seine Komfortzone zu überwinden

Alles hängt also davon ab,

- das Selbstwertgefühl und Selbstvertrauen des Verkäufers durch neue, positiv geprägte Erfolgserlebnisse zu verstärken,
- die neuen Aufgaben mit Bildern der Lust (der Vorteile oder des Nutzens) zu verbinden,
- den Verkäufer zu einem immer stärkeren Bewusstsein seiner Vorgehensweise anzuregen, damit er immer mehr seinen Verstand einsetzt (z. B. bei der Analyse seiner Misserfolge),
- die neuen Aufgaben und Herausforderungen so zu gestalten, dass sie dem Verkäufer ein Höchstmaß an Erfolgschancen bieten,
- die bisherigen Einstellungen des Verkäufers gegenüber Misserfolgen, Absagen oder Kunden-Neins umzudeuten, z. B. Misserfolge als Lernschritte zu sehen.

Grundsätzlich gilt hier: Nur ein Verkäufer, der auf positive Erfolgserlebnisse zurückgreifen kann und bei jeder neuen Herausforderung eine echte Erfolgschance spürt, wird bereit sein, seine Komfortzone zu verlassen.

Wie können Sie negative Spontanreaktionen Ihrer Verkäufer am besten ausschließen?

Erinnern Sie sich noch an das Beispiel mit den Versicherungsvertretern, die trotz guter Adressen und einem außergewöhnlichen Angebot nicht „angreifen" wollten? Warum wollten sie das nicht? Sehen wir uns doch die Situation noch einmal genauer an.

Die ersten sieben Sätze sind entscheidend!

Der Orga-Leiter eröffnete wahrscheinlich das entsprechende Meeting mit einem ebenso skeptischen wie entschlossenen Blick auf seine Mitarbeiter und polterte dann los: „Liebe Mitarbeiter, Sie wissen es ja bereits selbst, Ihre Neukundenabschlüsse sind alles andere als berauschend! Ich habe den Eindruck, dass es sich hier einige zu bequem machen. So kann es nicht weitergehen! Unser Bezirk ist in diesem Punkt der schlechteste in der ganzen Region. Das muss anders werden! Jetzt muss wieder einmal hart gearbeitet und richtig akquiriert werden. Schluss mit den netten Kaffeefahrten zu den Stammkunden!

Der Zeitpunkt dafür ist jetzt geradezu optimal. Denn wir haben für den Verband X ein Superprodukt entwickelt, das sich fast von allein verkauft. Darüber hinaus stellte uns der Verband neben einer Empfehlung sogar die komplette Adressenliste seiner Mitglieder zur Verfügung.

Also, meine Damen und Herren, jetzt gibt es keine Entschuldigung mehr! Ich erwarte, dass jeder in den nächsten drei Monaten mindestens x Neuabschlüsse macht. Jeder bekommt jetzt als Erstes 50 neue Adressen. Wer noch weitere braucht, möge sich bei mir melden ..."

Das Ergebnis: Abwehrverhalten, Lustlosigkeit, fehlender Schwung.

Warum? Weil der Verkaufsleiter bereits in den ersten sieben Sätzen genau die Wörter gebrauchte, auf die der Mandelkern der schwächeren Verkäufer geradezu automatisch mit negativen Reaktionen antwortet. Wörter wie z. B. *Neukunden*, *Abschlüsse*, *Akquisition*, *harte Arbeit* ... Durch diese negativ belasteten Aussagen wurden auch die späteren Vorteile vollständig abgewertet und verdrängt. Wie hätte der Verkaufsleiter positiver vorgehen können?

Es kommt auf die richtige Ansprache an!

„Liebe Mitarbeiter, Sie wissen ja, dass wir seit einiger Zeit hervorragende Kontakte zum Verband X haben. Mithilfe dieser Kontakte haben wir ein beinahe unschlagbares Produkt für dessen Mitglieder entwickelt. Dieses Produkt hat den Vorstand des Verbandes so begeistert, dass er sich spontan dazu bereit erklärte, in seiner nächsten Mitgliederzeitschrift eine ganzseitige Empfehlung dafür auszusprechen. Darüber hinaus stellte der Verband uns die vollständige Adressenliste seiner Mitglieder – fast 2.000, alles feinste und beste Adressen – zur Verfügung.

Ich glaube, diesmal leistete unsere Direktion wirklich eine ausgezeichnete Vorarbeit, und die ersten Testverkäufe zeigen, dass wir damit eine echte Goldader vor uns haben. Auf jeden Fall gibt es nichts, womit wir im Augenblick schneller und leichter zum Erfolg kommen können. Eine solche Chance bekommen wir so schnell nicht ein zweites Mal! Dass sich damit auch gutes Geld verdienen lässt, wird wahrscheinlich keinen von uns stören!

Ich weiß, welchen Wert diese Adressen darstellen. Und deshalb werde ich sie auch nur handverlesen verteilen. Wir gehen diesmal anders vor: Jeder erhält zunächst 25 Adressen und für jeden Abschluss aus diesen Adressen bekommt er fünf neue Adressen. Sollte wirklich einer dabei sein, der sich diese Gelegenheit entgehen lässt und der im nächsten Monat keinen einzigen Abschluss daraus gemacht hat, möchte ich von ihm alle 25 Adressen zurückhaben, die dann an seine Kollegen aufgeteilt werden.

So – jetzt stelle ich Ihnen einmal das neue Superangebot vor ..."

Genügt das schon? Nein! Noch besser wäre es, wenn der Verkaufsleiter zuvor seine Meinungsführer beiseite genommen und versucht hätte, ihre begeisterte Zustimmung zu erreichen.

Auf keinen Fall sollte der Verkaufsleiter am Ende seiner Vorstellung ganz allgemein fragen: „Na, was halten Sie davon?" Denn die Wahrscheinlichkeit, dass sich jetzt einer der „Luftpumpen" zu Wort meldet – also ein Verkäufer, der durch seine spontanen Neins und Bedenken nur Luft ablässt –, ist sehr groß. Nein! Er sollte sofort einen seiner Meinungsführer zu dem Thema befragen: „Wo sehen Sie die Chancen bei diesem Projekt?" Oder: „Wie viel Abschlüsse trauen Sie sich im nächsten Monat zu?" Oder: „Wie gehen Sie jetzt am besten vor?" Ziehen wir hier ein erstes Fazit:

Zwölf Tipps, wie Sie bei Ankündigungen eine positive Reaktion Ihrer Verkäufer auslösen können

1. **Erwähnen Sie in den ersten sieben Sätzen auf keinen Fall negativ besetzte Wörter!** Also Wörter, die bei den meisten Verkäufern einen negativen Touch haben, wie z. B. *Neukunden, Akquisition, Kaltbesuche, telefonische Terminvereinbarung ...*

2. **Fangen Sie auch nicht übertrieben optimistisch an!** Auch das würde die Mitarbeiter schnell misstrauisch machen. Alles muss auf Wahrheit beruhen.

3. **Beginnen Sie in jedem Fall mit positiven Aussagen!** Also mit Aussagen, die bei Ihren Verkäufern lustvolle Bilder entstehen lassen, z. B., dass es sich um ein neues attraktives Produkt, um eine gute Verdienstchance oder um ein hervorragendes Adressenmaterial (mit Empfehlungen) handelt.

4. **Machen Sie das, was Sie anzubieten oder zu verteilen haben, kostbar und rar!** Zum Beispiel, indem Sie die Herausgabe neuer Adressen an bestimmte Bedingungen knüpfen.

5. **Sprechen Sie vor allem die Gefühle der Mitarbeiter an!** Besonders wichtig sind die Gefühle, die bei ihnen einen starken Handlungsanreiz auslösen, zum Beispiel:

    - Das *Gefühl der Exklusivität* („Wir haben für diesen Verband ein exklusives Produkt und nur wir bekommen die Adressen.")
    - Das *Gefühl der Verpflichtung* („Die Direktion leistete hervorragende Vorarbeit. Jetzt sind wir dran, daraus etwas zu machen.")
    - Das *Gefühl der Chance* („Eine solche Gelegenheit bekommen wir so schnell nicht wieder.")
    - Das *Gefühl der Knappheit* („Jeder bekommt anfangs nur 20 Adressen. Weitere Adressen gibt es nur nach einem Abschluss.")
    - Das *Gefühl der Besitzgier* („Wer nichts verkauft, muss die 20 Adressen zurückgeben.")
    - Das *Gefühl des Gewinnstrebens* („Die ersten Testverkäufe haben gezeigt, dass wir eine echte Goldader vor uns haben.")
    - Das *Gefühl der Hoffnung* („Schneller und leichter können wir nicht zu neuen Abschlüssen kommen!")

6. **Verwenden Sie emotionale Aussagen und Wörter!** Zum Beispiel: „Hier haben wir die Chance, eine echte Goldader anbohren zu können." – „Das ist fast so gut, als ob wir Geld drucken dürften."

7. **Vermeiden Sie nach Möglichkeit auch bei den Erklärungen alle negativ besetzten Begriffe!** Zum Beispiel: *„Akquisition, Terminvereinbarung, Kaltbesuche, Neukundengewinnung ..."* Dass es sich um neue Kunden handelt, weiß jeder Verkäufer von allein, und dass er dabei Termine machen muss, auch. Entscheidend ist, dass Sie die positiven, lustvollen Bilder so gefühlsstark und attraktiv wie möglich machen.

8. **Fragen Sie nach einer Neuvorstellung Ihre Verkäufer nie: „Was haltet ihr davon? ... Was meint ihr dazu?"** Solche Fragen laden die Verkäufer geradezu dazu ein, mit möglichen Bedenken und Zweifeln zu reagieren, und mit einem Schlag sind die lustvollen Bilder weg und der graue Alltag steht wieder vor ihrem geistigen Auge.

9. **Versichern Sie sich zuerst der Zustimmung der Meinungsführer.** Bitten Sie sie dabei um ihre unaufgeforderte positive Stellungnahme. Fragen Sie sie, wie sie vorgehen würden, welche Chancen sie sehen und was sie sich dabei ausrechnen.

10. **Machen Sie gute Angebote kostbar und rar!** Zum Beispiel, indem Sie die Adressen „zuteilen" oder weitere Adressen nur unter bestimmten Voraussetzungen abgeben. Wenn ein Verkäufer sich neue Adressen holen muss, dann ist das immer ein (etwas demütigender) Bittgang. Wenn er aber aufgrund eines Abschlusses neue Adressen fordern kann, dann ist das für ihn eine Erfolgsbestätigung.

11. **Bitten Sie Ihre Topverkäufer, möglichst schnell erste Erfolge anzustreben.** Machen Sie diese Erfolge dann sowohl beim nächsten Meeting als auch in Form öffentlicher Informationen für alle publik. – Bringen Sie also die Sache mit einem energischen Ruck in Schwung!

12. **Machen Sie aus Ihrer neuen Adressenkartei eine „magische" Sache!** Geben Sie die restlichen Adressen in einen extra schönen, Aufmerksamkeit erregenden Kasten, aus dem Sie dann wie der Kassierer einer Großbank, der einem Kunden 500-Euro-Scheine vorzählt, weitere „magische" Adressen ausgeben. Dieser Adressenkasten muss zum magischen „Sesamöffne-dich" für neue Erfolge, Abschlüsse und Provisionen werden.

Zwölf Maßnahmen, wie Sie dem Verkäufer helfen können, aus seiner Komfortzone herauszukommen

Die Abwehrreaktionen der Komfortzone zu vermeiden ist die erste Voraussetzung, um einen Verkäufer aus seiner Komfortzone herauszuholen. Die zweite Maßnahme besteht darin, die vier Wachposten der Komfortzone – also die Angst-, Schuld-, Minderwertigkeits- und verletzten Gefühle – direkt anzugehen und auszuschalten.

Konkret heißt das: Warum reagieren die Verkäufer so oft mit diesen Negativgefühlen und was können Sie dagegen tun?

Der Verkäufer hat Angstgefühle, weil er einen Mangel an Kompetenz verspürt und deshalb auch ein geringes Selbstvertrauen hat.

Mögliche Maßnahmen:

1. Sagen Sie zu dem Verkäufer vor schwierigen Aufgaben: „Ich übernehme die Verantwortung für Ihr Vorgehen ..."

2. Geben Sie dem Verkäufer Aktivitätsziele statt Ergebnisziele vor. (Z. B., eine bestimmte Anzahl von Besuchen durchzufüh-

ren, aber kein bestimmtes Umsatzziel anzustreben. Bewerten Sie jede qualifizierte Adresse dann als einen Erfolg.)

3. Belohnen Sie den Verkäufer z. B. mit fünf Euro für jede qualifizierte Adresse (damit er auch dann, wenn er keine Umsätze erreicht hat, auf jeden Fall ein Erfolgserlebnis hat).

Erfolgsregel: Die Verkäufer müssen bei jeder Aufgabe eine Erfolschance verspüren!

Der Verkäufer verspürt Schuldgefühle, weil er sich nicht als Nutzenbringer, sondern in Wahrheit als Bittsteller oder Störfaktor fühlt.

Mögliche Maßnahmen:

4. Verstärken Sie seine Kompetenz für Problemlösungen.

5. Helfen Sie ihm, seinen Kunden einen echten Nutzen zu bieten, indem er aufgrund seiner Beratung, seiner Betreuung oder seines Service ein einzigartiges Angebot schafft.

6. Machen Sie ihm bewusst, dass allein schon sein Gespräch dem Kunden einen echten Nutzen bringen soll und muss. (Eine Möglichkeit dazu sind wertvolle Brancheninformationen.)

Der Verkäufer verspürt Minderwertigkeitsgefühle, weil er sich stets mit Besseren vergleicht und sich dabei abwertet.

Mögliche Maßnahmen:

7. Erinnern Sie ihn an frühere Erfolge.

8. Erinnern Sie ihn an seine bisher bewiesenen Stärken.

9. Geben Sie ihm neue Aufgaben und Herausforderungen vor, die er auch bewältigen kann.

Der Verkäufer verspürt verletzte Gefühle, weil er sich bei jeder neuen Herausforderung und jedem drohenden Misserfolg sofort wieder an seine früheren Niederlagen erinnert.

Mögliche Maßnahmen:

10. Geben Sie ihm getestete Erfolgsquoten vor.

11. Erarbeiten Sie mit ihm neue, positivere Einstellungen zu kritischen Situationen, wie z. B. zu Misserfolgen und zu Ablehnungen.

12. Verhelfen Sie ihm zu einem positiven und optimistischen Dialog nach Misserfolgen.

Grundsätzlich gilt: Die Überwindung der Komfortzone geschieht in erster Linie durch eine Stärkung des Selbstwertgefühls sowie durch eine Verknüpfung der neuen Herausforderungen mit möglichst „lustvollen und positiven Bildern".

20 Tipps, wie Sie Ihren Verkäufern immer wieder neue Motivationsimpulse geben können

Motivation erfordert, ein permanentes Rad zu drehen. Und je schwieriger die Situation für die Verkäufer ist, desto mehr Motivationsimpulse brauchen sie – notfalls sogar täglich.

1. **Versuchen Sie, Ihre Mitarbeiter bei „etwas Positivem" zu erwischen!** Entweder bei einem Erfolg, einer Leistung oder bei einer ihrer Stärken.

2. **Fragen Sie den Mitarbeiter bei jeder Aufgabe zuerst nach seiner Idee!** Loben Sie diese Idee! Übernehmen Sie sie (wenn es irgendwie geht) und halten Sie Ihre Idee zurück, auch wenn sie besser ist. Sonst bekommen Sie keine neuen Ideen mehr!

3. **Erkennen Sie die Abschlüsse oder Verträge Ihrer Verkäufer sofort an.** Hier gilt: Wer zur rechten Zeit motiviert, motiviert doppelt. Verwenden Sie die Erfolgsgefühle sofort für neue, größere Herausforderungen.

4. **Fragen Sie den Mitarbeiter nach einem Abschluss, was er aus dem Verkaufsgespräch gelernt hat.** Fragen Sie ihn ferner, worauf er stolz ist oder was er das nächste Mal anders machen würde. Machen Sie aus einem Verkaufserfolg auch noch einen Lernerfolg.

5. **Rufen Sie Mitarbeiter, die sich seit mehreren Tagen nicht mehr gemeldet haben, sofort an!** Erkundigen Sie sich nach ihrem Befinden, denn zu langes „Schweigen" deutet immer auf eine mögliche Krise hin.

6. **Rufen Sie einen Verkäufer spontan an, wenn Sie eine positive Nachricht für ihn haben.** Denn oft braucht er nur eine einzige positive Nachricht und er fühlt sich wie neu geboren.

7. **Rufen Sie auch den Ehepartner an, wenn Sie eine gute Nachricht haben.** Das gilt vor allem, wenn Sie den Mitarbeiter untertags nicht erreichen, aber wissen, dass er täglich zu

Hause anruft. Sagen Sie ihr oder ihm, dass Sie eine gute Nachricht für ihn haben und dass er Sie zurückrufen soll.

8. **Laden Sie einen Mitarbeiter spontan zu einem Essen ein.** Vor allem wenn er nach mehreren Tagen ohne Erfolge zurückkommt, aber sein Besuchssoll voll durchgezogen hat. Erkennen Sie nicht nur seine Selbstdisziplin an, sondern bestätigen Sie ihn auch menschlich.

9. **Bieten Sie einem Verkäufer eine Wette an.** Zum Beispiel, ob es ihm gelingt, den Kunden X in den nächsten drei Tagen abzuschließen.

10. **Motivieren Sie einen Verkäufer mit dem Erfolg eines Kollegen.** Sagen Sie ihm, dass er zwar mehr Umsatz macht als der Kollege X, dass dieser Kollege aber eine bessere Abschlussquote bei Neukunden hat. (Diese Methode zielt vor allem auf allzu selbstgefällige Verkäufer.)

11. **Fragen Sie einmal einen Verkäufer: „Welche Herausforderung wollen Sie sich heute vornehmen?"** Wenn er verblüfft reagiert, besprechen Sie eine. Eine solche Herausforderung muss nicht immer ein Abschluss sein. Es kann auch das Ausprobieren einer neuen Verkaufstechnik sein oder die erneute Ansprache eines zögerlichen Kunden.

12. **Fragen Sie einmal einen Mitarbeiter ganz spontan: „Worauf sind Sie stolz?"** Wenn er einige Punkte aufzählt, dann bestätigen Sie ihn und fragen ihn gleichzeitig: „Welches ist das nächste Ziel oder Ergebnis, auf das Sie stolz sein wollen?"

13. **Provozieren Sie einen allzu passiven Verkäufer mit der Frage: „Wann haben Sie das letzte Mal gekämpft?"** Wenn

er es nicht weiß, dann besprechen Sie mit ihm spontan eine mögliche Herausforderung, bei der er wirklich kämpfen muss.

14. **Erinnern Sie Ihren Mitarbeiter an einen früheren Erfolg.** Fordern Sie ihn auf, Ihnen genau zu erzählen, wie er zu diesem Erfolg kam. Lassen Sie sich dann auch von den Erfolgsgefühlen berichten, die er damals verspürte. Fordern Sie ihn danach auf: „Na, wie wär's, wenn Sie jetzt den Kunden Y [einen schwierigen Kunden] aufsuchen und abschließen würden?"

15. **Fordern Sie deprimierte Mitarbeiter auf, in den nächsten 14 Tagen jedem Kunden eine Freude zu machen.** Oder ihm einen echten Nutzen anzubieten, am besten durch eine wertvolle Information aus der Branche. Denn eine Freude machen lenkt von den eigenen Sorgen ab und bewirkt außerdem noch positive Kundenreaktionen.

16. **Stellen Sie Ihren Mitarbeitern spontan eine neue Verkaufstechnik vor.** Fordern Sie sie auf, sie einzusetzen und darüber zu berichten. Setzen Sie für den besten Versuch eine kleine Prämie aus.

17. **Provozieren Sie die Selbstachtung eines Mitarbeiters.** Sagen Sie zu ihm: „Ich habe hier eine echte Herausforderung. Aber ich weiß nicht, ob Sie ihr gewachsen sind ... Dafür brauche ich einen Verkäufer mit Erfahrung und Biss ... Was meinen Sie? ... Oder soll ich die Sache lieber doch gleich dem Kollegen X übergeben?" (Wenn er nicht „anbeißt", dann fehlt ihm der Wettbewerbsgeist, eine der wichtigsten Voraussetzungen für Spitzenleistungen.)

18. **Sagen Sie einmal Ihren Mitarbeitern spontan, was Sie an ihnen gut finden.** Oder worin sie schon gut sind. Und dann, wo sie noch besser werden können.

19. Führen Sie mit Ihren Verkäufern einmal ein Quiz durch. Zum Beispiel unter dem Motto: „Wer kennt am besten unsere Wettbewerber – ihre Stärken und ihre Schwächen?" Stärkeargumente zählen einfach, Schwächeargumente zweifach. Der Sieger erhält einen Preis.

20. Bringen Sie Ihre Verkäufer einmal spontan in eine fröhliche Stimmung. Zum Beispiel, indem Sie ein Meeting mit einem Witz oder einer lustigen Geschichte beginnen. Fordern Sie dann auch Ihre Verkäufer auf, Amüsantes oder Lustiges aus ihrem Verkaufsalltag zu erzählen. Denken Sie daran: Je besser die Stimmung ist, desto höher ist auch die Leistungsfähigkeit.

Optimismus-Test

Der folgende Test beruht auf den Forschungsergebnissen von Prof. Martin Seligman, die er in seinem Buch „Pessimisten küsst man nicht"[46] niedergelegt hat. Der Test wurde vollkommen auf die Belange der Verkäufer und der Erforschung ihres Optimismus umgearbeitet. Trotz sorgfältigster Arbeit kann jedoch keine Verantwortung für die Ergebnisse übernommen werden.

Die Testergebnisse sollten daher auch nicht für die endgültige Beurteilung eines neuen Verkäufers verwendet werden, sondern eher über mögliche Stärken oder Schwächen im Rahmen seines Optimismus Auskunft geben.

Die ausführlichen Informationen im Anschluss an den Test sollen Sie in die Lage versetzen, Ihren Mitarbeitern bestehende Stärken oder Schwächen ihres Optimismus bewusst zu machen und mit ihnen zu besprechen.

Sehen Sie diesen Test daher vor allem als Instrument an, um die verschiedensten Ausprägungen des Optimismus kennen zu lernen und konkrete Tipps zu bekommen, wie Sie sowohl neue Verkäufer besser beurteilen als auch erfahrene Verkäufer optimistischer machen und damit ihre Verkaufserfolge entscheidend verbessern können.

1. Vorbereitung auf den Optimismus-Test

Falls Sie diesen Test von neuen Bewerbern oder Ihren Mitarbeitern machen lassen, geben Sie ihnen bitte eine Liste mit den folgenden Punkten, die sie sorgfältig durchlesen sollten.

- Lassen Sie sich genügend Zeit, um die einzelnen Fragen in Ruhe zu beantworten. Normalerweise braucht man etwa 15 Minuten dafür, also zirka 20 Sekunden pro Antwort.

- Es gibt dabei weder richtige noch falsche Antworten.
- Lesen Sie sich jede Situation durch und stellen Sie sich dann vor, Sie wären gerade in dieser Situation.
- Wahrscheinlich haben Sie manche Situation noch nie erlebt, aber das macht nichts.
- Auch wenn Sie sich mit keiner Antwort voll identifizieren können, kreuzen Sie dennoch bitte die Antwort A oder B an.
- Wählen Sie dann einfach die Antwort, die Ihnen noch am ehesten zusagt.
- Kreuzen Sie dabei aber nicht die Antwort an, von der Sie glauben, dass sie die richtige ist, sondern die, die Ihrer spontanen Reaktion am nächsten kommt.
- Ignorieren Sie zunächst die Buchstaben-Kürzel in der Klammer wie (Pg) oder (Dg).

Hinweis

Es empfiehlt sich auch, den folgenden Test noch einmal zu tippen und auf neutralem Papier auszudrucken.

2. Optimismus-Test

Name ....

1. **Das Angebot, das Sie zusammen mit dem Innendienst ausarbeiten, kommt beim Kunden voll an. (Pg)**
   A. Ich habe den Innendienst entsprechend motiviert.   1
   B. Der Innendienst hat sich bei der Ausarbeitung des Angebots sehr viel Mühe gegeben.   0

2. **Sie fühlen sich vom Verkaufsleiter ungerecht behandelt und sprechen sich mit ihm aus. (Dg)**
   A. Ich habe seine Erklärung akzeptiert.   0
   B. Ich bin nicht nachtragend.   1

3. **Sie schicken dem Kunden ein Angebot, bei dem eine wichtige Unterlage fehlt. (Ps)**
   A. Ich habe bei der Zusammenstellung des Angebots nicht aufgepasst. 1
   B. Der Kunde hat mir nicht gesagt, dass diese Unterlage für ihn wichtig ist. 0

4. **Ein Kunde ruft Sie an und teilt Ihnen überraschend eine Referenzadresse mit. (Pg)**
   A. Der Kunde war gerade in einer positiven Stimmung. 0
   B. Ich habe den Kunden sehr gut beraten. 1

5. **Sie vergessen, die Produktion auf einen ganz bestimmten Kundenwunsch aufmerksam zu machen. (Ds)**
   A. Ich vergesse spezielle Kundenwünsche häufig. 1
   B. Ich war gerade mit anderen Dingen beschäftigt. 0

6. **Sie werden von einem Kunden zu einer Privatveranstaltung eingeladen. (Gg)**
   A. Er findet mich sympathisch. 0
   B. Ich bin bei meinen Kunden sehr beliebt. 1

7. **Sie bewerben sich um eine bestimmte Position und haben Erfolg. (Gg)**
   A. Ich habe in diese Bewerbung viel Zeit und Mühe gesteckt. 0
   B. Ich habe bei allem, was ich in Angriff nehme, Erfolg. 1

8. **Sie schaffen in der letzten Zeit wesentlich weniger Terminvereinbarungen als früher. (Gs)**
   A. Bei dem heutigen Wettbewerb wird es immer schwieriger, neue Kunden anzusprechen und zu gewinnen. 1
   B. Aufgrund der zeitlichen Belastung der Kunden ist es im Augenblick schwierig, einen Termin zu bekommen. 0

9. **Sie bewerben sich um eine Position und werden nicht angenommen. (Ps)**
   A. Ich habe mich auf diese Bewerbung nicht genügend vorbereitet. 1
   B. Der andere Bewerber hatte die besseren Kontakte. 0

10. **Sie führen vor wichtigen Kunden eine Präsentation durch, die hervorragend ankommt. (Dg)**
    A. Ich war an diesem Tag besonders gut in Form. 0
    B. Ich bin bei Präsentationen immer gut. 1

11. **Sie schaffen bei fünf Kundenbesuchen hintereinander jeweils einen Abschluss. (Pg)**
    A. Ich habe zurzeit eine echte Erfolgssträhne. 0
    B. Ich bin in letzter Zeit wesentlich überzeugender und abschlusssicherer geworden. 1

12. **Sie waren das ganze Jahr über sehr erfolgreich. (Pg)**
    A. Die Konjunktur war sehr gut. 0
    B. Ich weiß, dass ich gut verkaufen kann. 1

13. **Ein Kunde beschwert sich bei Ihnen, weil Sie ihm einen falschen Liefertermin genannt haben. (Ds)**
    A. Wenn ich unter Druck bin, passieren mir oft solche Fehler. 1
    B. Ich konnte mich an diesem Tag nicht mehr mit der Produktion abstimmen und nannte deshalb einen falschen Termin. 0

14. **Ihre Verkaufserfolge nehmen sprunghaft zu. (Dg)**
    A. Das neue Produkt meiner Firma hat bei den Kunden voll eingeschlagen. 0
    B. Das neue Verkaufskonzept hat meine Abschlusssicherheit wesentlich verstärkt. 1

15. **Sie gewinnen bei einem Verkaufswettbewerb den ersten Preis. (Dg)**
    A. Ich war in letzter Zeit sehr gut drauf. 0
    B. Ich habe durch meine Ausbildung an Überzeugungskraft gewonnen. 1

16. **Sie fallen bei einer wichtigen Präsentation mit Ihrem Angebot durch. (Gs)**
    A. Ich werde bei wichtigen Anlässen leicht nervös. 1
    B. Ich habe mich auf die Präsentation nicht genügend vorbereitet. 0

17. **Sie überreichen dem Kunden ein hübsches Präsent. Doch er schaut es sich kaum an. (Gs)**
    A. Ich habe nicht das richtige Einfühlungsvermögen. 1
    B. Ich habe dieses Präsent in aller Eile gekauft. 0

18. **Sie verlieren einen Auftrag, für den Sie sich sehr eingesetzt haben. (Gs)**
    A. Ich bin nicht überzeugend genug. 1
    B. Ich hatte bei diesem Auftrag die schlechteren Konditionen. 0

19. **Sie erleben bei Kundenbesuchen zehn Misserfolge hintereinander. (Ps)**
    A. Die Kunden hatten ihre Bestellungen schon vergeben. 0
    B. Ich war bei diesen Kundenbesuchen nicht so gut drauf. 1

20. **Sie bleiben im letzten Monat aufgrund vieler Kundenabsagen erheblich unter Ihrem Monatssoll. (Ds)**
    A. Ich war wegen persönlicher Probleme in diesem Monat nicht hundertprozentig bei der Sache. 0
    B. Der Wettbewerb wird immer härter. 1

21. **Sie müssen eine Strafe zahlen, weil Sie Ihr Auto falsch geparkt haben. (Ds)**
    A. Ich übersehe öfter Verkehrszeichen. 1
    B. Ich hatte es an diesem Tag sehr eilig. 0

22. **Sie möchten mit einem Interessenten einen Termin vereinbaren und bekommen eine Absage. (Gs)**
    A. Die Ansprache neuer Kunden fällt mir sehr schwer. 1
    B. Ich war gerade unsicher, als ich diesen Kunden um einen Termin bat. 0

23. **Der Verkaufsleiter wählt Sie unter den Kollegen aus, um einen wichtigen Kunden zu betreuen. (Pg)**
    A. Ich habe in der letzten Zeit den größten Einsatz gezeigt. 0
    B. Ich weiß, wie man mit wichtigen Kunden umgeht. 1

24. **Sie schaffen bei Ihrem Umsatz einen Monatsrekord. (Dg)**
    A. Ich habe mich in diesem Monat besonders angestrengt. 0
    B. Ich bin überzeugender und abschlussstärker geworden. 1

25. **Sie schlagen dem Kunden eine neue Problemlösung vor, doch sie gefällt ihm nicht. (Ps)**
    A. Ich denke über neue Problemlösungen nicht sorgfältig genug nach. 1
    B. Der Kunde stellte sehr hohe Ansprüche. 0

26. **Sie haben bei einer schwierigen Preisverhandlung Erfolg. (Dg)**
    A. Ich war auf dieses Gespräch sehr gut vorbereitet. 0
    B. Ich bin bei Preisgesprächen recht gut. 1

27. **Sie erzählen einigen Kunden eine lustige Geschichte und alle lachen. (Pg)**
    A. Die Geschichte war sehr gut. 0
    B. Ich habe die Geschichte genau im richtigen Augenblick erzählt. 1

28. **Der Kunde gibt Ihnen für die Ausarbeitung eines Angebots sehr wenig Zeit, aber Sie werden trotzdem rechtzeitig fertig. (Gg)**
    A. Ich habe mir bei diesem Angebot besondere Mühe gegeben. 0
    B. Ich kann auch unter Stress schnell und gut arbeiten. 1

29. **Sie fühlen sich in letzter Zeit gestresst. (Ds)**
    A. Ich finde nie Zeit, um mich zu entspannen. 1
    B. Ich hatte in den letzten Wochen außerordentlich viel zu tun. 0

30. Sie fordern einen Kunden zum Vertragsabschluss auf. Doch er verweigert die Unterschrift. (Ps)
    A. Ich bin nicht abschlusssicher genug. 1
    B. Der Kunde war mit einem Punkt nicht einverstanden. 0

31. Sie begleiten einen neuen Kollegen bei seinen ersten Verkaufsgesprächen und bewahren ihn dabei vor Fehlern. (Gg)
    A. Ich weiß, welche Fehler Neulinge bei ihren ersten Gesprächen machen. 0
    B. Ich weiß, wie man erfolgreich verkauft. 1

32. Ein Stammkunde lässt plötzlich nichts mehr von sich hören. (Gs)
    A. Ich kann Kunden nicht langfristig an mich binden. 1
    B. Ich habe diesen Kunden nicht intensiv genug betreut. 0

33. Ein Interessent, den Sie anrufen, fertigt Sie auf unhöfliche Weise ab. (Ds)
    A. Die meisten neuen Interessenten sind am Telefon unhöflich. 1
    B. Der Kunde hat an diesem Tag seine schlechte Laune an mir ausgelassen. 0

34. Sie haben in der letzten Woche eine überdurchschnittliche Zahl von Terminvereinbarungen geschafft. (Gg)
    A. Ich habe auf dem Gebiet der Terminvereinbarung eine spezielle Schulung mitgemacht. 0
    B. Ich weiß, wie man das Interesse der Kunden gewinnt und sie überzeugt. 1

35. Ein Kunde bedankt sich bei Ihnen für Ihren Einsatz bei einem schwierigen Auftrag. (Gg)
    A. Ich setze mich gerade bei schwierigen Aufträgen gerne für meine Kunden ein. 0
    B. Ich kümmere mich sehr intensiv um meine Kunden. 1

36. **Sie sind bei einem Verkaufsseminar und fühlen sich wohl. (Pg)**
   A. Alle Teilnehmer waren in positiver Stimmung. 0
   B. Ich sehe jedes Seminar als Anregung an und freue mich darauf. 1

37. **Ein Kollege sagt Ihnen, dass Sie recht gut verkaufen können. (Gg)**
   A. Ich habe in letzter Zeit sehr viel für meine Weiterbildung getan. 0
   B. Ich identifiziere mich hundertprozentig mit meinem Beruf und fühle mich als Verkaufsprofi. 1

38. **Ihr Verkaufsleiter lädt Sie ein, mit ihm gemeinsam ein Seminar zu besuchen. (Dg)**
   A. Er wollte mich für meinen Einsatz in der letzten Zeit belohnen. 0
   B. Er hält große Stücke von mir. 1

39. **Ihr Verkaufsleiter sagt Ihnen, dass Ihre Zeit- und Arbeitsplanung unzureichend sei. (Ps)**
   A. In meinem Beruf kann man seine Arbeit nicht exakt planen. Es kommt immer irgendetwas dazwischen. 0
   B. Ich weiß einfach nicht, wie ich meine Zeit und Arbeit besser planen soll. 1

40. **Sie werden gebeten, ein wichtiges Auftragsprojekt zu übernehmen. (Dg)**
   A. Ich habe gerade ein ähnliches Projekt erfolgreich durchgeführt. 0
   B. Ich kann Auftragsprojekte gut durchführen. 1

41. **Sie haben sich in letzter Zeit mit einem Kollegen/ einer Kollegin häufig gestritten. (Ps)**
   A. Ich stand in letzter Zeit unter starkem Stress. 1
   B. Der Kollege/die Kollegin war in letzter Zeit sehr aggressiv. 0

42. Sie wissen auf Kundeneinwände oft keine Antwort. (Ds)
A. Die Kunden werden bei ihren Einwänden immer aggressiver und unsachlicher. 1
B. Manchen Kunden kann man es nicht recht machen. 0

43. Sie erhalten bei einem Verkaufsmeeting eine besondere Anerkennung. (Gg)
A. Ich habe einen besonderen Verkaufserfolg erzielt. 0
B Meine Weiterbildung hat sich bereits durch entsprechende Verkaufserfolge bezahlt gemacht. 1

44. Ihre Verkaufserfolge lassen stark nach. (Gs)
A. Ich habe Schwierigkeiten, mich auf die neue Wettbewerbssituation einzustellen. 1
B. Ich habe die falschen Kunden angesprochen. 0

45. Sie erhalten den größten Auftrag in der Firmengeschichte. (Pg)
A. Das war ein echter Glücksfall. 0
B. Ich habe mich für diesen Auftrag voll eingesetzt. 1

46. Sie kommen bei der telefonischen Terminvereinbarung nur auf eine geringe Erfolgsquote. (Ds)
A. Das Telefonieren liegt mir nicht. 1
B. Die Adressen, die ich bisher bekommen habe, taugen nichts. 0

47. Sie setzen sich voll ein, aber Sie haben trotzdem seit längerer Zeit keinen Auftrag mehr geschrieben. (Ps)
A. Mir fehlt das Selbstvertrauen. 1
B. Mein Angebot ist schon etwas veraltet; deshalb kommt es bei den Kunden nicht mehr so an. 0

48. Sie vertreten eine bekannte Firma. Doch der Kunde kennt Ihre Firma gar nicht. (Gs)
A. Viele Kunden kennen weder meine Firma noch ihre Produkte genauer. 1
B. Es gibt immer ein paar Kunden, die meine Firma nicht kennen. 0

3. Test-Auswertung

Machen Sie für jede Antwort im Test, die mit „1" gekennzeichnet ist, hier neben dem entsprechenden Kürzel Ds, Dg, Gs, Gg oder Ps und Pg einen Strich.

        Ds _____

        Dg _____

        Gs _____

        Gg _____

        Ps _____

        Pg _____

Zählen Sie unter „H" die Anzahl aller Striche unter Ds und Gs zusammen.

        H (Summe Ds + Summe Gs) _____

Zählen Sie hier die Anzahl aller Striche unter Ds, Gs und Ps zusammen.

        Summe s _____

Zählen Sie hier die Anzahl aller Striche unter Dg, Gg und Pg zusammen.

        Summe g _____

Schreiben Sie hier zuerst die „Summe g" nieder und ziehen Sie davon die „Summe s" ab.

        Summe g-s _____

4. Test-Ergebnis

Ds – Dauer bei schlechten Ereignissen

Dieser Wert misst, wie sehr jemand glaubt, dass die schlechten Ereignisse – z. B. in Form von Misserfolgen (aufgrund seiner Fehler) – weiter andauern.

0 - 1	sehr optimistisch
2 - 3	überdurchschnittlich optimistisch
4	durchschnittlich optimistisch
5 - 6	mäßig pessimistisch
7 - 8	sehr pessimistisch

Dg – Dauer bei guten Ereignissen

Dieser Wert misst, wie sehr jemand glaubt, dass die guten Ereignisse – z. B. in Form von Erfolgen (aufgrund seiner Vorzüge) – weiter andauern.

7 - 8	sehr optimistisch
6	überdurchschnittlich optimistisch
4 - 5	durchschnittlich optimistisch
3	mäßig pessimistisch
2 - 0	sehr pessimistisch

Gs – Geltung bei schlechten Ereignissen

Dieser Wert misst, wie sehr jemand glaubt, dass ein schlechtes Ereignis bzw. ein schlechtes Ergebnis (aufgrund seiner Anlagen) automatisch auch für andere Ereignisse oder Ergebnisse oder Gebiete gilt.

0 - 1	sehr optimistisch
2 - 3	überdurchschnittlich optimistisch
4	durchschnittlich optimistisch
5 - 6	mäßig pessimistisch
7 - 8	sehr pessimistisch

Gg – Geltung bei guten Ereignissen

Dieser Wert misst, wie sehr jemand glaubt, dass ein gutes Ereignis bzw. ein gutes Ergebnis (aufgrund seiner Anlagen) automatisch auch für andere Ereignisse oder Ergebnisse oder Gebiete gilt.

7 - 8	sehr optimistisch
6	überdurchschnittlich optimistisch
4 - 5	durchschnittlich optimistisch
3	mäßig pessimistisch
2 - 0	sehr pessimistisch

H (Summe Ds + Summe Gs) – Hoffnungswert

Dieser Wert misst, wie sehr jemand trotz aller Misserfolge, Rückschläge oder schwierigen Umstände weiter die Hoffnung hat, sein Ziel zu erreichen.

0 - 2	außerordentlich viel Hoffnung
3 - 6	überdurchschnittlich viel Hoffnung
7 - 8	durchschnittlich viel Hoffnung
9 - 11	wenig Hoffnung
12 - 16	sehr geringe Hoffnung

Ps – Personalisierung bei schlechten Ereignissen (Selbstvertrauen)

Dieser Wert misst, wie sehr jemand glaubt, bei schlechten Ereignissen oder schlechten Ergebnissen – z. B. in Form von Misserfolgen (aufgrund seiner Anlagen) – persönlich schuld daran zu sein. Dieser Wert misst somit auch die Stärke des persönlichen Selbstvertrauens.

0 - 1	sehr starkes Selbstwertgefühl
2 - 3	überdurchschnittliches Selbstwertgefühl
4	durchschnittliches Selbstwertgefühl
5 - 6	mäßiges Selbstwertgefühl

7 - 8   sehr schwaches Selbstwertgefühl

Pg – Personalisierung bei guten Ereignissen

Dieser Wert misst, wie sehr jemand glaubt, bei guten Ereignissen oder guten Ergebnissen – z. B. in Form von Erfolgen (aufgrund seiner Anlagen) – persönlich dafür verantwortlich zu sein.

7 - 8   sehr optimistisch
6   überdurchschnittlich optimistisch
4 - 5   durchschnittlich optimistisch
3   mäßig pessimistisch
2 - 0   sehr pessimistisch

Summe s – bei schlechten Ereignissen

Dieser Wert misst, wie sehr jemand grundsätzlich bei schlechten Ereignissen oder schlechten Ergebnissen oder schlechten Bedingungen – z. B. in Form von Misserfolgen (aufgrund seiner Anlagen) – optimistisch oder pessimistisch ist.

3 - 6   sehr optimistisch
7 - 9   überdurchschnittlich optimistisch
10 - 11   durchschnittlich optimistisch
12 - 14   mäßig pessimistisch
über 14   sehr pessimistisch

Summe g – bei guten Ereignissen

Dieser Wert misst, wie sehr jemand grundsätzlich bei guten Ereignissen oder Ergebnissen – z. B. in Form von Erfolgen (aufgrund seiner Anlagen) – optimistisch oder pessimistisch ist.

über 19   sehr optimistisch
17 - 18   überdurchschnittlich optimistisch
14 - 16   durchschnittlich optimistisch
11 - 13   mäßig pessimistisch
unter 11   sehr pessimistisch

Summe g-s – allgemeiner Optimismus-Wert

Dieser Wert misst, wie optimistisch jemand im Durchschnitt ist, also inwieweit er auch nach Misserfolgen und Rückschlägen oder unter schwierigen Bedingungen nicht resigniert und aufhört, sondern weiter an die Erreichung seines Ziels glaubt und weitermacht.

über 8	sehr optimistisch
6 - 8	überdurchschnittlich optimistisch
3 - 5	durchschnittlich optimistisch
1 - 2	mäßig pessimistisch
unter 1	sehr pessimistisch

5. Analyse und praktische Erkenntnisse für die Einstellung und Führung von Außendienstmitarbeitern

Bei dem Optimismus-Test geht es grundsätzlich darum, wie der Verkäufer sich in den einzelnen Situationen seine Erfolge oder Misserfolge erklärt. Das heißt, ob er glaubt,

- dass sie weiter **andauern** werden oder nur ein Einzelfall sind;
- dass sie für alle Bereiche **gelten** oder nur für den konkreten Fall;
- **dass er persönlich** für Erfolg oder Misserfolg verantwortlich ist oder dass vor allem die Umstände den Erfolg oder Misserfolg bewirkt haben.

Diese Form der „Erklärungen" entscheidet über den Optimismus und damit über die Fähigkeit und Bereitschaft des Verkäufers, bei Erfolgen noch größere Ziele anzugehen und bei Misserfogen nicht zu resignieren, sondern weiter an den Erfolg zu glauben und weiterzumachen. Genau das Gegenteil machen pessimistische Verkäufer.

Um die folgenden Ausführungen richtig einordnen zu können, kann man grundsätzlich sagen:

Ein **optimistischer Verkäufer** glaubt, dass

- seine Erfolge weiter **andauern**, aber seine Misserfolge nicht;
- seine Erfolge auch für andere Bereiche **gelten** (dass sich z. B. Erfolge bei der Terminierung auch in erfolgreichen Abschlüssen niederschlagen), dass sich aber seine Misserfolge nur auf den vorliegenden Fall beschränken;
- er zwar **persönlich;** aufgrund seiner Fähigkeiten Erfolg hat, dass aber an den Misserfolgen vor allem die Umstände schuld seien.

Im Gegensatz dazu glaubt ein eher **pessimistischer Verkäufer,** dass

- seine Erfolge nicht weiter **andauern**, aber seine Misserfolge sehr wohl;
- seine Erfolge nur für diesen konkreten Einzelfall **gelten**, aber nicht für andere Bereiche; dass aber seine Misserfolge sehr wohl auch für andere Bereiche gelten;
- seine Erfolge vor allem auf günstige Umstände zurückzuführen seien; aber dass er für seine Misserfolge **persönlich** schuld sei.

A. Dauerhaftigkeit

Ds – Dauer bei schlechten Ereignissen

Dieser Wert misst, wie sehr jemand glaubt, dass die schlechten Ereignisse und Ergebnisse (z. B. Misserfolge) weiter andauern.

0 = optimistisch
1 = pessimistisch

Je geringer dieser Wert ist ...

- ... desto schneller *erholt* sich ein Verkäufer von seinen Misserfolgen und desto schneller greift er wieder an!
- ... desto *widerstandsfähiger* ist er bei Misserfolgen oder bei sonstigen unerfreulichen Ereignissen und desto besser arbeitet er trotzdem weiter.
- ... desto eher ist er in der Lage, auch nach einer Serie von Misserfolgen *weiterzumachen*, nicht aufzugeben und sein erfolgloses Verhalten bzw. Handeln zu ändern!
- ... desto mehr führt er seine Misserfolge nur auf *kurzfristig* andauernde Gründe/Ursachen zurück, die seinen nächsten Bemühungen nicht länger im Wege stehen werden.

Je höher dieser Wert ist ...

- ... desto eher besteht die Gefahr, dass der Verkäufer nicht in der Lage ist, nach mehreren Misserfolgen (z. B. einer Serie) sein Verhalten bzw. sein Handeln zu ändern, sondern *resigniert* und schließlich *aufgibt*.
- ... desto *länger* braucht er, um sich von Misserfolgen zu erholen.
- ... desto mehr führt er alle negativen Ereignisse, z. B. seine Misserfolge, auf *dauerhafte, langfristige Gründe* zurück.
- ... desto mehr glaubt er, dass er diese *Ursachen nicht verändern* kann, und ist deshalb auch nicht zu Verhaltensänderungen bereit und fähig.

Hier gilt:

Je mehr ein Verkäufer die Ursachen seiner Misserfolge für dauerhaft hält, desto leichter und schneller wird er aufgeben (Hilflosigkeitsgefühl!)!

Die *pessimistische Dauerhaftigkeit* erkennt man daran, dass ein Verkäufer negative Ereignisse mit „immer" und „nie" statt mit „manchmal" und „in letzter Zeit" beschreibt.

Dg – Dauer bei guten Ereignissen

Dieser Wert misst, wie sehr jemand glaubt, dass die guten Ereignisse oder Ergebnisse (Erfolge) aufgrund seiner Vorzüge weiter andauern.

1 = optimistisch
0 = pessimistisch

Je höher dieser Wert ist ...

- ... desto mehr glaubt der Verkäufer daran, dass seine Verkaufserfolge auf *dauerhafte, langfristige Gründe* zurückzuführen sind (z. B.: „Ich habe eine gute Strategie!") und dass er sie deshalb weiter fortsetzen kann.
- ... desto mehr *strengt* er sich beim nächsten Gespräch an!
- ... desto mehr glaubt er, dass er nicht aufgrund besonderer, spezieller (zeitlich befristeter) Anstrengungen Erfolg hatte, sondern dass er *einfach besser* ... begabter ... oder glücklicher ist.
- ... desto mehr erklärt er sich seine Erfolge mithilfe von dauerhaften Ursachen (Fähigkeiten/Eigenschaften) und benutzt dafür das Wort „immer".

Je niedriger dieser Wert ist ...

- ... desto mehr führt der Verkäufer seine Verkaufserfolge nur auf *zeitweilige/vorübergehende Ursachen* zurück und glaubt, dass seine Verkaufserfolge nicht andauern werden.
- ... desto mehr besteht die Gefahr, dass er sogar nach Erfolgen gelegentlich aufgibt, sich noch weiter voll einzusetzen, da er glaubt, dass er bisher einfach *nur Glück* hatte.
- ... desto eher gibt er für seine Erfolge nur zeitweilige Gründe, wie z. B. momentane (positive) Stimmungen oder besondere Anstrengungen, an und sagt, dass sie nur „manchmal" vorkommen.

B. Geltungsbereich

Gs – Geltung bei schlechten Ereignissen

Dieser Wert misst, wie sehr jemand glaubt, dass ein schlechtes Ereignis bzw. ein schlechtes Ergebnis (aufgrund seiner Anlagen) automatisch auch für andere Ereignisse oder Ergebnisse oder Gebiete gilt.

0 = optimistisch
1 = pessimistisch

Je höher dieser Wert ist ...

- ... desto mehr glaubt der Verkäufer, nach Misserfolgen auch auf anderen Gebieten *keinen Erfolg* haben zu können, sodass er schließlich weitere Versuche oder neue Initiativen für sinnlos hält und resigniert.
- ... desto mehr glaubt er, dass seine Misserfolge nicht auf spezifische, sondern auf *allgemeine Gründe* zurückzuführen sind, die er nicht beeinflussen oder verändern kann, sodass auch hier die Gefahr besteht, dass er nach schweren bzw. mehreren Misserfolgen aufgibt und resigniert.
- ... desto mehr glaubt er, dass er *in keiner Hinsicht* gut sei.
- ... desto mehr macht er aus einem Misserfolg eine *„Katastrophe"*, die seine Stimmung und seinen Tatendrang stark belastet.
- ... desto *hilfloser* fühlt er sich auch auf anderen Gebieten.

Je niedriger dieser Wert ist ...

- ... desto mehr glaubt der Verkäufer, dass seine Misserfolge auf ganz bestimmte, spezifische Gründe („Der Kunde war in keiner guten Stimmung.") zurückzuführen sind.
- ... desto *widerstandsfähiger* ist er gegenüber Misserfolgen.
- ... desto eher *sucht* er nach neuen Wegen und Methoden, um diese spezifischen Gründe zu überwinden.

Gg – Geltung bei guten Ereignissen

Dieser Wert misst, wie sehr jemand glaubt, dass ein gutes Ereignis bzw. ein gutes Ergebnis (aufgrund seiner Anlagen) automatisch auch für andere Ereignisse oder Ergebnisse oder Gebiete gilt.

1 = optimistisch
0 = pessimistisch

Je höher dieser Wert ist ...

- ... desto mehr glaubt der Verkäufer, dass seine Erfolge auch sein gesamtes Arbeiten fördern.
- ... desto mehr glaubt er, dass seine Erfolge auf allgemeine, globale Gründe zurückzuführen sind.

Je niedriger dieser Wert ist ...

- ... desto mehr glaubt der Verkäufer, dass die Gründe für seine Erfolge nur für diesen speziellen Bereich (z. B. die Telefonakquise) gelten, aber nicht für andere Bereiche (z. B. sein gesamtes Verkaufsgespräch).
- ... desto weniger veranlasst ihn der Erfolg, sich auch auf anderen Bereichen als erfolgreich zu sehen (z. B. auf dem Gebiet der Abschlusssicherheit) und sich engagiert darum zu bemühen, auch hier noch erfolgreicher zu werden.

C. Hoffnung

H (Summe Ds + Summe Gs) – Hoffnungswert

Dieser Wert misst, wie sehr jemand trotz Misserfolgen und Rückschlägen weiter die Hoffnung hat, sein Ziel zu erreichen.

0 = hoffnungsvoll
1 = nicht hoffnungsvoll

Je geringer dieser Wert ist ...

- ... desto hoffnungsvoller ist der Verkäufer.
- ... desto mehr macht er nur *zeitweilige, vorübergehende und spezifische* Gründe für seine Misserfolge verantwortlich.
- ... desto eher ist er auch *zu Veränderungen fähig.*
- ... desto *stabiler* ist er auch unter dem Druck von Misserfolgen.
- ... desto stärker sucht er bei Misserfolgen nach neuen Wegen/ Verhaltensweisen.

Je höher dieser Wert ist ...

- ... desto pessimistischer ist der Verkäufer.
- ... desto eher gibt er unter dem Druck der Misserfolge auf.
- ... desto weniger ist er fähig, nach Misserfolgen seine Vorgehensweise zu verändern.
- ... desto mehr sieht er nur *dauerhafte und allgemeine Gründe* für seine Misserfolge.

D. Personalisierung

PS – Personalisierung bei schlechten Ereignissen (Selbstvertrauen)

Dieser Wert misst, wie sehr jemand glaubt, bei schlechten Ereignissen oder schlechten Ergebnissen (aufgrund seiner Anlagen) persönlich schuld zu sein. Er misst damit auch die Stärke des persönlichen Selbstvertrauens.

0 = optimistisch (unpersönlich, external), starkes Selbstwertgefühl
1 = pessimistisch (persönlich, internal), schwaches Selbstwertgefühl

Personalisierung bedeutet: Der Verkäufer kann entweder sich selbst (internal) oder anderen bzw. den Umständen (external) die Schuld geben.

Das besondere Problem dabei ist, dass ein Verkäufer, der sich selbst sofort Vorwürfe macht, ein schwaches Selbstwertgefühl hat.

Wer dagegen vor allem andere Personen (z. B. die Kunden) oder die Umstände für seine Misserfolge verantwortlich macht, verliert auch bei Misserfolgen nicht sein Selbstwertgefühl.

Je geringer dieser Wert ist ...

- ... desto höher ist das *Selbstwertgefühl* dieses Verkäufers.
- ... desto mehr hält er sich für *wertvoll, begabt und liebenswert*.
- ... desto weniger sucht er nach Misserfolgen die Schuld bei sich als vielmehr bei den anderen oder den Umständen.
- ... desto mehr behält er auch nach mehreren Misserfolgen ein hohes Selbstwertgefühl bei und bewahrt sich somit die beste Ausgangsposition für das nächste Verkaufsgespräch.
- ... desto eher unterliegt er aber der Gefahr der *Selbstüberschätzung* (!), da er weder die Gründe für sein Versagen erkennt noch bereit ist, sein Verhalten zu ändern. Stattdessen schiebt er grundsätzlich nur den anderen die Schuld zu.

Je höher dieser Wert ist ...

- ... desto eher sucht dieser Verkäufer bei allen Misserfolgen (zuerst bzw. ausschließlich) die Schuld bei sich.
- ... desto mehr deutet darauf hin, dass dieser Verkäufer durch die Suche nach der eigenen Schuld ein hohes *Verantwortungsgefühl* besitzt. Das kann jedoch dazu führen, dass er dadurch in seinem Tatendrang stark gebremst wird.

Pg – Personalisierung bei guten Ereignissen

Dieser Wert misst, wie sehr jemand glaubt, bei guten Ereignissen oder guten Ergebnissen (aufgrund seiner Anlagen) persönlich dafür verantwortlich zu sein.

0 = pessimistisch (external)
1 = optimistisch (internal)

Je höher dieser Wert ist ...

- ... desto mehr führt ein Verkäufer seine Erfolge vor allem auf *sich selbst* zurück.
- ... desto mehr *mag* sich dieser Verkäufer.
- ... desto größer ist seine *Selbstwerteinschätzung* und damit die Chance zu Spitzenleistungen auf allen Gebieten.

Hier gilt: Ein niedriger Ps- und ein hoher Pg-Wert deuten darauf hin, wie gut sich ein Verkäufer bei Erfolg oder Misserfolg *in Bezug auf sich selbst* fühlt. Hat er gute Pg-Werte, fühlt er sich sehr gut.

Entscheidend aber ist nicht, wie er sich fühlt, sondern, was er tut.

Erstes Problem:

Es kann jedoch ein Problem sein, wenn man (immer) andere für seine Misserfolge verantwortlich macht!

Dies kann auf einen Mangel an Einsicht und Selbstverantwortung hindeuten, wie man ihn gelegentlich bei Super-Optimisten antrifft.

Hier gilt: Man muss auch *Verantwortung für sein Handeln* übernehmen, sonst ist man nicht fähig und willens, sein Verhalten zu ändern.

Zweites Problem:

Depressive Menschen übernehmen dagegen oft sehr viel mehr Verantwortung für negative Ereignisse, als gerechtfertigt erscheint!

Für sie gilt: Sie müssen lernen, ihre Misserfolge in der richtigen Relation zu sehen und zu bewerten.

E. Reaktion auf unangenehme Ereignisse

Die entscheidende Aussage:

Die *Veränderungs- bzw. Handlungsfähigkeit* der Verkäufer wird vor allem durch *geringe Werte (0-3)* bei der *Dauerhaftigkeit (Ds)* und dem *Geltungsbereich (Gs)* entschieden.

Diese Werte entscheiden,

- ob der Verkäufer auch nach Misserfolgen in der Lage ist, weiter *zu handeln*, bzw. fähig ist, sich zu verändern, oder

- ob er sich stattdessen *hilflos* fühlt.

Summe s (Ds + Gs + Ps) – bei schlechten Ereignissen

Dieser Wert misst, wie sehr jemand grundsätzlich bei schlechten Ereignissen oder Ergebnissen (aufgrund seiner Anlagen) optimistisch ist.

Je geringer dieser Wert ist ...

- ... desto besser ist der Verkäufer in der Lage, mit Misserfolgen umzugehen, sie durchzustehen, nicht zu resignieren, sondern unbeirrt weiterzumachen bzw. neue, bessere Strategien einzusetzen und weiter an seinen Erfolg zu glauben.

Je höher dieser Wert ist ...

- ... desto eher zweifelt er nach Misserfolgen an seinen Fähigkeiten und desto eher resigniert er und gibt er auf.
- ... desto eher hält er sich auch auf anderen Gebieten für einen Versager.
- ... desto weniger glaubt er, sein Schicksal beeinflussen zu können.
- ... desto weniger ist er fähig, nach Misserfolgen neue, bessere Strategien zu suchen und einzusetzen.

- ... desto hartnäckiger hält er an den alten (erfolglosen) Strategien fest.

F. Reaktion auf angenehme Ereignisse

Summe g (Dg + Gg + Pg) – bei guten Ereignissen

Dieser Wert misst, wie sehr jemand grundsätzlich bei guten Ereignissen oder Ergebnissen (aufgrund seiner Anlagen) optimistisch ist.

Je höher dieser Wert ist ...

- ... desto mehr glaubt der Verkäufer, dass die bisherigen Gründe für diese Erfolge auch weiterhin gelten, dass sie umfassend gelten und dass er sie bewusst beeinflussen kann und dass der Erfolg andauern wird.
- ... desto mehr wird er sich beim nächsten Mal anstrengen.

Je niedriger dieser Wert ist ...

- ... desto weniger glaubt der Verkäufer, dass die bisherigen Gründe bzw. Ursachen für seinen Erfolg weiter anhalten werden.
- ... desto mehr glaubt er, dass sie umfassend (also z. B. für seinen ganzen Verkaufserfolg) gelten und dass er sie nicht bewusst beeinflussen kann.
- ... desto eher wird er sich mit einem bestimmten Erfolgsniveau zufrieden geben und sich nicht an neue Herausforderungen heranwagen oder um ein höheres Erfolgsniveau bemühen.

G. Allgemeiner Optimismus-Wert

Summe g-s (Summe aller g – Summe aller s)

Dieser Wert misst, wie optimistisch jemand im Durchschnitt ist. Es handelt sich um den „allgemeinen Optimismus-Wert".

Aus der Fähigkeit, die *Gründe für seine Misserfolge*

- als vorübergehend,
- als spezifisch/vereinzelt und
- als Schuld der anderen oder der Umstände zu sehen,

sowie der Fähigkeit, die *Gründe für seine Erfolge*

- als langfristig,
- als allgemein, global, weit reichend und
- als persönlich verursacht zu sehen,

entsteht der *Gesamtwert des Optimismus*.

Er sagt aus,

- wie ein Verkäufer Misserfolge wegstecken kann, ohne zu resignieren, und
- wie er Erfolge als Ansporn für weitere Anstrengungen einsetzen kann.

Die entscheidenden Optimismus-Werte

Grundsätzlich gilt, dass nicht so sehr die *Personalisierung* darüber entscheidet, ob sich die Menschen nach Misserfolgen ändern, sondern die Dimensionen der *Dauerhaftigkeit und des Geltungsbereichs*.

Wenn ein Verkäufer glaubt, dass die Gründe für seine Misserfolge dauerhaft sind – also auf einen Mangel an Intelligenz, Talent und Eignung zurückzuführen sind –, wird er auch *nichts unternehmen*, um etwas zu ändern. Er wird dann nicht an sich arbeiten, um erfolgreicher zu werden.

Wenn er jedoch glaubt, dass die Gründe für seine Misserfolge nur zeitweilig sind – also auf schlechte Laune, Lustlosigkeit oder Pech zurückzuführen sind –, dann ist er bereit, etwas zu unternehmen, um die Lage zu ändern.

In diesem Fall ist er davon überzeugt, dass er die Probleme ändern kann – ganz gleich, welche Ursachen vorliegen.

Die generellen Probleme der Pessimisten (nach M. Seligman)
- Sie werden leicht *depressiv*.
- Sie erreichen bei ihrer Arbeit *weniger*, als ihren Talenten entspricht.
- Sie haben (in der Regel) einen schlechteren Gesundheitszustand und ihr *Immunsystem* ist weniger gut.
- Sie empfinden ihr Leben als *weniger erfreulich* und fühlen sich auch weniger glücklich.
- Sie gleiten in Krisen *schneller* in den Zustand der Depression und Hilflosigkeit ab.
- Sie gehen auf einem *niedrigeren Niveau* durch das Leben, als es ihnen aufgrund ihrer Talente möglich wäre.
- Sie *fallen* in ihren Leistungen generell auf allen Gebieten ab: in der Schule, im Beruf und im Sport.
- Sie kämen mit einem *höheren Optimismus-Niveau* wesentlich besser zurecht!

Quellenangabe und Literaturverzeichnis

[1] Hans Christian Altmann, Kunden kaufen nur von Siegern, Frankfurt am Main 2004 (7. Auflage)

[2] Heiko Ernst, Intelligente Gefühle oder gefühlte Intelligenz?, in: PSYCHOLOGIE HEUTE, Februar 2005, S. 3

[3] Hans Christian Altmann, Sternstunden der Führung, Landsberg am Lech 1992, S. 59 f.

[4] Ebenda, S. 94

[5] Ebenda, S. 237 ff.

[6] Robert K. Cooper, Sie können mehr als Sie denken!, Frankfurt am Main 2003, S. 34

[7] Eva Buchhorn/Claus G. Schmalholz, Volle Kraft voraus, in: managermagazin 4/04, S. 164 ff.

[8] Rolf Berth, Erfolg, Düsseldorf 1993

[9] John Selby, Was mich stark macht, München 2003, S. 142

[10] Buchhorn/Schmalholz, a. a. O., S. 166

[11] Paul Ekman, Gefühle lesen, München 2004

[12] Hans Christian Altmann, Mut zu neuen Kunden, Frankfurt am Main 2004 (6. Auflage)

[13] Maja Storch, Das Geheimnis kluger Entscheidungen, Zürich 2003, S. 28

[14] Hans Christian Altmann, Motivation im Verkauf zahlt sich aus, Landsberg am Lech 2001

[15] Wolfgang Streeck, Auf der Suche nach Nischen in der Weltgesellschaft, in: Max-Planck-Forschung, „Das Wissenschaftsmagazin der Max-Planck- Gesellschaft", 3/2004, S. 15 ff.

[16] Manfred Spitzer, Lernen – Gehirnforschung und die Schule des Lebens, Heidelberg 2003, S. 195

[17] Hans-Georg Häusel, Limbic Success!, Planegg 2002, S. 85 ff.

[18] Robert K. Cooper, a. a. O., S. 25 ff.
[19] Robert K. Cooper, a. a. O., S. 35 f.
[20] Martin Seligman, Pessimisten küsst man nicht, München 1990
[21] Robert K. Cooper, a. a. O., S. 36 f.
[22] Hardenbergs Lexikon der Weltliteratur, Band 3, Dortmund 1989, S. 1459
[23] Robert K. Cooper, a. a. O., S. 33
[24] John Selby, a. a. O., S. 169
[25] Robert K. Cooper, a. a. O., S. 39
[26] Zig Ziglar, Gemeinsam an die Spitze, München 1991
[27] Hans Christian Altmann, a. a. O., S. 238
[28] Ebenda, S. 62 ff.
[29] Martin Seligman, a. a. O.
[30] Ebenda
[31] Saul W. Gellerman, Was den guten Verkäufer ausmacht, in: Harvard manager 4/90, S. 13-17
[32] Hans Christian Altmann, Erfolgreicher verkaufen durch positives Denken, Landsberg am Lech, 5. Auflage 1996
[33] Hans Christian Altmann, Die Entwicklung der Persönlichkeit als Schlüssel um Erfolg, in: Axel Schnorbus/Wolfgang Glabus, „Strategie für magere Jahre", Frankfurt am Main, 1993, S. 179 ff.
[34] Warum scheitern Verkäufer?, in: „Service VLS 456" vom 24.11.1990
[35] Joe Girards, Die Schule des weltbesten Verkäufers, Köln 1979, S. 40
[36] Zig Ziglar, a. a. O.
[37] Hans Christian Altmann, Mut zu neuen Kunden, a. a. O.
[38] Hans Christian Altmann, Sternstunden der Führung, Landsberg am Lech 1992, S. 239 f.
[39] James E. Loehr, Persönliche Bestform durch Mental-Training, München 1998, S. 52 ff.
[40] Fritz Stemme/Karl-Walter Reinhardt, Super-Training, Düsseldorf 1988
[41] Xenophon, Kyropädie, München 1994
[42] Ebenda

[43] Capital Panel Führungskräfte, in: Capital 8/87, S. 109 ff.
[44] Rolf Berth, Erfolg, Düsseldorf 1993
[45] Antony Jay, Management und Macchiavelli, Düsseldorf 1985
[46] Martin Seligman, a. a. O.

In eigener Sache

Wenn Sie sich für Vorträge und Seminare zu den Themen Führung, Motivation und Verkauf interessieren, wenden Sie sich bitte an:

Dr. Hans Christian Altmann
Management-Training
Widmannstraße 8a
82110 Germering
Tel.: 089/8 41 47 00
Fax: 089/8 94 99 20

Stichwortverzeichnis

A
Admiral Nelson 141, 227
Aggressionen 248
Akquise-Probleme 65
Alexander der Große 143
Anerkennung(s-) 108
  -problem 171
Angebotsvorteile 149
Ansprache, richtige 336
Anti-Ärger-Methode 115
Ausstrahlungseffekt 121

B
Bacon, Francis 125
Begeisterung 104
Begleittage 266
Beratungsqualität, einseitige 183
Betreuungsqualität, geringe 184
Beurteilungsgespräch 177
Bilder, Macht der 330
Bittstellerproblem 170

C
Charisma 280
Chefs, kooperative 259

D
Denken, positives 287
Dialog, innerer 159

Drucker, Peter 278
Dschingis Khan 127

E
Edison, Thomas Alva 319
Ehrgeiz 108
Einarbeitungsplan 265
Ein-Minuten-Training 88
Eisbrecher 108
Elitebewusstsein 62
Emotionslosigkeit 93
Engpässe 180
Erfolge, frühere 147
Erfolgsquoten 267
Erinnerungen, Kraft der 331
Erwartungshaltung 105

F
Fachkompetenz, geringe 183
Feed-back-
 -Gespräch 174
 -Termine 265
Feindbild 304
Fluchtreaktionen 298
Führungsstil,
 –, autoritärer 261
 –, laxer 260

G
Galilei, Galileo 236
Gefühle 338
 –, Alarm der 331
 –, verletzte 342
Gegner 303

Globalisierung 93
Gruppendruck 248

H
Harmonie, innere 132
Haydn, Joseph 319
Herausforderung, neue 220
Herzintelligenz 120
Hillary, Sir Edmund 138
Hoffnung 146
 –, falsche 254

I
Identitätsentscheidung 254

K
Kaltwassermethode 240
Kampfgeist 68, 102
Kennedy, Joseph 288
Know-how-Pool 309
Komfortzone 186, 328
 –, Grenzen der 329
Konditionierung 163
Kopfverstand 117
Kreativität 103
Kunden-
 -beziehung, persönliche 96
 -probleme, unbekannte 86

L
Lebensziele 316
Leistungs-
 -beurteilung 179
 -niveau 265, 300

Loehr, Dr. James 232
Lösung, kreative 104
Lust und Unlust, Prinzip von 330

M
Meinungsführer 339
Messmer, Reinhold 213
Minderwertigkeitsgefühle 341
Misserfolge 100, 208
Mission 102
Mitarbeiter, schwer motivierbare 295
Motivation(s-) 281f., 290
  -impuls 246, 342
  -kunst, römische 312

N
Neukundenakquisition 221
Neurowissenschaften 88
Nutzenargumentation, fehlende 184

O
Optimismus-Hypothese 157
Optimisten 114, 152
Ordnung, Bedürfnis nach 248

P
Paten 266
Persönlichkeitsentwicklung 192
Pessimisten 151
  –, „geborene" 168
Potenzial-Bremsen 111
Preis-
  -kompetenz 310
  -problem 170

Prinzip von Lust und Unlust 330
Problem-
 -lösung 85
 -verkäufer 297
Produktidentifikation, mangelnde 183

Q
Quasimodo, Salvatore 188

R
Resonanz, emotionale 127
Rubinstein, Arthur 70

S
Schönfärberei 253
Schuldgefühle 341
Selbst-
 -bewusstsein 193
 -disziplin 106, 195
 -entwicklung 192
 -erkenntnis 190
 -kontrolle 197
 -verbesserung 173
 -vertrauen 198
 -verwirklichung 200
Seligman, Prof. 156
Servicequalität, mangelhafte 184
Shakespeare 317
Smalltalk 96
Spontanreaktionen, negative 334
Stress-Strategien 98
Sympathie 128

T
Teamerfahrung 309
Topverkäufer 339
Transformationsprozess 84
Träume 316
Triumphzug 312

U
Überlegenheitsgefühl 150
Überzeugungskraft 101

V
Verdrängungswettbewerb 189
Verkäufer,
 –, gefühlsarme 91
 –, unqualifizierte 255
Versager 256
Vorbildverhalten, motivierendes 273
Vorschusslorbeeren 322

W
Wertschätzung, persönliche 63
Willens(-)
 –, Magie des 320
 -stärke 218
Wohlfühlstrategien 98
Wünsche 316

Z
Ziele 265, 302
 –, erreichbare 255
Ziglar, Zig 214
Zufallserfolge 203
Zukunft, positive 87

Altmann, Hans Christian
Erfolgreicher verkaufen durch Positives Denken
7. Auflage, 248 Seiten,
gebunden mit Schutzumschlag
32,- €
ISBN 3-478-22606-6

Altmann, Hans Christian
Motivation im Verkauf zahlt sich aus
336 Seiten,
Hardcover
29,90 €
ISBN 3-478-24980-5

Altmann, Hans Christian
Kunden kaufen nur von Siegern
7., aktualisierte und erweiterte Auflage, 352 Seiten,
gebunden mit Schutzumschlag
32,- €
ISBN 3-636-01265-7

Altmann, Hans Christian
Mut zu neuen Kunden
6., aktualisierte und erweiterte Auflage, 320 Seiten,
gebunden mit Schutzumschlag
32,- €
ISBN 3-478-25550-3

REDLINE WIRTSCHAFT